叢書・ウニベルシタス　1005

ティリッヒとフランクフルト学派

亡命・神学・政治

深井智朗 監修
F. W. グラーフ，A. クリストファーセン，
E. シュトルム，竹渕香織 編

法政大学出版局

目次

ティリッヒとフランクフルト学派

序章　パウル・ティリッヒとフランクフルト学派という主題をめぐって

深井智朗

1　フランクフルトの「ティリッヒ・クライス」

第二次大戦後の一九四九年一一月のことであった。アメリカに亡命したハンナ・アーレントは熟慮の末、敗戦後の混乱から未だ抜け出すことのできないドイツを訪ねた。それは彼女が「総責任者」として関わった「ユダヤ文化再興（Jewish Cultural Reconstruction）」の任務のためであった。この委員会は「ユダヤ人の文献、草稿、そして祭礼に関する物品を発見し、回収すること」を目的としていた。[1]

アーレントはこのドイツ訪問で、彼女自身の説明によれば「まったくの仕事上の必要性」からフライブルクを訪ね、そこで「一七年以上も会っていなかった」マルティン・ハイデガーと再会した。アーレントは周囲の人々に対して偶然性を強調しているが、それは必然的なことであった。アーレントは宿泊先のホテルの便箋を使ってハイデガーを呼び出した。その再会からアーレントがアメリカに戻るまでの出来事についてはエリザベス・ヤング＝ブルーエルの伝記に詳しい。[2]

ところでアーレントはこの時、ハイデガーに、最近起こった出来事で、しかも直接にはハイデガーとは関わりのない個人的なことを、かなり詳細に報告した。それは彼女の友人で、またその友人の不倫相手のことをハイデガーも知っているひとりの女性の話である。それはアーレントが仕事以外で多くの喜びを共有することができたヒルデ・フレンケルの病気のことであった。アーレントのドイツ訪問の直前に、フレンケルの病気が見つかった。肺癌であった。ハイデガーはその女性の話を聞いて、またその女性の不倫相手の神学教授の名までを聞き出して、彼にとって「生涯の恋人」であり、「仕事に創造的霊感を与える人」であったアーレントの友人、すなわちハイデガーの言葉で言えば、「女友だちのそのまた女友だち」のために、ひとつの詩を書いた。それは「死」と題されていた。

死

死は世界の詩のなかの
存在の山稜。
死はきみと私の存在を救い出して
重力にゆだねる――
ひたすら地の星をめざして
あるやすらぎの高みへと落ちて行く重力に。(3)

ハイデガーが書いたこの詩が他のいくつかの詩とともにアーレントに手渡されたのがいつであったのかは定かではない。しかしそれは彼女がヒルデ・フレンケルの病状のことが心配で予定を変更してまでもヨーロッパ旅行を終えねばならなかったその年の二月以前であることは確かである。ハイデガーはこの詩について一九五〇年二月二七日の手紙でふれている。「ハンナ――この数行が、きみの帰りを出迎えてくれますように。きみがそこにいると思うと、私はうれしい。すべてがよくなると、信じている。最愛の女友だちがそんなにきみを待っているのに、最愛の男友だちが引き止めたりしてはいけないね、たとえ彼にも別れが迫っているにしても。しかしなにがあろうと、それは深い結びつきへと入ってゆく別れなのです[4]」。

帰国後この詩を含むいくつかの詩がヒルデ・フレンケルに届けられ、彼女はハイデガーに礼状を書いた。「親愛なるハイデガー教授、あなたの詩に途方もなく大きな感銘をうけました。いつも離さず――昼も夜も――そばに置いています。ありがとうございました。ハンナが再びここにいるのは、とてもすばらしいことです、犠牲がどんなに高くついたかを私は存じてもおりますだけに[5]」。この犠牲とはヒルデの病気がハンナをアメリカに呼び戻すことになってしまい、二人の時間を奪ってしまったことを指しているのであろうし、ヒルデはそれがたとえ不適切な関係であっても、自分の不倫相手との関係のことを思うと、それがどれほど大きな犠牲であるかを自分は理解できるのだ、と言いたかったのであろう。

アーレントはその数か月後この「最愛の女友だち」フレンケルの死をその不倫相手である神学教授とともに悼むことになった。それはアーレントのドイツ時代以来の友人であり、ハイデガーのマールブルクでの親しい同僚のひとりパウル・ティリッヒであった。実はアーレントにとってのもっとも重要な、「これまで私が女性との間では知らなかったような親密さ」を感じることができた友人ヒルデ・フレンケルは、死を迎えるその日までティリッヒの大学での秘書であり、愛人であり、彼の仕事の事実上の助け手でもあった。アーレントは最後の時を迎えようとするヒルデ・フレンケルに対してティリッヒは誠実であったと述べ、この悲しみの時に彼を支えようとした。ティリッヒはそのことに感謝し、後にアーレントに次のように書き送っている。「もしあなたがいてくれなかったら私は切り抜けることができたかわかりません。ヒルデを愛した者だけが私を助けることができたのです。ヒルデのことを思うと、そして総合的な状況からみて「不適切なあり方」をしていたにもかかわらず、私がもっとなしえたであろうすべてのことを思うと、私はいまだに大変苦しい気持ちになるのです。かつて満たされていた場所に、私はひたすら空虚を感じてしまうのです(6)」。

実はアーレントと、マールブルクではハイデガーの同僚でもあったティリッヒ、そしてこのヒルデ・フレンケルが出会ったのは、フランクフルトの高級住宅街である西地区のはずれ、ヴィクトリア通りからボッケンハイム通りに抜け出る角にある建物であった。それはフランツ・レックレが設計した、この地区には不似合いの、いわゆる新即物主義様式の建物であった。それは一九二三年に建てられた「社会研究所」の建物であった。一九二九年にドレスデン工科大学からフランクフルト大学哲学部に哲学と社会教育学の教授として赴任したパウル・ティリッヒは、職務上も、また個人的・政治的な関心からも、大学との関係を強化しつつあった社会研究所に所属する同僚たちと急速に親しくなり、彼らの間で「ユダヤ人の中のパウロ(7)」と呼ばれるようになっていた。

その頃アーレントの最初の夫ギュンター・シュテルン〔アンダース〕はベルリンからフランクフルトに移り、そこで彼の教授資格論文を書いていた。シュテルンは音楽と哲学に関する研究を「音楽の状況についての哲学的探求」というタイトルで公にする予定でいた(8)。しかしその研究はテオドール・W・アドルノ、マックス・ホルクハイマー、マックス・ヴェルトハイマーにはあまり評判がよくなく、とりわけ同じフランクフルトでパウル・ティリッヒのもとで教授資格を得ていたアドルノの酷評の前では、為すすべもなかった。自らも作曲家であり、音楽理論と音楽評論についてひとつの見識をもっていたアドルノにはシュテルンの論文があまりにも無邪気で、非政治的だと思われたのであった。またシュテルンの論文の公開討論会が行われたのは一九二九年であったが、その後急速に悪化したドイツにおけるユダヤ人の状況からしても、彼が教授資格を得るのは困難であると考えざるを得なかった。シュテルンの妻ハンナもそれは動かし難い事実であることを悟ったのであった。ハンナはアドルノの教授資格論文の指導教授であったティリッヒにしばしば状況がよい方向に動き出すように願い出ていたのであるが、彼がまったく役に立たないことを嘆き、一九三一年一〇月二一日にカール・ヤスパースに次のような手紙を書いている。「すでにお聞きおよびかもしれませんが、私たちはフランクフルトを去ってベルリンに移りました。学部内のごたごたのせいで、夫の教授資格取得が当分見通しのつかないほど遅れそうになったのです。でもそのこと自体は災難にはならなかったはずです。彼が事前に論文を個人的に読んでもらった教授たちは、一人を除いて全員が適格だと評価してくれていたのですから。ところが私たちの滞在中にこの件で交渉を繰り返すうちに、ティリッヒ氏がどうみても頼りにならず、そのときどきの影響に左右されることがわかりました。このぶんでは、たとえ待つにしても、たえずティリッヒに圧力をかけ、彼の弱さを斟酌しないとだめだったでしょう。そこへもってきてあるときの話し合いが、いたたまれないほどのティリッヒの悔恨と罪の告白［voluptas contritionis］に終わる仕儀となって、状況は完全に耐えがたく、つまり関係者みんなにとって品位を損なうものになってしまいました。ですから私たちはフランクフルトを離れて、まず当面はアカデミズムの外で生きる可能性を探ることにしたのです(9)」。

この時、フランクフルトの「頼りにならないアカデミズム」に失望していたアーレントを深く慰めたのがヒルデ・フレンケルであった。彼女はティリッヒの自宅で不定期に開催していた仮面舞踏会のメンバーであった。なぜこの時すでにヒルデ・フレンケルがアーレントを深く慰めるような関係になっていたのかは不明のままであるし、その後両者がフランクフルトでどのような関係にあったのかも不明である。しかし二人はその後も変わることのない友情を互いに持ち続けることになったのであるし、ヒルデはこの時すでにティリッヒの愛人のひとりであった。

その後アーレントは、国家秘密警察の逮捕を逃れるため移住したフランスで、シュテルンと離婚し、一九四〇年にパリでハインリヒ・ブリッヒャーと再婚し、リスボンを経てニューヨークに到着した際に、ティリッヒが中心になって働く「中欧からの亡命者の自助会」でティリッヒの惜しみない援助を得ただけでなく、(10)そこで事務職員として働くヒルデ・フレンケルと再会した。またティリッヒがヒルデをユニオン神学大学の秘書として雇い入れてからは、彼女は、フランクフルトからの亡命者たちの連絡役となり、アーレントはティリッヒとヒルデの関係の事実上の後見人でもあった。

フランクフルト時代のヒルデはティリッヒの公式の秘書であったわけではないが、フランクフルトのいわゆる「ティリッヒ・クライス」の連絡役であり、ニューヨークにそのメンバーの多くが亡命した後は、ティリッヒの秘書となったヒルデが公式に連絡役になった。フランクフルトの社会研究所に所属した者も、そうでない者も、またそこにある複雑な人間関係、政治的・思想的な立場の違いにもかかわらず、亡命先のニューヨークで、フランクフルト時代と同じように、この知的クライスの中心にいたパウル・ティリッヒのもとに集まる人々は、ヒルデのことを「ニューヨークのフランクフルト」と呼んだ。それはフランクフルトからニューヨークへと移動しても変わらないティリッヒ・クライスの性格を説明するものである。それゆえにヒルデはティリッヒの愛人であったばかりでなく、ティリッヒと共にいつもこのクライスの中心にいた。(11)

ティリッヒはフランクフルト時代、マックス・ホルクハイマー、クルト・リーツラー、アドルフ・レーヴェ、カール・マンハイム、カール・メニッケ、フリードリヒ・ポロック、テオドール・W・アドルノ、エーリヒ・フロムなどと討論グループを結成した。これをティリッヒは「宗教的・哲学的・預言者的」討論会と名付けていたが、[12]他の同僚たちはこれを「ティリッヒ・クライス」と呼んでいた。[13]これはさまざまな分野の教授たちによる、現代の精神的状況についての討論会であると同時に、ティリッヒが愛した知的サロンであり、さらには彼の家で年に四回行われる仮装パーティーのグループでもあった。また彼らはボッケンハイム通りのカフェ・マウラーにティリッヒが定期的にやってくることを知っていて、[14]そこで必要な打ち合わせや討論を延々と続けたのであった。同僚たちはこの異教徒の中の「パウロ」を愛し、尊敬し、他方で「世俗の中の神学者」を揶揄し、その「神学的過ぎる」社会主義や心理学を批判した。それにもかかわらず、彼らはお互いを必要とし、お互いの著作を丁寧にすべて読み、真剣な討論を続けることを生涯にわたって止めてしまうことはなかった。その批判や討論の激しさは、しばしば参加する人々を驚かせたが、彼らの友情や関係が討論それ自体によって損なわれることはほとんどなかった。それは「知的で、もっとも洗練された大学教授の交流」でもあった。[15]それがティリッヒ・クライスであり、そのメンバーは社会研究所やフランクフルト学派と後に呼ばれるようになる人々と限りなく重なり合っているのであるが、それはこれまであまり知られることのなかった、より広域で、学際的で、しかも生産的なもうひとつのクライスであったというべきであろう。これらはティリッヒとフランクフルト学派の関係とか、ティリッヒはフランクフルト学派のひとりであったのか、という従来の問題設定による研究を超えて、フランクフルトとニューヨークの「ティリッヒ・クライス」の研究の必要性を主張するような出来事なのではないだろうか。

このクライスはフランクフルトからニューヨークへと彼らが亡命しても続いていた。むしろ彼らの大部分がアメリカに亡命するとその交流はさらに深まり、その中心にいつもティリッヒがいた。イェールに職を得たアーノルド・ヴォルファース、新社会研究院のエドゥアルト・ハイマンやアドルフ・レーヴェ、アドルノ、ホルクハイマー、マックス・ヴェルトハイマー、クルト・ゴルトシュタインなどがその中心であったが、ハイマンが述べている通り、「一九三四年の終わり頃までには、フランクフルト時代の彼の友人や同僚は次々とアメリカに到着したが、彼らは新しい職場を得てニューヨークを去るまでは、大抵ティリッヒのアパートで規則的に再会していた」[16]。ニューヨークで「再びティリッヒを中心にして、おなじみの論争を彼らは再開したのであるが、彼が指導者の役割を果たすことは自明のこととされていて、イギリスからの船で午後五時にニューヨークに到着したばかりのアドルノなどは、同じ日の午後七時にはもうティリッヒのアパートにいた」[17]という話は今や伝説になっている。ティリッヒは一九三四年のクリスマス・レターでエリザベート・ゼーベルガーに次のように伝えている。「古いドイツ時代の友人たちも、ほとんどその半分はこの地に来ています。私たちはこの地でも討論の夕べを催していますが、五〇%はフランクフルト時代の討論グループのメンバーです」[18]。

　ティリッヒはドイツ人亡命者たちの自助組織、また遅れてアメリカにやってきた亡命者たちの生活を助けるための組織で献身的な活動を展開した。多くの亡命者たちが彼の家で頻繁に会合を持ち、思想的にも、また具体的な生活においても協力し、助け合ったが、ティリッヒはその中心的役割を果たしたのである。また亡命後のクライスには新たにカール・レーヴィット[19]、ハンス・シュタウディンガー[20]、リヒャルト・クローナー[21]などが加わった。さらには、ティリッヒはドイツの戦後処理の問題を考える協議会の責任者となるのだが、その関係でトーマス・マン、ハインリヒ・マンの兄弟、ベルトルト・ブレヒト、オットー・ツォフなどと親しくなり[22]、こうした人々も彼のクライスの集会や研究会に常連とは言えないが、参加するようになっている。

いったいパウル・ティリッヒとは誰なのか。そしてこのティリッヒ・クライスとは何であろうか。この大きな課題に答えるために、まずその最初の課題として、ティリッヒといわゆるフランクフルト学派との関係に焦点を当てて、この巨大な知的交流関係の解明を開始したいと思う。本書はその最初の試みである。

なぜ神学者のパウル・ティリッヒが社会研究所周辺に集まった研究者、とりわけユダヤ人研究者たちの交流の中心にいるのか。なぜ神学者である彼が、亡命前も、亡命後も、社会研究所やその所員たちとこれほどまでに深く関わることになったのであろうか。彼らはお互いの学問を、あるいは政治的立場をどのように理解していたのか。またどのように相互に議論していたのであろうか。それは単純に個人的な関係から、彼らが親しかったというだけでは説明しにくいものである。それゆえにさらにこう問わねばならないであろう。ティリッヒという人物から見ると一九三〇年代のフランクフルト大学哲学部と社会研究所はどのように描き出されるべきなのか。そもそもなぜこの哲学部と社会研究所に神学者ティリッヒが深く関係しているのか。さらにはアメリカに亡命し、それ以後いわゆる「フランクフルト学派」と呼ばれるようになった人々、さらにはここでは詳しくは取り上げられないが、亡命大学から新社会研究院へと発展してゆくクライス、あるいはハンナ・アーレントやハンス・ヨナスなどとティリッヒとの関係はどのようなものであったのか。さらにはアメリカの知的社会、あるいは亡命知識人との交流のなかでティリッヒはどのような役割を果たしていたのか。そもそもいわゆる批判的な社会哲学と神学とを結びつけていたものは何であるのか。これらの問いは、ドイツからアメリカへと渡った左翼的な亡命知識人たちについての従来の研究では見落とされていたが、しかし重要な課題のひとつではないだろうか。

本書ではこれらの課題との取り組みのために、まずこれまで埋もれていたティリッヒといわゆるフランクフルト学派と呼ばれた人々との交流の記録や資料を掘り起こす。というのもティリッヒとそのクライスの場合も、あるいはフランクフルト学派の場合もそうであるが、主要な著書のみならず講義録や遺稿までもそのほとんどがすでに刊行されているが、今日知られていないのは、これらの人々の交流を結びつける具体的な資料だからである。それゆえに本書では、未刊の書簡や日記、さらにはすでに刊行されている既存のテクストの中に登場する相互の思想や交流関係を分析し、ティリッヒとフランクフルト学派の知的連関図の作成を試みる。

この序論では、以下においてこの知的連関に分け入るために前もって必要ないくつかの情報が紹介される。すなわち、フランクフルト大学と社会研究所の歴史に関する必要な情報、パウル・ティリッヒの生涯について、そしてフランクフルト時代のティリッヒの知的交流の見取り図である。

2 フランクフルト大学と社会研究所

1 一九二〇年代のフランクフルト

ヴォルフガング・シヴェルブッシュは『知識人の黄昏』と題されたヴァイマール期のフランクフルトの知的状況を描き出した物語のなかで次のように述べている。「一九三〇年、フランクフルト大学はカール・マンハイムを社会学の講座に、マックス・ホルクハイマーを社会哲学の講座に招聘する。こうしてフランクフルトがマックス・ヴェーバーの死後十年たったハイデルベルク大学を追い越して、ドイツ社会学の中心地となっていたことは衆目の一致するところであった(23)」。

一九二〇年代の終りにフランクフルトに始まったこの新しい動向は(24)、ひとりのユダヤ人篤志家の援助によって成立した「社会研究所」(Institut für Sozialforschung) とその機関誌『社会研究雑誌』(Zeitschrift für Sozialforschung) と共に知られるようになり、彼らがアメリカに亡命した後には「フランクフルト学派」(die Frankfurter Schule/Frankfurt School) と呼ばれるようになった(25)。

もちろんこの研究所の歴史はホルクハイマー以前に遡る。クルト・アルベルト・ゲルラッハやカール・グリューンベルク、ヘンリク・グロスマン、そして創立期には、今日ではソ連の極東でのスパイとして知られているリヒャルト・ゾルゲ、左翼の政治運動に積極的に関わっていたカール・アウグスト・ウィットフォーゲル、フランツ・ボルケナウ、あるいはユリアン・グンペルツ等が研究所助手として参加していた。ゾルゲはこの研究所の初代所長であったゲルラッハに誘われて、この研究所にやってきた。ゲルラッハはアーヘン工科大学で経済学の教授をしており、ゾルゲはその博士候補生であった。ゾルゲはゲルラッハの離婚した妻クリスチーネと結婚していたが、ゲルラッハは彼をフランクフルトに呼び、研究所の図書館の責任を任されていた(26)。

今日一般に「フランクフルト学派」第一世代として知られているマックス・ホルクハイマー、テオドール・アドルノ、フリードリヒ・ポロック、ヴァルター・ベンヤミン、ヘルベルト・マルクーゼ、フランツ・ノイマン、レオ・レーヴェンタール、そしてエーリヒ・フロムは思想的連続性ということではなく、この研究所の歴史から見れば、実はその次の世代となる。ちなみに今日では、研究所のアメリカ亡命を経て、一九五〇年代にフランクフルトに再建された後、ユルゲン・ハーバーマスやアルフレット・シュミットが第二世代と呼ばれるようになり、さらにはアクセル・ホネット、ヨッヘン・ヘーリッシュが今日ではフランクフルト学派第三世代とみなされている。そしてノルベルト・ボルツを第四世代と呼ぶ。

そのホルクハイマーがフランクフルト大学哲学部に正式な地位を得る前年、一九二九年六月、フランクフルト大学哲学部の社会教育学の講座にひとりの神学者がドレスデン工科大学から転任してきた。それはカント派の論理学者ハンス・コルネリウスの後任として選ばれていたが、フランクフルトに赴任する直前に亡くなり、事実上フランクフルトでは教えることのなかったマックス・シェーラーのさらに後任として選ばれたパウル・ティリッヒであった。[27] ティリッヒはしばしば自分はマックス・シェーラーの後任としてフランクフルトに転任したと述べているが、それは間違いではないが、不正確である。確かにシェーラーは就任を受諾し、新しい学期の講義内容も決定した後に亡くなっており、ティリッヒは彼を招聘しようとした大学理事会より、マックス・シェーラーの後任人事と説明されていたのである。しかし大学の行政上の書類には、ハンス・コルネリウスの後任教授として記されている。ちなみに、ベルリンで『ドイツ・ロマン主義における芸術批評の概念』という論文で学位を得た後、フランクフルトで専攻をドイツ文学史から美学に変更して教授資格取得を試みたのが若き日のヴァルター・ベンヤミンであったが、彼はG・ショーレムへの手紙で書いているようにこのコルネリウスの抵抗に合い、この試みを断念せざるを得なくなった。[28] もしその試みがティリッヒの着任後であったら事情は変わっていたかもしれない。なぜならその後ティリッヒのもとで「キルケゴール――美的なものの構築」という論文で教授資格を得たのが、T・アドルノだったからである。

神学者であったが、哲学の学位を持ち、ドレスデン工科大学でも宗教哲学の正教授であったティリッヒは、フランクフルト大学理事で、管理官であったクルト・リーツラーによって、[29] 哲学部の将来を担う中核教授として期待され招聘されたのである。リーツラーはかつてドイツの宰相フォン・ヴェートマン＝ホルヴェークの秘書官であり、革命後は大統領となったフリードリヒ・エーベルトの官房長官を務めた政治家で、優れた行政官であると同時に学問世界に通じた大学人でもあった。リーツラーはティリッヒがそれまで文部省を通して得ていた借入金を帳消しにするなど、破格の待遇で彼をドレスデンから招聘し、さらに翌年には学部長の職に任命している。ティリッヒは「ヴァイマールの聖なるフロント世代」のひとりとしてこの時代の精神史的状況のなかではよく知られていたが、すでに四〇歳を越えていたにもかかわらず、ドイツのいわゆる総合大学で正式のポストを得てはいなかった。ティリッヒはこのフランクフルトの哲学部ではじめて成功のみならず、学者としての正式の地位をも得たのである。

2　社会研究所の設立と発展

フランクフルトの社会研究所は、フランクフルト大学の付設機関として誕生したのではない。しかし元来フランクフルト大学は他のドイツの大学とは異なった歴史と組織とを持っており、社会研究所がフランクフルト大学と後に深い関係を持つようになったことは必然的であったということもできる。

フランクフルト大学は一九一四年にフランクフルト・アム・マインにその基礎が築かれた。第一次大戦後にいくつかの学部と研究所とが主体となり、総合大学としての学部の調整を行い、今日のフランクフルト大学が発足している。シヴェルブッシュによれば「フランクフルト市民の間には、公共の目的のために基金を寄附する伝統があり、大学もその伝統から生まれた」。制度的には「ハイデルベルク、ゲッティンゲン、ベルリン等のドイツの古い大学よりもアメリカの名門校ハーヴァード、プリンストン、イェールに近かった」[30]。この大学はもちろんプロイセン州の文部省の管轄下にあったが、組織上、そして財政上はまったく独立しており、他のドイツの大学のように州立大学としての性格よりは、フランクフルト市立大学としての性格を有していたとも言える。ゼンケンベルク自然科学研究協会の博物館、シュテーデル芸術研究所、自由ドイツ高等財団など市民の理想と寄附とによって設立された諸研究所が基礎になって大学が設置されたのである。

ヴィルヘルム・パウクによれば、「伝統的なプロイセンの州立大学とはその組織が異なっており、大学の基金と経費の一部分は民間の資金によって賄われていたし、その管理官は、職務上管理委員会の長であるフランクフルト市長に対して責任を負うことになっていた。一九二八年に管理官となり、未来志向的で、ユダヤ的色彩の濃い学部教授陣の構成を助けたクルト・リーツラーの強力なリーダーシップのもと、この新しい大学は急速に進歩的な学風になってゆき、さらにはその学風とカリキュラムはきわめてリベラルなものであったので、一九三〇年代には、とくにファシスト的な人々から「赤い大学」と呼ばれ、有名であった[31]」。

大学が設置された後にもフランクフルトにはさまざまな研究所が設立されたが、一九二〇年に創設されたヘルマン・ヴァイル財団が後にフランクフルト学派と呼ばれるようになる社会研究所の起源のひとつである。ヘルマン・ヴァイルは「社会科学の分野、とりわけ労働法と労働憲章の分野での研究、教育を促進すること」を定款にかかげてこの財団を設立した。その三年後、ヘルマンの息子フェリックス・J・ヴァイルは父の基金とまた母から相続した自らの財産を用いて社会研究所を創設した[32]。

子ヴァイルは、一八九〇年頃アルゼンチンに移住し、ヨーロッパへの穀物輸出によって財産を築き上げた商人のひとり息子で、ユダヤ系ドイツ人であった。彼はブエノスアイレスで生まれたが、九歳でフランクフルトに戻り、大学教育はフランクフルトとチュービンゲンで受けた。政治学の博士号をフランクフルト大学から受けたマルクス主義者であった。彼は最初一九二二年に開催された「第一回マルクス主義研究週間」(Erste Marxistische Arbeitswoche)の開催を援助した。しかし彼はこのいわば期間限定の研究活動を恒常化することを願い、彼の友人のひとりであったフリードリヒ・ポロック、そしてポロックの友人で後に社会研究所の所長となるマックス・ホルクハイマーの助けを得て、フランクフルトに研究所を設置する計画をたてた[33]。この計画はホルクハイマーを通して、大学管理官であったコルネリウスに伝えられ、コルネリウスは大学理事会との交渉役を引き受けてくれた。またフェリックスの父ヘルマンはこの計画のために、当時の金額で、年額一二万マルクがその利子から配当されるような創設基金を設置してくれたのであった[34]。

コルネリウスは大学と研究所とが関係を持つためには研究所をフェリックスとポロックが希望するように「マルクス主義研究所」としないほうがよいという忠告を与え、その代わりに基金提供者の名前を明らかにするためにも「フェリックス・ヴァイル研究所」という名前を提案した。しかしフェリックスはこの名前を拒否し、また彼はこの計画が、自分がフランクフルト大学に何らかの地位を得るための計画と誤解されないためにも、研究職からも退くことになった。結局、研究所の名前は単純に「社会研究所」と呼ばれることになった[35]。

初代の所長になるはずであったのはすでに述べた通りアーヘン工科大学の経済学教授クルト・アルベルト・ゲルラッハであった。ゲルラッハは一九二二年フランクフルト大学経済・社会学部教授に招聘され、同時に「社会研究所」所長に就任した。一九二二年にゲルラッハによって書かれた『社会研究所設置に関する覚書』がこの研究所にグランドデザインを提供することになった。しかしゲルラッハは正式に講義を行うことなく、一九二二年一〇月に糖尿病の発作によって三六歳の若さで亡くなった。

この後任となったのがヴィーン大学の法学及び政治学教授であったユダヤ人カール・グリューンベルクであった。研究所は一九二三年二月三日、プロイセン州文部省と社会研究協会（Gesellschaft für Sozialforschung）との契約のもとに正式に発足した。一九二三年度版の社会研究所のパンフレットによれば、この研究所は「政治的党派の形成、労働組合に関する事項、雇用者団体、協同組合などあらゆる現象形態によって現れる運動を、時間・空間のなかで……確認し、その原因を解明するために設置された研究機関[36]」ということになっている。

契約書によれば、この研究所に関する一切の財政はヘルマン・ヴァイルが設置する基金の運用益と年間予算のための助成金によって担われ、研究所の設置理念に関してはフェリックス・ヴァイルが彼の諮問機関となる研究者とともに随時検討し、研究計画についてはプロイセンの文部省の許可を得て、大学との協力のもとに具体的な研究を行うことになった。

またこの契約によれば、研究所の母体となる社会研究協会は、大学のために、経済・社会学部に正教授のポストをひとつ設置するための基金を提供することになっていた。それに対して大学は研究所との協議の上で招聘することになるこの教授を研究所の所長兼任とすることを認めた。それによって研究所は大学からは相対的に独立しているが、しかしアカデミックな機関としての地位を確立することができたのである[37]。

翌年六月二二日には大学キャンパスに隣接するヴィクトリア・アレー一七番にフランツ・レックレの設計した地上五階建ての研究所の建物が完成した。そこには座席が三六ある読書室、一六の研究室、一〇〇人が着席できる四つの講義室と演習室、七万五千冊の書物が収納できる図書館が設置されていた。グリュンベルクは竣工を記念した講演で、ドイツの学問研究の伝統の中にあった、大学に対するアカデミーの歴史的意義について強調した[38]。

さて、一九三〇年にリーツラーとティリッヒ、そしてポロックとの協議によって、社会研究所の所長にホルクハイマーが推薦された時、社会研究所は財政上は新しい負担を負うことになったが、新たな発展をとげることにもなった。ホルクハイマーの教授資格は哲学で、経済・社会学部の教授として招聘することはできなかったので、社会研究所は大学と追加契約を行い、哲学部にも講座設置のための基金を提供することになった。

さらに研究所と大学との関係が密接になったことで、大学は研究所の二階と三階の教室や研究室を大学の講義や演習、また研究所に籍を置かない教授の研究室として借用することになった。そのための追加契約も行われ、大学は研究所に対して建物の管理費の一部を支払うことになった(39)。

ホルクハイマーの時代、研究所は新しいエートスによって支配されるようになった。その象徴が『社会研究雑誌』の創刊であろう。それは研究所のそれ以後の研究の方針の明示であったと言ってよい。いわゆるマルクス＝レーニン主義とは異なった「西欧マルクス主義」の伝統の明確化であり、さらにはマルクス主義の問題意識と心理学というその後の研究所の方法論的な支柱となる視点の確立であったと言ってもよい。それはホルクハイマーの論文のタイトルに基づいて後に「批判理論」と呼ばれるようになった。批判理論の出発点は、明らかにカール・マルクスの思想に遡る。彼らはマルクスの思想や哲学の不徹底で不正確な受容によって生じた政治や哲学上の諸問題を分析し、また再考し、マルクスの再解釈を試みたと言ってよいであろう。そこから引き出された見解は、マルクスの理論を経済学の学説構築とか歴史哲学、あるいは世界観と結びつけるのではなく、元来の課題であるブルジョワ資本主義の批判として純粋に再構築しようとするものであった。さらにジグムント・フロイトの精神分析の社会への適用をこの批判理論へと結びつけようとした。その結果グリューンベルク時代のいわゆる労働運動の歴史研究というよりは、ホルクハイマーたちはマーティン・ジェイが指摘している通り、「哲学的に訓練されていて、経済学よりも美学や精神分析にいっそうの関心をもっていた」。レオ・レーヴェンタール、フリードリヒ・ポロック、テオドール・アドルノが研究所の主たる研究をホルクハイマーと共に担うようになった。そして研究所が海外亡命を開始する直前にエーリヒ・フロムとヘルベルト・マルクーゼが正式な所員となった。

3　社会研究所の亡命

その後のナチズムの台頭とヒトラーによる政治的全権掌握後のこの研究所の運命についてはよく知られている通りである。一九三三年一月三〇日のナチスによる権力奪取とともに社会研究所は閉鎖に追い込まれた。研究所の建物は封鎖され、六万冊を超える書物と各種の研究のための施設を失った。しかしこの時を予想して財団は一九三一年の段階で基金のほとんどをスイスに移し、ロッテルダムに預金口座を開設してあった。そのため研究所はただちにジュネーヴに亡命し、一九三三年二月、あらたに「国際社会研究会」と名称を変更し、その支部がジュネーヴとパリ、そしてロンドンに設置された。『社会研究雑誌』の発行もそこで継続された。

亡命中の研究所は、新たにフェリックスが提供した十万マルクのために経済的には守られ、さらに一九三四年五月になってコロンビア大学がニコラス・マーレイ・バトラーを通して、大学の一部であるブロードウェーの一一七番街西四二九番地の建物を提供することを申し出てくれたため、一九三〇年代の活動はニューヨークへの亡命者たちによって再開され、可能になった(40)。

この時代になるとウィットフォーゲル、グロスマンは研究所を去り、フロムはニューヨークで独自の診療所を開設して、そちらの仕事に専念するようになり（しかしフロムは研究所からの年金を受け取り続けていたので、後に問題になるのだが）、フランツ・ノイマン、オットー・キルヒナー、そしてドイツに戻ることができずに亡命生活を続けていたヴァルター・ベンヤミンなどが研究所の活動を担うメンバーとみなされるようになった。

もちろん彼らだけがこの亡命中の研究所のメンバーあったわけではない。ジェイがあげているだけでも、パウル・ラバン、ゲルハルト・マイヤー、モーゼス・I・フィンレー、アーネスト・シャハテル、オルガ・ラング、パウル・ホーニヒスハイム、パウル・マッシング、ジョイ・ラムニー、ヘルダ・ヘルツォークなどの名前を思い出さねばならない。

4 研究所の帰国

戦後研究所は一九五〇年になってフランクフルトに戻ったが、五月二三日には、戦前に没収され、また戦争中に破壊されたままの研究所の建物の名義が再び、社会研究協会の所有に書き直された。しかし後にこの区画が大学の校舎再建計画に組み入れられたので、研究所はその近隣に新たな土地と、移動のための資金として十万マルクを大学から受け取った。さらには研究所の財産であったであろう蔵書や家具なども調査の末に返還された。一九四六年九月二〇日付で、フランクフルト大学は社会研究所にフランクフルトに戻るように正式に要請していた。当時のプロイセンの文部大臣W・クリンゲルフェファーはフランクフルト学派に対して、次のような手紙を送った。「大学及び大学当局は、貴協会とかつて大変緊密な関係にありましたことを忘れたことはありません。もし貴協会が過去の出来事すべてを水に流してフランクフルト・アム・マインへと再びお戻りくださるとすれば、それは貴協会にとっておおいなる名誉回復を意味するのではないでしょうか。またそのような日が来るとすれば、それが大学の歴史にとりましてもきわめて喜ばしく、将来的にも意味のあることであります[41]」。

ホルクハイマーはこの誘いに応えて、アドルノとポロックと共にフランクフルトに帰ることになった。

しかしマルクーゼ、フロム、レーヴェンタール、ノイマン、ウィットフォーゲル、そしてキルヒハイマーは帰国せず、アメリカに留まる道を選んだ。

そして同じ年の八月にはティリッヒもフランクフルト大学哲学部に新たに設置される「プロテスタント神学、及びその歴史と文化の哲学についての講座」の教授として帰国するようにとの招聘を受け、また一九四七年に彼が戦後最初にドイツを訪問した際にもあらためて直接要請を受けた。しかし彼は戦後ドイツの精神的・知的状況に対する強い責任を感じながらも、ドイツ帰国によってもたらされるであろう利害得失を慎重に考慮し、またドイツの一部の人々には知られている戦前・戦中における政治的に曖昧な発言を気にして、それを断った。社会研究所はフランクフルトに戻ったが、ティリッヒはそこで博士候補生の審査が可能な嘱託教授となることと、年金を得ることができる名誉教授となることは承諾したが、アメリカから帰国することはなかった。

3　パウル・ティリッヒの生涯とフランクフルト学派

1　フランクフルト着任までのティリッヒ

次にティリッヒのプロフィールを見ることにしよう。[42] パウル・ヨハネス・オスカー・ティリッヒは、一八八六年八月一〇日にドイツのシュタールツェッデルでルター派の牧師の息子として生まれた。ティリッヒはベルリン、チュービンゲン、ハレの各大学で哲学と神学を修めた後、一九〇九年にブランデンブルク州宗務局の神学第一次試験に合格している。翌年彼は哲学の学位論文である『シェリングの積極哲学における宗教史の概念、その前提と原則』をブレスラウ大学に提出し、同大学から哲学博士

(Doktor der Philosophie) の学位を得ている。ティリッヒは、はじめは哲学者になろうとしていて、後に神学に転向したということではないようである。ティリッヒは最初、神学に関する論文を準備して、ほぼ完成していたのであるが、ベルリン市が一九一〇年八月までに哲学に関する論文を発表した博士候補生には奨学金を出すことを知り、すでに書き上げていた論文を手直しして、とりあえず哲学の学位のための論文を書いたようである。彼はこの奨学金と哲学の学位を受けた後、当初の学位論文である『シェリングの哲学的発展における神秘主義と罪意識』を完成させ、一九一二年にハレ大学から、当時の神学の分野では博士号にあたる学位で、教授資格についてもその一部の条件を満たしている Lizentiat der Theologie と呼ばれる学位を受けている。

当時は各州で複雑に異なっていた神学部の制度の過渡期で、大学で教えるためにはさらに教授資格(Habilitation)論文を書く必要があり、彼はそれに着手した。彼はベルリンのモアビットで牧師試補としての実践をこなすことで生活費を捻出しながら、「啓蒙主義時代のドイツ神学における超自然の概念」という題目を与えられ、その準備を開始した。しかし不幸にも第一次世界大戦が勃発し、彼はこの職務を一時中断し、従軍牧師の職務に志願することになった。それゆえに、この論文は戦中に完成され、一九一六年七月三日にハレ大学に提出された。それは最終的には『シュライアーマッハー以前の超自然神学における超自然の概念、その弁証法的な性格及び同一性の原理について』という題名で提出され、受理され、七月二〇日には休暇を利用して、就任講演も行っている。これによって彼はハレ大学私講師に任命され、神学を大学レベルで講義する資格を与えられた。もっともティリッヒはハレではついには教えることがなく、彼のアカデミック・キャリアは戦後になってベルリンで開始されることになった。すなわち彼は一九一九年の一月「神の存在と宗教心理学」という就任講演を行い、ティリッヒはベルリン大学私講師に就任した。

ティリッヒが戦後になって神学の講義を開始することになったことは、彼の神学研究に見えない、しかし大きな影響を与えることになった。ドイツの敗戦は、ヴィルヘルム期ドイツのナショナル・アイデンティティー、あるいは政治的グランド・デザインの形成に重要な役割を果たしていた伝統的な大学神学部で営まれていた、国家的であり民族的な学問としての神学の崩壊を意味していたし、同じ年に、スイスの寒村で社会主義に傾倒した牧師であったカール・バルトが自費出版した『ローマ書注解』が刊行され、ヴァイマールのリベラル・ナショナリストたちの神学をトータルに否定する神学的アヴァンギャルドたちの抵抗の狼煙があげられた時代だったからである。去り行くヴィルヘルム世代と、それを完全に追い出そうとするヴァイマールのアヴァンギャルドたちの間で、ティリッヒは両者のどちらにも属しているようで、どちらにも属していない独自なスタンスで仕事を開始することができた。すなわちヴィルヘルム世代の神学者たちにとっては、彼はアヴァンギャルドであったが、ヴァイマールのアヴァンギャルドたちからは、ティリッヒは「文化プロテスタンティズムの遺産管理者」と見なされていたのである。

また彼は伝統的神学部がもっていたドイツ観念論とロマン主義の哲学に対する豊かな教養と協力関係という遺産を受け取った最後の世代でもあった。ヴァイマールのアヴァンギャルドたちがそのような協力関係を「神学の人間学化」と呼んだり、「フォイエルバッハの餌食にされた神学」と呼んで、それらとの関係を切断した後でも、ティリッヒはその遺産を自由に使いながら、しかしアヴァンギャルドの言語をまとって彼の神学や哲学を再構築することができたのである。これらは敗戦による政治的状況と神学部のあり方の変化が彼のための用意した知的状況であった。

彼は戦後のベルリンで、神学を学際的に展開するための知的出会いを経験し、とりわけ心理学と社会主義が彼にインスピレーションを与えた。また彼はこの時代のベルリンの文化的な状況を急速に吸収することで、神学を政治と文化の市場にデビューさせ、ヴィルヘルム期とは異なった時代精神のなかで、神学のアクチュアリティーを実証しようとしていた。

すでに述べた通り、伝統的な神学部がラディカルな神学的アヴァンギャルドたち、すなわちいわゆる弁証法神学者たちの支配下に置かれる中にあっては、彼のスタイルは「中途半端な神学」と見なされ、実は一九二四年にマールブルク大学の神学部に就職口を見つけたティリッヒの立場は神学部定員外教授であり、一九二五年にリヒャルト・クローナーの勧めで転任したのは総合大学ではなくいわゆる専門大学校(Hochschule)であるドレスデン工科大学哲学部の宗教哲学講座の正教授であった。ティリッヒもそのことについては決して満足していなかった。なぜならこのままでは、ドイツの精神的状況のなかで小さな成功を得ることはあるかもしれないが、神学部という彼の本来の領域での影響力は失われ、彼に対する「中途半端な神学」というラベリングがまさに的中してしまうように思えたからである。それゆえに、一九二七年からライプツィヒ大学神学部の組織神学講座の教授職が空席になり、博士候補の指導のために二年間の嘱託教授に任命されたことは彼を大いに喜ばせた。そして彼はこの時、かつて彼に神学得業士の学位を授与したハレ大学に、ヴァイマール期の大学改革によって設置された神学博士の学位をあらためて受けられるように交渉し、ハレ大学はティリッヒに神学博士を、業績の審査によって授与した。

2 フランクフルト時代

ティリッヒが総合大学ではじめて正教授の地位を得たのがフランクフルト大学であった。それは彼の神学が、最終的にはドイツにおいては伝統的な神学部の市場ではなく、哲学の市場で評価を得たということを意味しており、また彼にとってはひとつの決断の時でもあった。彼はこの招きに応え、ハンス・コルネリウスの後任としてフランクフルト大学の哲学ならびに社会教育学の正教授に就任した。彼はここでは大学の教授陣のなかで唯一の神学者であり、「世俗的な環境で哲学を教える神学者」という一般的には考えられないような立場にあった。しかしそれは彼の学問的な性格をよく表しているし、この時代「神学」という学問がドイツ社会において担っていた役割をよく示している。何よりも彼自身にとって「やりがい」のある仕事であったに違いない。

ティリッヒがフランクフルトに招かれた理由は、当時のドイツのプロテスタント神学が置かれていた学問的な状況に基づくものである。神学はその時代もっとも多くの学生を持つ分野のひとつであった。それは神学部が聖職者のみならず、公立学校で必修であった宗教教育のための教師を養成していたからであろう。またこの時代、神学は教会や特定の宗教的な思想の中に閉じこもるようなものではなく、神学部の卒業生は、聖職者や宗教教育の専門家になるだけではなく、かなりの人数が官吏となって地方行政にかかわっていたのである。このような神学部の置かれた社会的状況が神学者たちをキリスト教やその教会の内部だけに留め置くのではなく、神学者としてキリスト教会の外の社会で仕事をすることを可能にしていたのである。

そのもっとも典型的な例が、ティリッヒもその影響を受けた、ベルリン大学のアドルフ・フォン・ハルナックであった。ドイツの周辺部からやってきて、家庭ではロシア語をも使うことができたこの神学者は、学問の世界だけではなく、政治的な機構のなかでも成功し、ドイツ政治の中枢にまで駆け上った人物である。彼はカイザー・ヴィルヘルム学術財団（後のマックス・プランク研究所）の初代総裁になった。それゆえに今日でもマックス・プランク研究所の学術賞はハルナック・メダルと呼ばれ、ベルリンにあるこの研究所所有のホールはハルナック・ハウスと呼ばれるのである。また彼は議会図書館の館長となり、ヴィルヘルム期ドイツでは皇帝の正枢密顧問官でもあった。

ティリッヒも神学者であったが、他方で、神学と哲学との両方の学位を持ち、神学的な問題を哲学的に説明することができたし、哲学者たちに、神学と結びついてしまったプラトン以後のヨーロッパ哲学の深層構造を説明できた。その意味では、彼はドイツ観念論とロマン主義の最後の生き残りと言っても過言ではないであろう。彼はキリスト教化した哲学を理解するためにもっとも適切な人物と哲学部でみなされていたのである。そして彼自身、決して神学を捨てたり、神学の伝統的な体系を壊すことはせず、むしろ神学的な概念を、今日の知的状況のなかで説明することに長けていた。それがティリッヒと他の学問分野の人々とを結びつけることに役立ったのである。彼の神学はハルナックのような意味で政治的学際性を持っていたわけではなかったが、大学をめぐる知的崩壊が、他の社会の諸領域の転換や変動よりも遅かった分、なお何らかの役割を大学のなかで持ち得たのである。

すでに述べた通り、フランクフルトで彼はテオドール・ヴィーゼングルント（すなわち後のアドルノ）の指導教授であり、また社会学者のマックス・ホルクハイマーを哲学・社会学の講座の教授に据えるために努力し、社会研究所を助けた。それは当時すでにユダヤ人を援助することが危険になっていた状況においてのことである。

ティリッヒ自身、この時不気味な仕方で力を持ち始めた国家社会主義の運動に対して、その影響がドイツ全土に及ぶことを危惧して、また自らの従来の宗教社会主義の主張のゆえに一九二九年に社会民主党に正式に入党している。またこの時代『新社会主義雑誌』（*Neue Blätter für den Sozialismus*）の編集委員のひとりとなってもいる。このことをもってティリッヒの政治的な態度表明とする見方もあるが、それはまったく逆のことだと言うべきであろう。ティリッヒが実際にどれほど現実的な意味で政治的な意識を持っていたかどうかは疑問であり、この行動は、政治的な決断であるよりは、政治的な現実認識の不備が招いた行動というべきであろう。

しかしティリッヒはこのフランクフルトで、社会研究所の教授たちと同じような運命に巻き込まれてゆくことになった。ティリッヒがその生涯で何度も繰り返し語ったフランクフルトでの焚書の出来事である。一九三三年五月一〇日の夜の出来事であった。フランクフルト市の中心部、かつて皇帝の戴冠式が行われた広場で二万五千冊を越える書物が集められ、燃やされたのである。もちろんそれはフランクフルトだけで起こったわけではなく、ドイツ国内の主要な都市で行われた。その時の様子を、後にティリッヒ自身が次のように語っている。これは彼が亡命後ニューヨークのラジオ局から、ドイツ国民に向けて定期的に行っていた放送で、「アメリカの声」という放送で語られたものである。

あなたがたの多くが、まだあの日の出来事を覚えているでしょう。私はそれを目撃することになったので、それが私にとっていかに重要で、不気味で、そして決して忘れることができないものであったかお話ししてみたいと思うのです。それはフランクフルトでのことでした。私と妻はかつてドイツ皇帝がそこで戴冠式が行われたレーマー広場に面した建物の窓から目撃したのです。中世の面影を残すこの広場に群集が押し寄せ、黒シャツや茶シャツがそれを制止しようとしていました。そこに薪が山のように積み重ねられると、狭い路地から松明を持った者たちの行列が登場しましたが、それは制服を着た学生や党員たちでした。その列が延々と続くのです。松明の光は暗闇のなかで、ゆらゆらと揺れ、建物の破風を照らし出しました。私はスペインの異端審問時代の絵を思い浮かべていました。すると最後に、まさに中世さながらの姿で二匹の牛に牽かれた荷車がガタガタと音を立てて広場に入ってきたのです。そこには犠牲のために選ばれた沢山の書物がのせられていたのです。荷車の後ろには大学教会付きの牧師が大股で歩いてきました。一同が薪の山に火をつけると、牧師はその車に乗り、弾劾のための説教をはじめました。それから最初の本を自らの手で火のついた薪の中に投げ込み、さらに何百冊もの書物が同じ運命となりました。その焔は高く燃え上がり、夢の中のような光景を映し出したのですが、それは現実でした。時間は二百年も逆戻りしたのです。(43)

この夜の約一ヶ月前、ナチスはドイツ学生協会（Deutsche Studentenschaft）を使って、「非ドイツ的な魂」に対する抗議運動を行う宣言をし、新聞やラジオ放送を使って、この運動内容を宣伝しはじめた。それはドイツ的ではない思想家たちの書物を焚書にする「払い清め（Säuberung）」の儀式を行う宣言であった。

この運動ははじめから宗教的な様相を呈していた。まさに中世の異端審問を再現して見せることが運動としての効果を具体化するものと考えられていた。さらにはこの出来事は、もっともドイツ的だと彼らが考えた歴史的出来事のひとつであるマルティン・ルターの宗教改革を真似て開始された。ルターの「九五カ条の提題」をパロディー化した「一二カ条の提題」を発表したのである。

純粋なドイツ語とドイツ文化の重要性が高らかに宣言され、「非ドイツ的」なもの、「ユダヤ的知性における知識の偏重」、そしてマルクス主義の誤りが指摘されており、それらを排除し、ドイツ的な文化の純化と、意義が強調されている。この宣言に基づいて、学生たちが一九三三年に二万冊を超える「非ドイツ的な」書物を燃やしたのである。その様子を伝えているのがあのティリッヒのラジオ放送である。フランクフルトではティリッヒのみならず、フランクフルト大学の教員たちや社会研究所が標的にされた。

それはまさに宗教儀式の様相を呈していた。ナチスの指導者のみならず、大学教授、牧師、学生の指導者がその儀式を担当し、驚くべきことにマルティン・ルターの讃美歌「神はわがやぐら」が歌われ、最後には「火の誓い」と題された、ナショナリズム高揚のための讃歌が歌われ、大学牧師の祝禱によってこの儀式は終わった。(44)

その光景を目撃して、ティリッヒはついに亡命を決意したのである。彼は社会研究所や大学の同僚たち、とりわけマックス・ホルクハイマー、ヴィーゼングルント・アドルノ、エーリヒ・フロム、そしてヘルベルト・マルクーゼやハンナ・アーレントとも密かに連絡をとり合い、亡命先についての情報収集を始めた。

ところで偶然にもその儀式の翌週、ニューヨーク市のコロンビア大学に、ブロードウェーのアッパータウンに集まる大学の責任者たちが集まった。それは「国外追放ドイツ人学者援助緊急委員会」と名付けられていた。そこでナチスの最初の犠牲者となった創造的で有能な大学教授たちをアメリカに迎える可能性についての協議が行われていた。各大学の学長と学部長が集まり、予め準備されたリストに基づいて慎重な協議が続けられた。このような会合はアメリカの他のいたるところで行われていた。

ニューヨーク市での会議の出席者のひとりに、コロンビア大学に隣接するユニオン神学校の校長のヘンリー・スローン・コフィンがいた。彼はそのリストの中にフランクフルトの哲学部の教授であるが、元来神学者であるパウル・ティリッヒの名前を見つけた。彼はちょうどその頃同僚で、有名な社会倫理学者ラインホールド・ニーバーの弟でイェール大学神学部教授であったヘルムート・リチャード・ニーバーによって翻訳されたティリッヒの『現代の宗教的状況』を読んだばかりであった。コフィンは、ニューヨーク市場の株暴落後の経済不況の中にある小さな神学校がティリッヒを単独で受け入れることはとてもできないが、もし彼が英語で講義をすることができて、さらにコロンビア大学が哲学部の客員教授としてティリッヒを雇うのであれば、その経費の半分と宿舎とをユニオン神学校が提供し、期限付きの非常勤教授として雇用してもよいと提案した(45)。

この提案はこの委員会の暫定的な委員長であったジョン・デューイによって受け入れられ、ティリッヒはニューヨークに招かれる四人の教授のひとりに選ばれたのである(46)。もちろんティリッヒはそのようなことを知る由もなかった。この決定についてコフィンがデューイから受け取った報告書の中には次のように書かれている。

コロンビア大学に避難民学者のため一時的に基金を設立することに対し、教授会の構成員に意見の開陳を求め、教授たちがこの目的のために基金を捻出する用意があるかどうかを問い合わせたところ、直ちに反応があり、一二五名の教授会の構成員より寄附の申し出を受けた。それによって次の四人の追放された学者に対して、コロンビア大学としては財政上の責任を負うことなしに、客員教授としての教授職を設置することが可能になった。それは人類学者ユリウス・リップ、考古学者マルガレート・ビーバー、数学者シュテファン・ヴァルシャウスキー、そして神学者パウル・ティリッヒである(47)。

この決定を受けてティリッヒに招聘の電報を打ったのはラインホールド・ニーバーで、三日後にコロンビア大学事務局長フランク・D・ファッケンソールの正式な招聘状が届いたのであった。ティリッヒはコロンビアからの招聘があったということは公にせず、コロンビアで一年の客員教授として招かれたことへの許可を文部大臣に求めた。文部大臣は九月九日に出国の許可を出した。もちろん招聘状にも一年間の客員教授としか書かれていなかったが、ニーバーの電報を受け取った日から出国までティリッヒは秘密警察の尾行を絶えず受けることになった。彼は一〇月の終わり、船でニューヨークに向かった。

3　亡命知識人としてのティリッヒ

ティリッヒは自ら「ユダヤ人以外で最初に大学を停職処分になったドイツ人である」と語っているように、ドイツでの大学教授の職を失うことになった。一九三三年にニューヨークに向かい、ニューヨークのユニオン神学校とコロンビア大学で非常勤の教授として迎えられ、一九三七年には正式にユニオン神学校の準教授に任命された。

亡命後のティリッヒがその後どのようにブロードウェーを駆け上り(48)、ニューヨーク知識人の中心的な存在として知られるようになったのかついてはあまり知られてない。彼はドイツでは総合大学の哲学教授であり、すでにある程度知られて哲学者であり、神学者であったが、アメリカでは彼の思想を知る者はごく一部の神学関係者、しかもドイツ語圏の神学や思想のスタイルに精通した者たちだけであった。実は彼の思想がアメリカの人々に理解され、受け入れるまでには亡命後かなり長い時間を必要とした。亡命者の中にははじめから成功を約束されて招かれたものもあったが、彼はそうではなかった。いわゆる理工学系の研究者や芸術家たちとは違って、人文系の研究者の多くは学問的経歴の最初の段階からはじめなければならなかった(49)。彼がユニオン神学校の正式な教授会のメンバーになったのは七年後の一九四〇年であり、彼は決して人気のあるライターでもなかった。その理由のひとつはティリッヒが英語に不慣れであったこと、そしてさらにドイツ観念論の最後の世代と言ってもよいティリッヒのどこまでも体系にこだわりつつ思索するスタイルがアメリカの思想界に受け入れられることを妨げていた。それは彼だけが特別であったのではなく、彼のフランクフルトの友人たち、W・アドルノ、M・ホルクハイマー、あるいはH・アーレントやH・マルクーゼも同じ状況であった。[50] おそらく唯一の例外はドイツ時代から英語に堪能で、自らの思想を英語で書き、ニューヨークでカウンセリングの診療所を開設することさえできたE・フロムであろう。

それでもティリッヒは「自分の状況について無益な不平を言ったりせず」、「この事態が不可避であると分った時には、自らの運命を肯定し」、「アメリカでの運命を受け取り、それをあるがままに肯定し、後を振り返ったりしなかった」。そして「亡命後何年かの間に、彼はあらためて学問的成功を達成するために、この新しい世界で身を立てるために勤勉に働いた」[51]のであった。それでも彼の親しい友人たちが証言するように、彼がアメリカで知られるようになったのは、彼の「哲学的神学者としての独創性や創造性のためではなかった」。むしろヴィルヘルム・パウクが言うように「他の移住者たちに対する移住者としての関係」、すなわち他の亡命者たちがアメリカで生み出した知的影響力が、ティリッヒの思想を人々が受け入れることを可能にしたのであり、彼は「ドイツ時代の思想的な在庫を、アメリカという新しい市場のために新しく梱包し直さねばならなかった」[52]のである。

ティリッヒは「アメリカでまだそれほど知られていない頃、その著作を通して自分を紹介しよう」とし、また「新しい世界において自己のアイデンティティーを探求しよう」と「境界線の上で」という最初の自伝を書いた。[53] すなわち、一九三五年のことであったが、この自伝を序文にして、彼自らがアメリカに紹介したいと考えた思想的エッセンスを含むこれまでにドイツ語で書いたいくつかの論文を英訳し『歴史の解釈』[54]と題して出版した。

ところがこの書物はティリッヒの意図に反して「一般に反応は冷たかった。この自伝や、それに付随する論文の翻訳が必ずしも適切ではなかったことや、とくに『歴史の解釈』と題する論文における概念の晦渋で複雑なことが、ティリッヒの思想やその適切性について、明瞭さよりもむしろ混乱をもたらしてしまったのである。この本はほとんど売れなかった[55]」のである。この時すでにティリッヒは四九歳になっていたが、この出来事を通して自分がアカデミック・キャリアの最初のステップにまで引き下ろされてしまったことを悟った。彼を非常勤ながら受け入れていたユニオン神学校のヘンリー・コフィンはティリッヒが有能な人物であることを認めはしていたが、「彼がドイツやギリシアの思想を強調し過ぎるとの理由から、彼を学部の恒久的な地位に就けるのが適切であるかどうかについて、心を決めかねていた。さらに、任命や昇給の権限をもっている理事会は、ティリッヒの思想に対してはどう扱ってよいやらまったく分らない状況であった[56]」。

そのティリッヒがブロードウェーのアッパータウンでデビューし、ニューヨーク知識人たちの間でだけではなく、広くアメリカの読書者層に受け入れられるのは実は一九四八年に出版された一冊の書物によってであった。彼は『歴史の解釈』の失敗から約一〇年を経て、もう一度アメリカに自らの思想を翻訳し、紹介しようと考えたのである。しかし彼は『歴史の解釈』の失敗を繰り返すことはできないと考えていた。そこで彼は他の亡命知識人たちの知的成功の事例を詳細に分析し、彼が過去二〇年の間に書いたどの領域の論文がアメリカの精神的状況に適応するかを念入りに調査することにした。その時の相談相手になったのが、シカゴ大学の教授となったジェームズ・ルーサー・アダムスと彼のニューヨークでの同僚ヴィルヘルム・パウクであった。論文の選定にあたっては、もっぱらティリッヒはアダムスと相談した。というのも、アダムスはアメリカで最初にティリッヒの思想についての博士論文を書いた神学者で、ティリッヒが「私以上に私の思想を知るアダムス」と呼ぶほど彼の思想を知り抜いていたからである[57]。

実はこの呼び名はティリッヒのユーモアと理解することもできるが、アメリカでのティリッヒの著作活動の性格を証言している言葉でもある。アダムスはティリッヒの著作の翻訳者である以上に、再解釈者、再構成者と言ってもよい人物であった。この時相談を持ちかけられたアダムスは、ティリッヒの新しい論文集には、前作とは違って、ドイツのルター派とは「まったく違う宗教的状況にあるアメリカのプロテスタンティズムが、……［ティリッヒの思想は］キリスト教的なのだと確認できる原理的な論文」、また「戦勝国であるにもかかわらず、ヨーロッパのキリスト教世界が生み出した精神的な諸問題には勝利し得ず、西洋文明の危機を共有していることが明らかになるような論文[58]」を収録すべきだと提案した。

ティリッヒはこのアダムスの提案を受け入れ、フランクフルト時代の友人で、亡命後もティリッヒを中心に定期的な会合を続けていたフランクフルトの社会研究所の友人たち、とりわけマックス・ホルクハイマーと相談することにした。ホルクハイマーはティリッヒが「文化と宗教」という主題をめぐってドイツで書いた哲学的な論文ではなく、宗教社会主義や心理学的分析を含む諸論文を収録すべきであると勧めている。すなわち「あなたが社会の調和がすでに過去のものとなり、工業技術による人間の人間に対する操作が生み出す広義の非人間化を指摘している諸論文[59]」こそがアメリカに翻訳、紹介されるべきだと提案したのである。

アダムスはティリッヒとホルクハイマー、そして後にはアドルノも加わったそれらの相談に基づいて、まったくの無償で、ティリッヒの著作の英訳を引き受けた。それは正しくは英訳ではなく、アメリカの知的状況におけるティリッヒ思想の再構成である。アダムスはティリッヒの諸概念がアメリカの知的状況のなかで理解されるように大胆に修正や読み替えを試みているのである。新しい文章を付け加え、さらには不必要な記述は削除している。それは翻訳された論文をドイツ語の原文と比較すれば一目瞭然であった。それはまったく新しい論文、あるいは改訂第二版として読むべき論文に仕上がっていた。これらすべての仕事を引き受けたのがアダムスであり、それが「私以上に私の思想を知るアダムス」というティリッヒの言葉の意味であろう。この作業に協力したのが、ユニオン神学校でティリッヒの秘書になった彼の愛人ヒルデ・フレンケルであった。彼女がティリッヒとアダムスの間で何度も書き直された原稿を、労を惜しむことなく毎々新しくタイプしてその作業を助けたのである。この原稿は一九四一年の秋には完成し、ヒルデによってタイプされた。

ところでこのようなアダムスとティリッヒの共同作業によって翻訳され、まったく新しく書き直されることになった諸論文は、ある難題に直面していた。この原稿を引き受けてくれる出版社が見つからなかったのである。このことからも理解できるように、ティリッヒの亡命は決して成功を約束されたものではなく、彼がそのキャリアの最初の段階からはじめなければならないと感じてきたアメリカで置かれた状況についての告白は偽りではなかった。『歴史の解釈』を出版したスクリブナーズ社は何とこの原稿を預かってから二年も経って、その刊行は難しいとの返事をしてきたのである。スクリブナーズは二人の神学者に査読を依頼し、ティリッヒの原稿を読んでもらったが、これがアメリカ読者層に受け入れられる可能性が低いという結論に至った、というのである(60)。

そこでアダムスは彼の他の仕事との関係で知遇を得ていたシカゴ大学出版会の編集者フレッド・ウィークにこの原稿を一九四六年の年末に持ち込んだ。ウィークは後にハンナ・アーレントの『人間の条件』によって彼女の思想をアメリカに紹介することになる同僚のアレクサンダー・J・モリンと共にこの原稿を読み込んだ。彼らは戦後アメリカ社会が直面している諸問題を考えるために、ドイツからの亡命知識人たちの思想が何らかの貢献を果たし得ると考え、取材を続けていた。ウィークはすでにティリッヒの著作をドイツ語で読み、またティリッヒについての情報を入手してもいたのである。

ウィークはこの原稿を読み、このままではやはり出版は不可能であるが、彼の計画に沿って改訂あるいは、書き直しを受け入れるのであれば、ティリッヒの思想がアメリカの知的世界に広く紹介される可能性があり得るとの返事をしてきた。具体的には翻訳した論文の差し替えを要求し、ティリッヒがドイツ時代に書いた「心理学的な手法の論文がもっとも翻訳に適している」とし、書物の構成についても三度にわたって書簡を往復している。ウィークは修正や変更をいやがるティリッヒに「……あなたのこの概念をアメリカは必要としていない[61]」とまで書いている。

ウィークは「……戦後のアメリカは何に勝利し、何に負けたのか、そして何が解決されていない問題であるのかを考えるための書物を出したいと考えていた。……そして［ティリッヒの］考察がそのための知的材料を提供できるものであることに間違いはない[62]」と考えていたのである。その意味でははじまったばかりの編集者ウィークの戦後アメリカ社会の分析の枠組みのなかで、ティリッヒの作品はアメリカに紹介されることになったと言っても過言ではないであろう。

最終的にはアダムスとティリッヒが選んだ論文のうち三分の一が削除され、ウィークが新たに選んだ三本の論文をアダムスとティリッヒが以前と同じように翻訳し、ひとつはまったくウィークの指示に従って、ほとんど新たに書き下ろすように仕上げることになった。

さらにタイトルについてもアダムスとティリッヒ、そしてウィークの間で何度も議論を重ね、アメリカの知的状況のみならずプロテスタント教会の状況をふまえて決定された。というのもこの書物のタイトルは最終的にはティリッヒが希望した『プロテスタント時代の終焉』ではなく、『プロテスタント時代』と題されて出版されることになったのである。ウィークはさらに条件を提示し、この書物を出版する条件として、ティリッヒの主著となるはずの『組織神学』もシカゴ大学出版会から出すという約束を書面に残した。

これらの共同作業を経て、ティリッヒの思想はあらためてアメリカの思想界に紹介されたのである。『プロテスタント時代』は『歴史の解釈』の失敗が嘘であったかのように、一九四八年に出版されると、その年のうちに三版まで増刷され、一九五〇年に新しく組みなおされたペーパーバック版までに一一回の増刷を繰り返し、ティリッヒをアメリカの知的世界の中心部へとデビューさせたのであった。

その後のティリッヒの成功はよく知られている通りである。一九五五年にはユニオン神学校を定年退職し、ハーヴァード大学の全学教授として招かれることになった。さらにティリッヒはハーヴァード大学引退後もさらに精力的に活動し、一九六五年に亡くなるまでシカゴ大学神学部の初代のニューヴィーン神学教授として講義を続け、宗教学者のミルチア・エリアーデと共同演習を行うなど精力的な活動を続けた。彼は教えることに、そして対話の中に生き甲斐を見いだしていたようにも思える。ミルチア・エリアーデはティリッヒについてその日記で次のように述べている。「数人の聡明な話相手の活動的創造的存在によって体力・気力を回復するパウルの非凡な能力。この人は人間的な温かさ、共感、対話を糧に生きている」。

彼は亡くなる数ケ月前にも、亡命者大学として始まったニューヨークの新社会学研究院のジャック・エヴェレットから、シカゴを引退したら、新社会学研究院のアルヴィン・ジョンソン哲学講座の初代の教授になるようにとの要請を受け、それを承諾している。それによってティリッヒは、再びハンナ・アーレントとの仕事上での関係も回復するはずであった。

彼は死の十日前にシカゴ大学神学部で「組織神学者のための宗教史の意義」について講演し、その夜ジヨセフス・キタガワの家でエリアーデ夫妻等と楽しいひと時を過ごし帰宅した晩に心臓の発作に襲われ、一九六五年一〇月二二日に死去した。

4 ティリッヒのフランクフルトの友人たち

さてティリッヒの生涯を概観する本節の最後に、これまで見てきた社会研究所の所員及びその関係者とティリッヒとの関係を箇条書き的に整理しておこう。

まずはホルクハイマーとの関係である。二人の関係は一般に考えられている以上に親密なものがある。両者の関係はこれまでの研究で扱われたように、単に同じ時期にフランクフルト大学に在職していたという程度のものではない。両者の関係は一般に知られているよりも深く、複雑であり、重要である。たとえば、歴史にもし、ということはないにしても、ホルクハイマーとティリッヒが一九二九年にフランクフルトに着任していなかったなら、ホルクハイマーの大学での仕事はもちろん、社会研究所がフランクフルト大学との関係をもとに発展し、ホルクハイマーがその所長になることもなかったであろう。それゆえにシヴェルブッシュの『知識人の黄昏』における魅力的な報告は、次のように正確に記述されるべきであろう。一九三〇年、それまで私講師（Privatdozent）であったマックス・ホルクハイマーが、哲学部の中に社会研究所の寄附講座として設置される社会哲学の正教授に就任することを容認したのは当時学部長であったティリッヒであった。さらにティリッヒは「すでにユダヤ人を援助することは危険になっていたにもかかわらず」ホルクハイマーを社会研究所の所長に任命するためにあらゆる努力を学部長としてなしたのである。

それだけではない。すでに述べた通りティリッヒは実はあの難解で、不可思議で、魅力的なテオドール・アドルノのキルケゴールを扱った教授資格論文の指導教授となった。アドルノは一九二二年にハンス・コルネリウスのもとでフッサールの現象学についての博士論文を書いていたが、一九二四年に全ドイツ音楽協会の音楽祭でアーバン・ベルクと出会いその音楽に傾倒し、ヴィーンに行き、ベルクから作曲を、またエドワルト・シュトイアーマンからピアノを学んでいる。アドルノはヴィーンでの三年間の音楽修行の後、音楽評論や音楽の道ではなく、もう一度哲学に戻ってきた。しかしハンス・コルネリウスはすでに退官しており、その後任教授であったティリッヒのもとで彼は仕事を再開したのである。私講師となったアドルノはティリッヒの助手となり、両者は一緒に演習を行い、またアドルノはしばしば多忙のティリッヒの講義や演習を代講している。アドルノはこの時代のティリッヒとの思い出を彼の著作集に教授資格論文と共に含まれているキルケゴール論のなかで、また後に編集され出版された彼の『社会哲学講義』の冒頭でもふれている。ティリッヒはアドルノの発言を「まったく理解できない」と述べることもあったが、実はティリッヒは社会学的な分析は別にして、アドルノの哲学的な業績の正確な理解者のひとりであり続けたのである。

ちなみにアドルノとティリッヒの友情が生み出しためずらしい事例のひとつがトーマス・マンの『ファウスト博士　ある友人の物語、ドイツの作曲家アドリアン・レーヴェルキューンの生涯』である。マンは亡命先のアメリカでこの小説を書いている。マンは小説の主人公レーヴェルキューンの人生行路を、最初に「神学」を学び、そして「音楽」の道へと転向させることで描いてみせた。小説の細部のリアリティーにこだわるマンが、この小説を準備するにあたって、ドイツの神学と音楽学との情報を得るために協力を求めたのが実はティリッヒとアドルノであった。アドルノはマンのために音楽の技術的な側面と思想的側面とについて詳細な手紙を書いている。またティリッヒはマンのリクエストに答え、マンがハレ大学で、シデモーニッシュなものと取り組んでいるドイツ・ルター派ナショナリストの神学者の姿を書くために、シユライアーマッハー以来の近代ドイツ神学史についての詳細な手紙を書き、協力した。ちなみにこの小説に登場する神学教授エーレンフリート・クンプフのモデルとなったのは、ティリッヒの証言によればマルティン・ケーラーである。

またヴァルター・ベンヤミンは一九三六年六月三〇日付のアドルノ宛の手紙のなかでパリでティリッヒと会い、そこで語り合った事柄の印象を伝えているが、そのなかでアドルノとティリッヒの思想について語り合いたいと申し出ている。すなわち「ティリッヒがここに来ていたので、ちょっと話し合った。かれについてぼくがもった印象を、きみがもった印象とつきあわせてみることを、いささか楽しみにしている」と述べている。

さらにティリッヒは、この時代の伝統的なユダヤ教神学の枠組みに批判的で、しかし新しい仕方でユダヤ教の神学と哲学とを構築しようとしていた世代の良き理解者であったのだが、アドルノがゲルショム・ショーレムと最初に出会ったのも実はティリッヒの家でのことであった。またフランクフルト学派とは直接関係はないが、ティリッヒとフランツ・ローゼンツヴァイクの場合などもこれと同様のことが言い得る。この世代にとって重要なことは宗派的な対立よりも、宗派を超えた、既存の社会や伝統的文化に対する態度であった。それゆえに、彼らはプロテスタントもカトリックもユダヤ人もみな宗派的なアイデンティティーよりも、共通の世代意識と世代感覚とによって結び合わされていた。フランツ・ローゼンツヴァイクは一九二〇年七月にパウル・ティリッヒの論文集を従兄弟のハンス・エーレンベルクから譲り受けた時に、彼の当時の恋人であったオイゲン・ローゼンストックの妻マルガリータ・セーゼンストック＝ホイシイに次のような手紙を送っている。「ベルリンの私講師にティリッヒという人がいます。この人はまさに将来の人物、わが世代の兄弟です。……私が『救済の星』でやろうとしていることを彼は体系化しています。

……彼の思想は述語の上に浮いている感じがしますが、他方で真の言語という大地にしっかりと足を置いている感じがします」。さらに数日後にも次のように書いている。「ティリッヒこそ、『救済の星』での発言について、何かコメントをしてもらいたい唯一の大学人です。私を理解できる人は、おそらく彼をおいていないでしょう」。

さらにはティリッヒとエーリヒ・フロムはドイツ時代のみならず、むしろアメリカに行き、ティリッヒが心理学への関心を一層深めるようになってからは、活発な交流をしている。ティリッヒはつねにフロムの著作を入念に検討しており、フロムもティリッヒの仕事を知り、フロムはメキシコの大学で教えていた時代に、ティリッヒを講演や講義のためにわざわざメキシコに招待しているほどである。ティリッヒはフロムの著作の書評を書き、フロムの思想が神学においてどのような意味をもっているか神学者たちに解説し、また彼の『組織神学』の第三巻の執筆にあたってはフロムとの対話を試みている。

またティリッヒは経済学部に属していたフリードリヒ・ポロックやアドルフ・レーヴェ、社会研究所に所属してはいなかったが、大学と研究所との協定によって社会研究所に研究室を持っていたカール・マンハイムと定期的に「社会主義と現代の諸問題」に関する研究会を自宅で行っており、ポロックはティリッヒの宗教社会主義的な思想の厳しい批判者でもあった。このようにティリッヒはこの時代のフランクフルトの精神史的見取り図を描こうとするならば、その中心にあったとは言わないまでも、精神科学、社会科学のジャンルを超えて、それらを結びつける学際的「境界線上」に立っていたと言ってよいであろう。

さらにヘルベルト・マルクーゼは彼のベルリン時代以来、ティリッヒを知っており、マルクーゼとティリッヒの間では政治と宗教におけるエロス的なもの、そしてデモーニッシュなものについての議論が続けられていた。マルクーゼがハイデガーの下で書いた教授資格論文が受領される可能性がなくなった際に、フッサールがクルト・リーツラーにマルクーゼを助けるように依頼したが、一九三二年に彼がフライブルクを去ってフランクフルトにやってきた時に、リーツラーから相談を受け、マルクーゼをホルクハイマーのもとで仕事ができるように人事を取り計らったのもティリッヒであった。

4　本書の構成について

本書は、この序論に続き個別研究に入る。ホルクハイマーとティリッヒ、アドルノとティリッヒ、マルクーゼとティリッヒ、フロムとティリッヒという主題が取り上げられる。

序論に続いて第1章では「ホルクハイマーとティリッヒ」との関係を扱った資料が収録されている。(1) フランクフルト大学が主催したティリッヒの告別式でのホルクハイマーの弔辞であるMax Horkheimer, Lezte Spur von Theologie — Paul Tillichs Vermächtnis Rede, gehalten am 16. Februar 1966, in: Werk und Wirken Paul Tillichs. Ein Gedenkbuch. Stuttgart 1967, 123–132 と(2) Erdmann Sturm: Paul Tillich und Max Horkheimer im Dialog, in: Zeitschrift für Neuere Theologiegeschichte/ Journal for the History of Modern Theology 1, 1994, 275–304 である。

第2章には「ティリッヒとアドルノ」の関係を取り扱った資料が収録される。(1) Erdmann Sturm (hg.), Theodor W. Adorno contra Paul Tillich. Eine bisher unveröffentlichte Tillich-Kritik Adornos aus dem Jahre 1944, in: Zeitschrift für Neuere Theologiegeschichte/ Journal for the History of Modern Theology 3, 1996, 251–299. と(2) アドルノの教授資格論文をめぐってのティリッヒの評価報告書であるPaul Tillich, Gutachten über die Arbeit von Dr. Wiesengrund: Die Konstruktion des Ästhetischen bei Kierkegarrd. Akte Theodor W. Adorno,

Archiv des Dekanats der Philosophischen Fakultät der Johann Wolfgang Goethe Universität Frankfurt am Main（Abt. 134, Nr. 4 Blatt 17–24）である。ちなみに副査であったホルクハイマーの報告書の方は Max Horkheimer, Bemerkungen in Sachen der Habilitation Dr. Wiesengrund. Akte Theodor W. Adorno, Archiv des Dekanats der Philosophischen Fakultät der Johann Wolfgang Goethe Universität Frankfurt am Main（Abt. 134, Nr. 4 Blatt）に収録されているが今回は翻訳していない。

第3章には、「ティリッヒとフロム」に関する資料が収録されている。これは竹渕と深井による「……あなたと会えないでいるのは……パウル・ティリッヒとエーリヒ・フロム」『聖学院大学総合研究所紀要』四九号（二〇一一年）、一九三―二三六頁を、さらに修正したもので、その後発見した書簡を追加している。

第4章は「ティリッヒとマルクーゼ」に関する資料で、フリードリヒ・ヴィルヘルム・グラーフとアルフ・クリストファーセンの解説とともに両者のアメリカでの知的交流の一端が紹介される。それは Streit über John F. Kennedy – Ein kurzer Briefwechsel zwischen Paul Tillich und Herbert Marcuse, in: Zeitschrift für neuere Theologiegeschichte 14（2007）の翻訳である。

ホルクハイマーとアドルノに関する資料とその解説は主としてエルトマン・シュトルムの研究と調査の成果であり、今回あらためてオリジナル原稿のコピーをいただき、また翻訳の許可をいただいたものである。マルクーゼとフロムについての研究は二〇〇九年以降、グラーフ教授、クリストファーセン教授と深井が行っている共同研究の成果の一部である。

またこの序論の付録として本書の主要登場人物であるホルクハイマー、アドルノに加えて、エドゥアルト・ハイマン、エルンスト・ブロッホによるティリッヒの思想についての座談会を収録した。すなわち

Erinerungen an Paul Tillich. In Gesprächen mit Prof. Dr. Max Horkheimer, Prof. Dr. Thodor W. Adorno, Prof. Dr. Eduard Heimann, Prof. Dr. Ernst Bloch und Prof. Dr. Wolf-Dieter Marsch. Redaktion: Gerhard Rein. In: Eine Sendung des süddeutschen Rundfunkts Stuttgart am 21. August 1966 である。

付録

パウル・ティリッヒの思い出(1)

マックス・ホルクハイマー
テオドール・W・アドルノ
エドゥアルト・ハイマン
エルンスト・ブロッホ
(司会) ヴォルフ＝ディーター・マルシュ
(編集) ゲルハルト・ライン

小柳敦史訳

はじめに

マルシュ パウル・ティリッヒは生きていれば一九六六年八月二〇日に八〇歳となるはずでした。彼は第一次世界大戦の体験に衝撃を受け、キリスト教信仰になんらかの基盤を求める新たな意識を出現させたプロテスタント神学者の世代の一員です。この世代の神学者としては例えば、カール・バルト、ルドルルフ・ブルトマン、フリードリヒ・ゴーガルテン、エミール・ブルンナー、エマヌエル・ヒルシュや、ヴェルナー・エラートおよびパウル・アルトハウスの名前を挙げられます。もっとも、このような人物の中にあって、ティリッヒは生涯を通じて歴然たるアウトサイダーであり続けました。もちろん彼の出自がルター派にあることは強調されていることですし、彼をトレルチやハルナックの時代の文化プロテスタントに数え入れることはできないのですが。ティリッヒは彼の思索の最初の時期から、ドイツ観念論の伝統、とりわけヘーゲルとシェリングの思想に熱心に取り組んでいました。彼は「教会的」な、すなわち、キリスト教共同体の存在に集中する神学のために語ることを好みませんでした。もちろん、彼の神学において「教会」というテーマははっきりと明確な位置を持ってはいましたが。彼が考え抜こうとしたのはむしろ、私たちの科学‐技術的な文明という条件のもとで「プロテスタント的実在」というものはいったい何を意味するのか、ということでした。科学‐技術的な文明はその輪郭をくっきりと浮かび上がらせてはいたものの、神学者たちによって真剣に考察されるということはほとんどありませんでした。ティリッヒはそれゆえに、さまざまな学問――特に社会哲学や心理学、政治学――を渉猟したのです。彼は自分自身を「境界に立つ者」と呼ぶことを好んでいました。

当時「宗教社会主義者」であったティリッヒが一九三三年にアメリカ合衆国へと移住したことは彼をして、私たちにはその時点ではあまり知られていなかった宗教文化へと順応することを強いました。彼はそれをいわば嵐のなかで勝ち取ったのです。ティリッヒは合衆国において、ヨーロッパでそうであったよりもなお一層創造的になりました。宗派と教派の境界を超えたのです。そしてヨーロッパにおいてもティリッヒは、戦後二〇年が経過するなかで徐々に「カムバック」を経験しました。そのピークは、一九六二年にドイツ出版業界平和賞が授与されたことでした。ティリッヒはほぼ毎年のように夏になると講義やセミナー、あるいは講演をするためにヨーロッパへと来たものです。

しかしながら、（おそらくは地平の広さのゆえに概念の明確さを時々欠いている）ティリッヒのライフワークをまとめた『組織神学』全三巻にもかかわらず、ティリッヒは厳格な意味でのアカデミズム的講壇神学においてはそれほど多くの耳目を集めることがありませんでした。むしろ、徐々に増えつつあった、伝統的で、教会的なものの領域に対して批判的に距離をとり、それを超えた人たち、すなわち「教会なきプロテスタント」（E・シュタムラー）に受け入れられたのです。ティリッヒはたびたび「キリスト教原理」について、あるいはまた「信仰的現実主義」について語りました。ティリッヒがこうした言葉で考えていたのは、文化的・政治的「状況」に留保なく自らを開き、その中で神やキリストについての問いを立てることができるという知的態度のことです。つまり、こうした状況のなかで何が「無制約的に関わってくる」のか、何が私たちにとって究極的な真剣さでもって関係してくるのか、という問い、さらには、「疎外された実存という制約下での新しい存在」についての問い、内容的に言うならば、新しい存在のイメージとして、小さくされ、自己を放棄し、苦しむ人間であるキリストへの問いを立てることです。それは、復活しつつある現在的な主――いまや世俗的な文化のなかで、すなわち実存的ならびに政治的な、美的ならびに心理学的な問題設定のなかで繰り返し新たに、そして異なった仕方で考慮されるであろう存在なのです。「状況」と「ケリュグマ」、つまりまったくもって世俗的な分析とキリストの宣教というものは、かならずや互いに対応していなくてはなりません。宣教が状況を「作る」、のではありません。そうではなくて、「今がその時である」ものは何なのかに宣教者は耳を傾け、考え抜くことができねばならないのです。これがティリッヒの疑いえない前提でした。

彼の思考の射程はこのように広いものだったので、ティリッヒは数多くの人々と親密な付き合いがありました。ティリッヒと親密に交わっていたのは、教会と結びついた生活と思考の限界をとうに後にしつつも、プロテスタンティズムの遺産をどうでも良いものとは考えず、それと向き合っていた人々でした。私たちはそのうちの四人に話を伺いました。この方々はティリッヒがアメリカに移住する前からすでに彼のことをよく知っており、ティリッヒの同世代人かつ同時代人です。私たちはこの方々に、「パウロ」〔パウル・ティリッヒのこと〕についての思い出と彼と交わした議論について簡単に述べてもらうようお願いしました。皆さんの述べたことがそれ自体で雄弁に語ってくれるでしょう。それはプロテスタント的実存のスケッチのための筆運びであり、知的かつ誠実なキリストの証しに捧げられた生の断片です。

まず一人目として、哲学者であり社会学者であるマックス・ホルクハイマーに発言してもらいましょう。ゲルハルト・ラインがモンタニョーラにホルクハイマーを訪ね、インタビューをしてきてくれました。

1　ライン＋ホルクハイマー

ライン　ホルクハイマー教授、あなたがパウル・ティリッヒと初めて会ったのはどこでしたか。

ホルクハイマー　フランクフルトです。そこで私は大学教授資格を得たのですが、ティリッヒが私の敬愛する師であるハンス・コルネリウスの後任となったのです。それはつまり、フランクフルト大学の最初の哲学者の後任ということです。もちろんこの二人の間にマックス・シェーラーが教鞭をとってはいたのですが、それは残念ながらとても短い期間で、シェーラーは数か月間大学にいたものの、すぐに亡くなってしまったのです。コルネリウスとティリッヒは、大学教授には見出すことの難しい自由さを持っていました。

ライン　ティリッヒについて一番印象深かったことはなんですか。あなたはフランクフルトでティリッヒと個人的な交流をお持ちでしたか。

ホルクハイマー　ティリッヒとは個人的な交流がありました。ティリッヒは当時、私自身もそうだったのですが、迫りつつある恐ろしいものを感じていました。そしてティリッヒは自らの宗教社会主義によってそれに反対していました。彼はもっと良いものが可能であるという期待を持っていたのです。私はと言えばショーペンハウアーの哲学と結びついていたので、まったくもって悲観的でした。そのように悲観的であったことは、今思えば幸運なことです。どういうことかと言うと、私は一九三三年までフランクフルトで教えるはずだったのですが、一九二九年にもうスイスに避難の地を見つけることができたのです。

ライン　あなたはパウル・ティリッヒとフランクフルトで対話をなさっていたのですね。それにしても驚いてしまうのですが、フランクフルトにおける社会学と哲学の講座を神学者〔ティリッヒのこと〕が担当していたのですよね。そもそも、フランクフルトでのホルクハイマー教授の仕事とはどこに結びつきがあったのですか。

ホルクハイマー　思うに、私が賛同できる哲学で、自らのうちに神学的な契機を備えていないものはありません。なぜなら、哲学において問題となるのは、我々が生きている世界はどの程度まで相対的なものとして解釈されうるのかを認識することだからです。そのことをカントもショーペンハウアーも知っていました。そしてそのことを知らない哲学的努力というものは存在しないと私は思います。

ライン　どのような事情でホルクハイマー教授はフランクフルトでの教授職を得ることになったのですか。

ホルクハイマー　それは全面的にティリッヒのおかげです。社会研究所——これは大学と結びついていたのですが——の所長を私が引き受けるべきだということが問題となっていたのですが、私が同時に正教授になるということは、ただ考えられ得るひとつの可能性にすぎませんでした。結果として、異例の事態が生じたことになります。私は、自分が大学教授資格を取得した大学への招聘を受けたのです。ティリッヒはそれを支持してくれていました。ティリッヒは私がこの招聘を受けることができるように働きかけてくれていたのです。それは簡単なことではありませんでした。というのは、お分かりでしょうが、学部は規則から外れたくなかったのです。ある夜の二時ごろ、私はティリッヒから電話をもらいました。彼は私に、事態は進んだよ、と言いました。こうして私は教授となったのですが、それはパウル・ティリッヒのおかげなのです。

ライン　迫りつつあった、姿を現しつつあった国家社会主義の評価について、当時ティリッヒがどのように考え、ふるまっていたかをお話しいただけませんか。

ホルクハイマー　ティリッヒは近づきつつある災禍に対して闘っていました。そして彼は、それに打ち勝つことができるだろうという望みを抱いていました。もし強く警告されなかったとしたら、ティリッヒは必ずやドイツにとどまったことでしょう。警告する人々——そう言ってよければ——には私も加わっていました。一九三三年二月のある日、私は彼の著作の数か所を読み上げ、彼に言いました。もしあなたがドイツを離れなければ、こうした叙述はあなたの命に関わることになるだろう、と。

ライン　パウル・ティリッヒの性格についてはどのように描き出していただけますか。

ホルクハイマー　私としては、いま性格という概念そのものの中にある問題について言及しようとは思いません。なぜなら、通常性格と呼ばれているものが意味しているのは、ある人が自らを変える能力を持っているということではないのですから。そして、私がティリッヒについて言うべき第一のことはおそらく、彼がこのような固定的な、特定の、変化することのない性格を持ってはいなかったということでしょう。むしろティリッヒは素晴らしい意味で応答的でした。もしあなたがティリッヒと話したとしたら、彼が歓談の最後にもなお始まりの時とまったく同じことを考えているだろうということはほとんどあり得ないことでした。歓談によって新しいものを生み出すことが可能だったのです。同様のことが彼の人生全般についてもあてはまります。ティリッヒはあらゆる美しいものに開かれていました。彼は——ええ、私ははっきりと言いたいと思います——誘惑に弱かったのです。そして私は思うのですが、それは本当の人間には備わっているものなのです。もしもあなたが彼と一緒に出かけて、だれかが感じの良い飲み屋の前に立っていたとしましょう。あるいはそれがナイトクラブだったとしても、ティリッヒはこう言うことができるのです。ここに入らないかい、と。そして彼は十分に楽しむことができるのですが、その楽しみ方は誠実さと呼ばれるものに抵触しないようなものでした。彼は他の人間に対して自らを閉ざすことなく、しかし人々に対して誠実さを保つことができたのです。

ライン　あなたはスイスとフランスを経由してアメリカにやってきました。同じくティリッヒもニューヨークのユニオン神学校へとやってきました。あなたはティリッヒとアメリカで再会したのですか。アメリカではどのような会話をティリッヒと交わしましたか。

ホルクハイマー　ティリッヒがアメリカに到着してすぐに私たちは互いに連絡を取り合い集まりました。そしてフランクフルトで私たちが始めていた哲学的話題や神学的話題についての議論が続けられたのです。ニューヨークでも続けられましたし、後にはシカゴでも続けられました。最終的には、ティリッヒがドイツにいる私を訪ねてきてくれたときもまた再び続けられました。

ライン　ホルクハイマー教授、パウル・ティリッヒにとって、そしてあなたにとって、フランクフルトでのそのような時期のあとで急にアメリカで働くこと、異なった言語、異なった人間関係のなかで働くことは困難ではありませんでしたか。あなたがたはアメリカでどのようにして足場を固めることができたのですか。

ホルクハイマー　ティリッヒの場合にどうだったかについて、私が詳細な説明をすることは不可能です。しかし確かにあなたのご存じのとおり、ティリッヒはユニオン神学校に職を得て、比較的すぐにアメリカで彼の重要性は認められました。そうですね、私の印象としては、ティリッヒはアメリカで、ヨーロッパで可能だったかもしれないことよりも大きな活動を展開することができたと思います。なぜならアメリカでは彼が提供する新しいものに対して人々がとても開かれていたからです。私自身に関しては、一九三四年の初めに先ほどお話ししたような経緯でアメリカに来ましたが、すぐに病気になってしまいました。それから私はコロンビア大学へと向かい、当時の総長だったニコラス・マレイ・バトラーに会いました。彼は大学を案内してくれて、特に大学のキャンパスの中に建つ四階建ての建物を見せてくれました。そして私が彼の執務室に戻るとこう尋ねたのです。「あの建物は気に入りましたか?」　私は驚いて言いました。「ええ」。彼はこう続けました。「あなたが望むなら、あれはあなたのものだ。あなたは、ある研究所で友人たちのグループと共に研究をしていたと説明してくれましたね。彼ら、その友人たちをここに呼んだらいい。そしてコロンビア大学のこの建物で働きなさい」。このことが私にとってどんな意味を持っていたかを、そしてこのことによって私がアメリカと果てしない愛情によって結ばれたことをあなたは想像することができるでしょう。

ライン　パウル・ティリッヒに戻りたいのですが、私たちが何度も彼から聞いた概念は「境界」というものです。ティリッヒは、境界とは認識にとって実り多い場であると考えていました。彼がよく用いていたこのキーワードはあなたに影響を与えましたか。また、興味を抱かせるものでしたか。

ホルクハイマー　私は境界という概念をいつも次のように理解していました。それは、思惟する者――哲学的に思惟する者――は現実を相対的（relativ）なものとして見るべきであるということです。つまり、私たちが現実に対して下す判断はすべて絶対的なものではなく、相対的である世界は内世界的な意味にしたがって絶対的なものを前提とはするものの、私たちはその絶対的なものを認識することはできないということです。このように私は境界の概念を理解していました。

ライン　確かに私がマックス・ホルクハイマーとパウル・ティリッヒを読んでいて気がついたのは、二人が一つのことを言っているということでした。それは、今日ここにある状況、部分的には悲惨な状況を私たちが批判するときに、真理は生じてくるということ、つまり、真理が明るみに出る限り、状況は暴かれるということです。この特性によってあなたとティリッヒは結びついているとあなたもまたお考えになりますか。

ホルクハイマー　真理を積極的に記述することはできないと思います。真理とは、現実に対して、すなわち私たちがそのなかで生きている存在物に対して批判的な、しかも責任をもって批判的な態度をとるときに姿を現すのです。ティリッヒの思想とユダヤ的思想の間の類似性はおそらく、ユダヤ人もまた、絶対的なものである神を叙述することも描き出すこともできないという点にあります。そうです、「神」という名前も決して書くべきではないということすら、ユダヤ的なもののなかでは普通なのです。ティリッヒも似た考えを持っていました。彼は、神を適切に名指すことは人にはできないと確信していました。だからこそ、現実に対する批判的な態度が必要なのです。なぜなら、何が存在すべきではないのか、つまり何が神の意に反しているのかを私たちが指し示すこの批判的な態度において、絶対的なもの、他なるもの、良きものが姿を現すからです。

ライン　そこから私たちにもたらされる問いは、パウル・ティリッヒがそういった事柄に取り組み、思索していた時の真剣さはどれほど大きなものだっただろうか、ということではないでしょうか。このことはあなたにとって印象深いものでしたか。

ホルクハイマー　いまあなたは、ティリッヒにとって実際にとても重要な役割を果たしていた言葉を口にしました。それはつまり、「真剣さ」です。私たちが生きる世界は、というよりはむしろ、私たちが属している社会の性質を考えてみると、言われることやなされることのすべてが本来はある特定の目的から生じるようになっています。その目的もすぐに、今度は何か別の目的のための手段になります。つまり、私たちの思考や言葉は本来、機能的なものなのです。しかしながら、それが真実であり、それがそうあるべきであるので、それそのもののために生み出される行為や発話もあります。それこそ、ティリッヒが真剣さと呼んでいたものなのです。そして彼はこう考えていました。真剣に話し、かつ生きる人は誰でもすでに根本的に、その人が絶対的なものについてどのような意見を持っているかにはまったく関係なく、単に宗教的であるのみならず、――ティリッヒの言うことによれば――、キリスト者である、と。

ライン　そもそもパウル・ティリッヒにおいて言葉はどのような役割を果たしているのですか。

ホルクハイマー　今日では神学が衰退していることによって、言葉がひどく混乱をきたしているとティリッヒは感じていました。ヨーロッパの言葉が神学とどれほど密接に結びついているかということ、そして宗教が消滅するときには自ずと言葉はその意味を喪失してしまうということを彼は知っていたのです。このことを簡単に示してみることができます。神は一者であり、神は高いところにいるのであって深きところではなく、上にいるのであって下にではありません。その結果、ヨーロッパの言葉におけるこうした語には、まさに神学的なものから引き離すことのできない契機が含まれているのです。ある意味では、単数は複数よりも重要なのです。科学によってすっかり支配されている生活のなかで思索する者はいったいどのようにして世界を、すなわち宇宙を、一者、すなわち最高者の被造物として把握するのでしょうか。近代科学に従えば、自然においてはどこでも、最高のものはそれが由来するもっとも原始的なものを遡及的に示すのであって、その逆ではないのですから。しかし私は思うのです。それでも言葉としてはなお、善は高きものや最初のものと結びついていると。もちろん主流から遠く離れたところでは、キリスト教の思想家たちは善を下にあるもの、低きものと同一視していました。——私が以上のような言及をしたのは単に、生ける言葉と神学的なものの密接な結びつきを示すためにすぎません。この結びつきは、私の思うところでは、ティリッヒにおいても重要な役割を果たしていたのです。

ライン　つまり言葉と宗教の結びつきということですね。両者は互いに関わりあっており、言葉もまた宗教についての何がしかを言い表しているという。パウル・ティリッヒが考え、言っていたことの中でもとりわけ、「懐疑」という語も重要な役割を果たしていました。しかしティリッヒが考えていたのは、疑う者は疑わない者よりもはるかに信仰に近いということでした。

ホルクハイマー　まったくその通り。科学と装置に支配された私たちの社会では簡単に、なんら問題を感じることなく同意するのが楽ではあるが、宗教に対して本当に真剣に同意することができるのは、絶え間なく自分の懐疑を克服しなくてはいけない人、つまり懐疑に囚われた者、そう、絶望した者だけだとティリッヒは知っていたのです。絶望した者は、簡単に、いわばルーティーンとして宗教を受け入れる者よりも宗教の近くにいるのです。ティリッヒによれば、今日において懐疑は宗教的な生の一部なのです。

ライン　個人的なことをお尋ねしますが、ティリッヒは実際のところ、キリスト教についての考えという点であなたに変化をもたらしたり、たとえばあなたの批判を弱いものにするということはあったのでしょうか。

ホルクハイマー　ちゃんと思い出してみると、私はキリスト教が哀れな人々や苦しむ人々に対して愛からの献身を行う者を模範として尊敬する限りでつねに肯定していました。その限りで私はキリスト教を肯定していたのです。この受苦する者が神なのかどうかという問いについては、おそらく私の方がティリッヒ自身よりも疑っていませんでした。そして私は、私たちはこのような態度において一致していると信じていました。私が思うに、キリスト教は本当はその点で仏教に、その見かけよりも似たものなのです。

ライン　そのことから私たちは、パウル・ティリッヒはどのようにしてキリスト教のとても硬直化してしまった象徴に新たな形を与えようと試みていたのだろうか、という問いへと導かれうるかもしれません。ティリッヒはまったく新しい語を導入しましたし、まったく新しいイメージを用いました。そこでお聞きしますが、あなたは象徴論というこの問題の全体をどのようにご覧になりますか。

ホルクハイマー　ティリッヒが解放的な仕方で定式化したのは、彼にとってはとっくに自明なことでありながらも、神学者があえて口にしようとすることはほとんどなかったことでした。すなわち、聖書の中の歴史的な事柄のすべてや神、聖人、あの世についての言及のすべてはそのまま文字通りに受け取られるべきではなく、象徴的に理解されるべきだということです。文字通りに受け取ってしまうということは、本当はティリッヒが真剣さと呼んでいたものが欠けていることと必然的に結びついているのです。もしも宗教が今後もさらに存続していこうとするなら、象徴論は宗教の必然的な形式だと私は思います。宗教を救い出そうとするティリッヒの格闘は実際のところ、西洋の文化を守る格闘なのです。西洋人が東洋人に対して守るべきものとは本当は何なのだろう、ということに私はよく思いを巡らします。そして私が思うに、まさにそのことが若者たちにあまりにもわずかしか伝えられていないのです。「私たちが文化として本当に守るものは何なのだろう」と若者たちが今日問われたとしても、その問いに答えるのは多くの人にとってとても難しいことでしょう。ティリッヒは、彼の象徴論によって宗教を救おうと試みたことによって、この点での重要な進歩を成し遂げたのです。しかし、そうしたことはさらにもっとたくさん成されなくてはならないと思います。そして、ティリッヒ自身がさらにもっとたくさんのことを――たとえば教育において――やるはずだったということを私は知っています。学校における今日の宗教教育について考えてみると、成されることができたはずのことをティリッヒは成し遂げなかったと思うのです。たとえば、一例を挙げるにすぎませんが、歴史においてはさまざまな宗教の展開がもっと話題にならなくてはいけないのです。すなわち、否定的なこと、つまり、とても受け止めることができないようなこともオープンに語られなければいけないでしょうし、積極的なこと、たとえばどの宗教にも殉教者がいること、さらにこの殉教者たちが恐ろしいものを自らの上に引き受けたときに考えていたことについても語られなくてはならないはずなのです。こうしたことはあまりに話題になることが少なすぎます。さまざまな理論に関して作業をしている人たちにとって問題になっている事柄は、宗教に関して生じているのと何かしら類似したことです。こうしたさまざまな理論も――たとえばマルクス主義の理論も――とっくに色あせてしまいました。つまり、多くの人にとって宗教がそうなってしまったのとまったく同じように、こうした理論もとっくに慣習になってしまっているのです。これらの理論について真剣な意味で関心を持つべき時でしょう。一般に思われているよりもこうした理論は、はるかに多くの関係を宗教と持っているのです。

ライン　普通はある人の人となりについて、多方面にわたる関心を持っていた人として語ることは、躊躇されるものかもしれません。しかしパウル・ティリッヒについてはそうすることが許されるでしょう。

彼はつぎつぎと——ちょうどいまあなたがお示しくださいましたように——社会主義とマルクス主義に関心を持ちました。彼は精神分析に、文化に、建築に関心を持ちました。ティリッヒがこれほどまでにあらゆる学問領域を彼の著作のために動員したことは、あなたにとって印象深いものでしたか。

ホルクハイマー　かつて哲学とは、結局のところ諸学科すべてを含む学科でした。さまざまな学問の状況についてちゃんと正しく教えられることなしには、哲学することはできなかったのです。私はそのことを、ちょうどあなたが言及した理論について、すなわち精神分析について明らかにできます。誰かが善を為すということをティリッヒが話す時には、ティリッヒは同時に、その人自身においてこの善のなかに含まれているのはただ善だけではなく、そこには一片の自己意識や虚栄心、威信が含まれているということを知っていたのです。人は、自分が良いことをしてあげた人よりも自分のほうが偉いと思うものです。哲学と神学がかつて持っていた機能を果たそうと思うのなら、そうしたことを表現することが必要です。精神分析、というよりも心理学全般は、哲学にかかわる学部や、たとえば特に法学にかかわる学部において講義されなくてはならないと思います。心理学についての何がしかを理解することなく、いかにして裁判官や弁護士はその職務を果たす、いや、正しく果たすことができるのでしょうか。心理学の現代的な成果について何も知らないとしたら、いかにして教師は高等教育機関において最高のことをできるのでしょうか。そしてこのことをティリッヒは、神学者との関連でもそうだということをよく知っていたのです。

ライン　ティリッヒとの対話において何が主要なテーマだったかを簡単に述べていただけませんか。あなたがたの主要な対立点はなんだったのでしょうか。

ホルクハイマー　何よりも私はある一つのことをお伝えしたいと思います。それは、哲学者としての私をティリッヒから区別するものです。しかしその違いとは、彼が私の立場をなんらかの意味で尊重していなかったということでもなければ、私が彼の立場を尊重していなかったということでもありません。私たちは神やあの世について直接的に話すことはできなかった、ということなのです。しかしながらティリッヒは神学者として、あの世は正義を意味すると固く信じていました。まさにこのことを私は強く疑っていたのです。私はティリッヒの偉大なる楽観論に加わることはできず、郷愁を感じたのみでした。

2 マルシュ＋アドルノ

マルシュ 私たちは、マックス・ホルクハイマーの生涯にわたる友人であり、現在はフランクフルトで活躍している哲学者であり社会学者であるテオドール・W・アドルノへと移ることにしましょう。私はアドルノからパウル・ティリッヒについての話を聞くため、フランクフルトに彼を訪ねました。――アドルノ先生、あなたは一九二八年から一九三三年の間パウル・ティリッヒと共にいて、彼のもとで大学教授資格を取得しました。きっとあなたには当時の思い出をもとに、ティリッヒの人となりについて、それがあなたに対してどのように影響を及ぼしたのか、いくつかのことをお話しいただけるものと思います。あなたはどのようにして彼と知り合い、どのようにして彼と共に研究をしていたのでしょう。

アドルノ あなたがお許しくださるなら、まず私が彼とどのように知り合ったのかという話から説明したいと思います。ティリッヒは、塞栓症によって一九二八年のはじめに亡くなったマックス・シェーラーの後任としてフランクフルトにきました。ちなみに私はといえば、ほとんどそれと同じ日にかなり大きな交通事故に遭っていたのですけれど。ティリッヒがすでに新しい活動の場に落ち着いた頃、私は彼の話を聞いてみたいと思いました。その頃、聴衆でいっぱいの広い講堂にまったく目立たずに入り込むことは、私にとって難しいことではありませんでしたので、私は一番後ろの列に腰を下ろしました。講義ではギリシア哲学が論じられていました。今となってはもう、その講義の時間がエレア学派を扱っていたのかプラトンを扱っていたのか正確に覚えていないのですが、いずれにしろその両者の関係についての問題が取り扱われていました。たまたまその次の日、私たちは共にガブリエーレ・オッペンハイム夫人の午餐会に招待されていました。その当時彼女は、こう言ってよければ、フランクフルトにおける重要な知的サロンを主催していて、筆を握ることができるものは猫も杓子もそこに集まっていたのです。その席で私はティリッヒを紹介されました。ティリッヒは、彼が講義中に話していたことに対する私の反応を一つ一つ、しかも本当に詳細にいたるまで私に語り、私をすぐさま釘づけにしました。つまりティリッヒは私が一番後ろの列にいることに気が付き、私が同意したり、違う意見だったりするのを私の表情から読み取っていたのです。彼はそれを再現し、私の反応が明確ではなかったことについては、すぐにとても集中的な議論が始まりました。

マルシュ　私はティリッヒを個人的にはほとんど知りません。しかしながら、彼の、この前代未聞の注意深い性質はきっと――暗示的とは言わないまでも――放射的な強い作用を帯びていたに違いありません。

アドルノ　そのことに話を移しましょう。ティリッヒの特徴のなかでも、ほとんど再現のないほど鋭い感受性、つまり、他者をして自分自身へと作用せしめる忘我的な能力ほどに、このとても不思議な人物のまさしく中心へと導いてくれるものはありません。ティリッヒはさまよい歩くアンテナ装置のようなものでした。しかしここで注目すべきことは――もしもまったくの誤解をしたくないと思うのなら付け加えなくてはいけません――、その行動様式に決して軟体動物的なところはなく、むしろ外化というヘーゲルの概念や自己放棄という神学的理念にずっと対応するものだったということです。「得るためには捨てよ」

ということが確かにパウロにおいて言われているのですから。パウロの名前が浮かんだのは理由のないことではありません。そう、私たちはティリッヒをいつもそう呼んでいました。外化によって、つまり自己放棄によって、むしろティリッヒは自分自身にとって多くのものを手に入れていました。ティリッヒは慎ましやかだったと言えますが、この表現を批判的な響きでもって理解してほしくありません。そこには偽善や卑屈さは混ざりこんでいませんでした。例外なく彼は、彼に出会う人の文字通りに全員の言葉を絶対的に真面目に受け取りました。それはちょうど、絶対的に関わってくるもの、という概念が、後に彼の神学において決定的な役割を果たしたことを思わせます。ティリッヒのそばにいる人間、ティリッヒの眼前にいる人間は皆実際、ティリッヒと絶対的に関わっているという思いを抱いたものです。このような振舞い方、それは反省的なものではなくまったく自然発生的なもので、それでこそ彼はまさしく「パウロ」だったわけですが、おそらくここにこそ彼の思想を解く鍵のようなものがあると思います。

マルシュ　信じるというのは聞くことができるということです。この人物の「聞くことができる」能力について語っていきましょう。あなたが知っている教育者としてのティリッヒにもこの能力があったと証言することはできますか?

アドルノ　私が神学的な言葉を用いることは適切ではありませんし、すなわち許されないことです。それは単に、私が神学者ではないからというだけではありません。私は今日では神学的な言葉にとても居心地の悪いものを感じてしまうのです。――なお、先に逝ってしまった友人であるティリッヒがそこに感じていたことも異なるものではありません。しかし記憶している限りでは、彼のあらゆる才能のなかでも教育的な才能こそが確かにもっとも素晴らしく、もっとも並外れたものだったと思います。たとえばゼミナールの指導者として答えを募り、解釈し、進歩的な内容へと導く際にティリッヒは、もっとも鈍い学生からであっても、その場所でその学生によって考えられたことを超える何かを引き出す術を知っていました。おそらく彼にとって人間の一番深いところには愚鈍さというようなものは決して存在せず、ただ真理という理念のみがあるのです。この真理が人間にとってどれほど明瞭であるのか、あるいはどれほど隠されているのかに程度の差があるにすぎないのです。ティリッヒの中にはライプニッツ的な契機が息づいていました。彼は本来的に、どんな人間にも精神的なポテンシャルが備わっていると信じていて、それが彼の卓越した啓蒙性を形成していました。そしてティリッヒの啓蒙性が人に作用して、本当にその人の中に精神が目覚めてくるのです。実際、ティリッヒはカリスマ的な作用を行使していました――そう言ってもおそらく言い過ぎではないでしょう。このカリスマ的作用は通俗的な意味でのいわゆる指導者的性質、すなわち暗示を与え人を支配する能力によって喚起されるのではなく、むしろまったく反対のこと、すなわち権威を帯びないこと、つまり、他者もまたあなたと同様に正しいのだから真摯に他者の声を傾聴する、という能力によるものでした。ティリッヒは一度たりとも学生を何らかの意味で教育的に取り扱うということはありませんでした――この意味でティリッヒは彼の前任者であるシェーラーの言うことに従っていました。おそらくティリッヒはそのことを知らなかったでしょうが。教育的な取り扱いをしないことによってティリッヒは、前代未聞の教育的作用を及ぼしていたのです。私はこの機会に皆さんの前で、この私が高等教育に携わる者として今日生きてゆくことができるのは、本質的にはティリッヒのおかげであると言っておきたいと思います。こうしたことについて私が多くを学んだのは他の誰からでもなくティリッヒからです。特に教授資格を得る前の時期、つまり事実上――公式にではなく――彼のゼミナールの助手をしていた時にです。

マルシュ　あなたはティリッヒにおけるこの徹底した開放性を一種の素朴さと特徴づけようと思われま

すか。

アドルノ　ええ。確かに彼は素朴な要素を持っていました。しかし、この素朴さは反省と融合して彼の一部となっていたのです。私が思うに、青年運動に対するティリッヒの関係を語るにはおそらくここから始めるのが一番良いでしょう。それは私にとっては初めからきわめて縁遠いものですが、だからと言ってティリッヒに関しては決して嫌な思いを抱いたことはありません。なぜなら青年運動はティリッヒにおいて若さの契機を確かに表現していたからです。若さの契機とはすなわち、精神性と素朴さの相互浸透と呼びうるものです。ドイツ青年運動が第一次世界大戦と国家社会主義の間の時期に不幸なことに混じり合うことになってしまった、反動的・ロマン主義的で抑圧的な特徴はティリッヒにはまったくありませんでした。

マルシュ　彼はたしか、ただ周縁的にのみ青年運動に関与していたのですよね。

アドルノ　彼はある時期小さな組合に所属していたはずです。

マルシュ　ああ、ヴィンゴルフ会に――。

アドルノ　ティリッヒはヴィンゴルフ会に入っていました。これはプロテスタントの、決闘をしない組合でした。私がたまたま知っているところでは、ヴィンゴルフ会は今日でもなおティリッヒがメンバーだったことを誇りとしているのですが、それはもっともなことです。

マルシュ　しかしながらおそらく、青年運動のイデオロギー的特徴をティリッヒははねつけたのですね。

アドルノ　もちろんです。それにもかかわらず彼は外見的にもその本質においても何か青年運動的なものを帯びていました。もちろん、とても捕えがたい仕方ではあるのですが。私はあえて、せめてそこに接近してみたいと思います。私が考えるティリッヒの秘密の一つは、彼が父親像といったものをまったく持っていなかったということです。つまり、彼は自分と関係する人に対して、むしろ兄弟として働きかけました。おそらくそれは、ティリッヒ自身が厳格でティリッヒを抑圧するような父親——ちなみに私は彼を知っているのですが——を持ったことに対する反動でしょう。それにもかかわらず奇妙なことに、ティリッヒは彼の父親とある精神的モチーフによって触れ合っていたのですが。

マルシュ　ティリッヒは自身の自伝的ノート『境界に立って』のなかで、父親から自由になることは難しいことであり、それが彼にとっての境界の一つであったことを記しています。

アドルノ　さて、それには、神学者にもそのようなことがあるのかと私をとても驚かせた——忘れてもらいたくないのは、これがいまやもう間もなく四十年以上前のことだということです——、ある他の側面が関係しています。それは、あらゆる狭隘さやかび臭さ、道徳臭さからの完全なる自由さです。彼は、例えばニーチェによって伝えられているようなプロテスタントの牧師像と共通するようなところは何もありませんでした——いや、「何もない」というのは正しい言葉ではありません。単純に事柄がそうではないということです。いずれにしろ、彼は道徳臭を放つ抑圧的な側面を持っていなかったのです。とりわけ女性との関連やエロスに関わる層においてこうした契機はまったく欠けていました。そのことが当時すでに、彼に精神分析を受容する能力を与えていたのです。今日精神分析に言及しても、それはまったく問題ないこととして響きます。しかし、私たちが知り合って交友を結んだ前ファシズム期の雰囲気を思い浮かべるならば、神学から出発しながら人間にとって、また人間の精神性にとって性的な次元が持つ意味と深く関わる彼の勇気は途方もなく新しいもので、それはきっと、彼がもたらした影響の前提となっているものの一つだと言えるでしょう。しかしながらここでもまた言うべきことがあります——私としては少なくとも、ティリッヒがそうであったところの、とても屈折し、かつ繊細な人物のイメージを示してみたいと思います。言うべきことというのは、この次元においては彼自身に、自分は異端的であるから、あるいは自分の教会と衝突しているからという理由で私生活において非慣習的な規範を自分に課す、ドイツ的牧師の要素が潜んでいたということです。ここにもなお一片の神学者の伝統があるのです。たとえその伝統が――こう定式化してよいなら――伝統そのものに対立するものであったとしても。

マルシュ　おそらくここにも、つまり、人がしばしばティリッヒに感じる自由さにも、彼が神学生を絶えず魅了してきた、そして現在でもなお魅了している本質的な魅力があるのでしょう。

アドルノ　私もそう思います。

マルシュ　ティリッヒはまさしく異質であり、この異質さは人目を引くものでした。彼は特異な人物で、神学内部に対してのみならず、むしろはるかに外部に向けて影響を及ぼしました。心理学や社会学、哲学、芸術だけではなく、ティリッヒは初めから政治にも関わっていました。アドルノ先生、あなたは「政治的人間」としてのティリッヒをどうご覧になりますか？

アドルノ　私が「政治的人間」としてのティリッヒを知ったのはあるクライスでの哲学的・政治的な討論においてでした。そうした討論クライスにはしばしばあったことですが、そのクライスの存続がそもそもティリッヒにかかっていました。フランクフルトにおけるこのクライスにはその当時、ティリッヒの他にホルクハイマー、マンハイム、ポロック、彼はもう亡くなっていますが当時は大学の監督官であったクルト・リーツラー、それから故カール・メニッケ、アドルフ・レーヴェやさらに数人が属していました。名高い二〇年代について何がしかのことがあるなら、このクライスの中でそれを経験することができたものです。私たちは頻繁にまるで野獣のようにお互いを攻撃しあい、それはおそらく普通は想像すらできないほどのものでした。私たちは腹を割って語り合い、それは他のメンバーに対するとても激しい攻撃を遠慮してはばかるものではありませんでした。あいつはイデオロギー的だとか、むしろその反対だとか、あいつの考えには根拠がないとか、すべてがそういう具合だったのです。しかしそのことによって友情が、ともかくもパウル・ティリッヒとの友情が損なわれることはいささかもありませんでした。それは彼が軟弱であったとか、人々の考えることを拘束力がないものとして受け取っていたということではありません。彼の中のある審級が、彼にとって相反し対立するように思えるものをもまったく公正に取り扱うのです。ある人物が愚かでも卑劣でもないと感じると、ティリッヒはその人物の根本的に異なった見解にも敬意を払いました。この態度はとても徹底したもので、国家社会主義者であっても、精神的人間であるならば、ティリッヒのクライスの一員であることを許されたのです。いや、ただ許されたのみならず、ティリッヒと自由に話すことさえ可能でした。次のような奇妙な経験があります。今から二、三年前にティリッヒがフランクフルトに来た時のことです。私たちは大学の近くのレストラン・ハイデルベルクで席についていました。そしてそこにかつてティリッヒの学生だった夫人が同席していたのです。彼女たちについては、国家社会主義者だったということを私たちは知っていました。しかし、彼女たちのパウル・ティリッヒへの愛着はイデオロギーの違いよりも強いものであることが感じられたのです。その上特に気に留めておいていただきたいのは、まだ教授資格も得ていなかった私が、高名な正教授とまったく気おくれや遠慮をすることなく語り合うことができたということです。私に大学助手の運命が残されていたということ——そういった話は権威の言葉によって約束されるので、往々にして破られるものです——についても私はティリッヒに感謝しています。そのような権威的な次元はティリッヒにはまったくありませんでした。ティリッヒに感謝していることのなかでも、これは決して取るに足らないことではありません。

マルシュ　一九三三年以降のティリッヒの政治思想についてさらにたどっていただけますか。あなたはティリッヒと合衆国で再会されました。そこでもあなたはティリッヒとさまざまなサークルで会いましたか。

アドルノ　まずは危機の時代のただなかにおけるティリッヒの政治的な態度についていくつかのことを――マルシュさん、あなたがお許しくださるなら――語っておきたいと思います。ティリッヒには表現しがたい正直さがありました。政治的な事柄におけるティリッヒの純粋さは、彼の信念や洞察を凌駕するものだったのです。この点で彼の著作には、何かの立場に簡単に位置づけることのできない何かがあります。例えばティリッヒは当時流行していた起源定理を――一方ではハイデガーに発していましたが、他方では人種理論や国家社会主義とも確かに結びついていました――根本的に拒絶することは決してありませんでした。むしろティリッヒは起源の力というものを、それがまるで実際に存在するかのように語ったのです。彼はこうした事柄において、私が願うように断固としてイデオロギー的なものを拒絶することがなく、そのことで私たちは激しく言い争いました。しかしたとえティリッヒがそれを知的に愛好している場合でも、それでもなお彼のうちにはそうしたものと彼自身を同一視することを決して許さない何かがありました。彼は第三帝国の成立直前にもなお、『社会主義的決断』という書物を通じて自らをこの上なくさらけ出していきます。その後、彼がアメリカに発つ前――私はまずイギリスに移住しました――の一九三三年にリューゲンでとても頻繁に顔を合わせました。私は今でもはっきりと覚えていますが、ティリッヒと彼の妻ハンナはまったく不安から解き放たれていて、その様子に私はとても深い感銘を受けました。その際、先ほどあなたがお話しされた素朴さという契機がどこまで役割を果たしたのか、そしてまた、もしもそうならざるを得ないなら、神の名において殉死をも直視しようという心構えのようなものがそこにどれほど関わっているのかを決定するのは難しいことではあります。ただいずれにしろあの時のティリッヒは彼らしさを完全に示していました。

マルシュ　ティリッヒはこのように党派性やグループ、イデオロギー的思考を超越したところに立っていましたが、そのことによってきわめて明確かつ公的な選択をすること、すなわち社会主義的決断が妨げられることはありませんでした。まさしく今しがたあなたがおっしゃった書物ですね。この書物は出版後すぐに発禁になったのですが。この本のなかでティリッヒははっきりと十分に——こう言ってよければ——社会主義のプログラムと呼べるものを述べています。彼は例えば、人間を魅了し、過去の聖なる岸辺を待望させる起源神話をきっぱりと拒絶しています。

アドルノ　ティリッヒはこの本のなかで起源神話を全力で拒絶しています。しかし、彼が起源神話を拒絶するのは——ほとんどティリッヒを思い起こさせるような言葉で言おうと思いますが——存在の存在様態、可能性としてであって、私や、例えばホルクハイマーのような私に近い人がしたように、それが真理ではないからという理由ではないのです。あなたがお望みならこう言ってもいいでしょう。ティリッヒはキルケゴール主義者として、起源神話に反対する決断をしたがゆえにそれを拒絶したのです。これは私たちの拒絶のやり方とはまったく異なったものでした。同じ所与の上ではありましたが、私たちはそれほど多くのものを決断する必要はありませんでした。

マルシュ　このように言ってよいでしょうか。この点に彼は何か和解的なもの、すなわち、所与の存在を受け入れてしまうという性質を持っていて、それがこの何か両義的な姿勢に表現されていると。

アドルノ　私はさきほどすでにライプニッツの名前を挙げました。この人物は自分の著作の多くにパキディウスと署名しました。つまり、平和を愛する者ということです。ティリッヒはこれとよく似ています。ティリッヒは——もしもちょっとだけ大げさに表現することが許されるなら——拡大する人でした。つまり、自分と鋭く対立する可能性でも自分の中にとても深くそれらを受容する傾向を持っていたのです。これは神学的なものによるのだろうと思います。マルシュさん、きっとあなたは私よりもよくご存じだと思いますが、ティリッヒにおいてはそもそもいったい何が特殊に神学的であるのかを示すことは簡単ではありません。それは彼の教理よりも習性に根ざしたことなのです。もっともここで付け足しておかなくてはならないのは、私がもっとも正確に知っているティリッヒは、彼の哲学的な時期の姿だということです。彼は後年になると自身の直接的な起源である神学的なものへと立ち戻り、それを主題とするようになりました。彼には説教者的なところ、すなわち、多くの、特には矛盾する多くの思想を有機的に組み合わせる、伝道者の能力がいくらか備わっていました。この精神的な組織化の才能、すなわち組み込みと処置の能力は間違いなくプロテスタントの伝道者の能力に由来するものですが、ティリッヒの才能のなかでも最も際立った側面でした。ここにすでにかの融和的なもの、すなわち調停的なものが、そしてまた同時に、自らにとどまるのではなく、自らを広げていこうとする衝動も根ざしているのです。その限りでティリッヒは、自己であることを究極の目的であると説明する実存主義とはまったく正反対でした。もっともティリッヒは時折ハイデガーの概念に目配せしてはいましたが。ティリッヒにおいて神学的なものとは——他の側面からそれを捉えることをもう一度試みてよいなら——行動様式の沈殿物であって、はなからまったく教義学ではないのです。この点で彼はおそらく、この時代のもう一人の偉大な神学者であるカール・バルトのまったく対極に位置しています。このことはまた、真理に客観的な性格を与えるのではなく、それを個々の主体のうちへと、そしてそれらの主体と真理との関係へと投げ込んでしまった実存主義とティリッヒとの関係を描き出すものでもあります。ここにある種の、ヤスパースへの移行点があります。

ティリッヒは『存在への勇気』という書物を書き、私は『本来性という隠語』という本を書きました

――ちなみにティリッヒはこれを気にいってくれました――が、それでも私たちのとても親密な関係が維持されたことについて、いったいどうしたらそんなことが可能なのか、なぜなのか、と知ったかぶった人たちから最近しばしば言われます。私たちはお互いの目をくり抜かんばかりに衝突すべきだと言うのです。これについて私はただ一つの答えを与えることしかできません。たとえ彼が、私の精神的性分や私自身の思想内容に従えば鋭く対立することを言ったとしても、そのような概念を使う際に彼自身は、そうした概念が通常使用されるのとはまったく違ったことを意味しているということです。私も自分自身にちょっと素朴さを許すなら、こう言いたいと思います。ティリッヒにとって、人が自分自身であることや死に至る存在であること、すべてのこうしたカテゴリーに潜む悪というもの、その自己閉鎖性、すなわち自己を自分自身のうちに閉じ込めてしまうこと、そういったことは彼とまったく無縁であって、彼がこうした用語を用いる場合でも、それによってまったく違うことを言おうとしているのです。このことでもって、私はティリッヒ的な用語を承認しようとは決して思いません――間違いなくここには見過ごすことのできない対立があります。しかしながら、ティリッヒがそうしたことを正しく、すなわち人間的に考えていたという契機、つまり抑圧的なものや権威的なものがまったくなかったという契機が、私の経験によれば、ティリッヒにおいてはこの悪という層に罪とはまったく関係のない意味合いを与えていたのです。

マルシュ　アドルノ先生、このような告白はおそらく多くの同時代人を驚かせるのではないでしょうか。というのは、あなたは批判的啓蒙主義の代表者として知られているからです。そのあなたがまさに、ティリッヒの時としてどこか不明瞭なもの、総合的なもの（こうしたものは沈殿してティリッヒの神学的著作『組織神学』となりましたが、そこでの解決は真理であるにしてはしばしば美しすぎるものです）にそれほどまでに敬意を払うとは。その敬意は先にあなたがおっしゃったように、何かカリスマ的なものを持っている個人的な性質に向けられたものなのでしょうか。

アドルノ　ええ。そしてまた、ティリッヒはその融和性にもかかわらず、決して世俗世界と結託することはありませんでした。このような点でティリッヒは一見したところ近づきがたい実存主義哲学者や実存主義存在論者よりもはるかに断固としていました。彼に特有だったのは、動揺しないという契機でした――この表現を口にしてよいのなら、純粋性の契機とも言えるでしょう。この契機に私はいつも深く感銘を受けていました。

マルシュ　それを彼のキリスト教信仰に還元してよいでしょうか。かつてティリッヒは、当時の彼にとって重要な対立相手だったカール・バルトに反対して、「すべての否定性は、その否定がでてくる肯定性によって生きている」と書いたことがあります。私は、カール・バルトに対するティリッヒの反論はティリッヒが――これは素朴な創造信仰と呼ばれうるものですが――所与のものを受容していたこと、すなわち存在を受容していたことに帰しています。それによってティリッヒは調停的な身振りをいつでも身につけ、ついには当時の弁証法神学をめぐる論争的問いにおいてまさに、カール・バルトが弁証法神学においてやっていることは「肯定的不条理」の神学であると表現するにいたったのです。

アドルノ　肯定的なものが否定的なものによって前提されており、否定的なものにおいて否定されるという、肯定的なものについての定式をめぐって私たちが議論したら、と想像すると、私たちはかつて先ほど言った野獣のようにお互いを攻撃しあったものだし、今日においても――ティリッヒはもうすぐ八〇歳になるところでしたし、私は六三歳ですが――そうするに違いないと言わざるをえません。それについて疑いようがありません。私の新しい書物『否定弁証法』はまさしく反対の立場を示していると思います。しかしながら、この議論にはプラトン的な意味でアポリア的な点があり、それによって私たちはある種の寛容を持つことが可能だったのです。その際に私が寛容ということでクラゲのようなものをイメージしているという誤解を受けることはないと思います。

マルシュ　アドルノ先生、さらに晩年の時期へと話を移すことにいたしましょうか。あなたはアメリカでティリッヒに再会したわけですが、共通のゼミナールや対話をなさったのですか。

アドルノ　私たちはニューヨークでだいたい一九三八年から四一年まで――すなわちホルクハイマーと私が西海岸に移るまで――とても頻繁に顔を合わせました。というのもティリッヒがそこで再び、ある種の同郷人会（Kränzchen）を組織したのです。同郷人会という言葉はいささか古めかしいものですが、ティリッヒはこの言葉をみずから使っていたはずです。

マルシュ　この言葉はティリッヒが牧師の家に生まれたという出自に合致しますね。

アドルノ　私たち移住者仲間だけではなく、ティリッヒと親密にしていたアメリカ人の友人や学生も参加していました。ラインホールド・ニーバーやヴァン・デューセン、あるいはその他数人の人たちです。そこでの討論はアメリカにおいて経験した、ドイツ的伝統がまったく壊れることなく継続した事例の一つに数えられるものでした。キルケゴールの愛の教えについての私の書物と、シュペングラーについての書物が世に出たのは、直接的にこの同郷人会のおかげです。それらは私が同郷人会での報告として講演したものなのです。この会は私にとってとても大きな刺激の源でした。

マルシュ　会合は定期的に開かれたのですか？

アドルノ　定期的に開かれました。一四日ごとに、毎回会場を変えて、異なる参加者の住まいで開かれたのだと思います。そのつどの会場提供者の義務は、十分な量のアルコールを用意することでした。というのも、私たちはみな、程度の差こそあれ呑むのが大好きでしたから。快適な雰囲気作りに役立つものです。

マルシュ　教えていただきたいのですが、一九二八年から三三年のティリッヒと、アメリカに移住してあなたに再会したティリッヒには違ったところがありましたか。

アドルノ　拡大化へのティリッヒの能力はアメリカでの経験においても示されていました。例えば私が覚えているところでは、ティリッヒはかつて、アメリカ神学の圧倒的に実践的な方向性を、ドイツ神学の内面性に対する補完物と見なしていると、すなわち、単に異なるタイプなのではなくて、本質的な矯正であるとみなしていると私に説明してくれたことがあります。昔のティリッヒを知っている人にとっては間違いなく驚くべきことです。ティリッヒはアメリカの神学に順応したわけですが、彼は譲歩をしてアメリカに取り入ったわけではありません。むしろ彼はその拡大化の能力によってアメリカ人神学者にもとてつもない印象を与え、無言のままに人々の心をとらえ、それによって再び政治にも影響を与えたのです。アメリカにおけるティリッヒの影響力のイメージを描くのは当地では難しいことです。しかしアメリカでのイメージには、ティリッヒからは神学の慰めとなるものが溢れ出していて、神学が人々にとって許容しがたい教義内容に宣誓させることなく、神学が人々にとって肯定的なものに思えてくるという理由もあるのです。確かにここには、何か深い問題となるようなことがあります。ティリッヒこそは誰よりもそのことを受け止めるべき人でしょうし、実際受け止めていました。彼は決して自分の立場に対する反省をやめることはありませんでした。このことも彼において忘れてはならないことの一つです。

その後、つまり一九四一年以降、私たちは長い間空間的に離ればなれとなりましたが、私たちの間に何かが入り込んでくるということはありませんでした。私たちは自分たちの著作を互いに送りあっていましたから。私たちがドイツで実際に再び会ったのは、ティリッヒがドイツを旅行で訪れた際でした。私は今でも、その時の公開討論のことをよく覚えています。それは大きな枠組みのもので、私たちが二、三年前からフランクフルト大学で開いていたものです。ホルクハイマーにティリッヒ、そして私が参加していましたが、その様子は以前とまったく同じようでした。それは時間が影響力を持っていないかのような印象を与えたことでしょう。しかしだからといって、時間が停滞しているという印象を与えるものでもなかったはずです。もっとも驚くべきことは、ティリッヒの精神的な現代性、圧倒的な現前性、精神的なものを自在に用いる能力、さらには論争能力でした。それは若いティリッヒのうちにとても高いレベルで存在したものですが、年齢を重ねたティリッヒにおいても変わることなく保持されていたのです。

マルシュ　二世代後の人間である私の経験としても、個人的な対話や一九六一年のベルリンでの公開討論における対話からまさしくそう言えると思います。しかしながらまさにここにも難問があるのではないでしょうか。それはあなたがティリッヒの思考における拡大化という言葉でおっしゃろうとしたことです。ティリッヒは確かに一九三三年以来ドイツの神学的対話からある程度遠ざかっていて、彼の神学的著作はそのせいで――そしていわばそれらの著作は大海の上で考えられたものなので――いっそうゆっくりとためらいがちに書き進められています。驚くべきことですが、実は説教家としてのパウル・ティリッヒのほうが、体系家としてのパウル・ティリッヒよりも説得的かつ集中的に自らの意見を述べているのです。ところでパウル・ティリッヒは一年前に亡くなりました。アドルノ先生はティリッヒの死に際してどうお感じになりましたか。

アドルノ　パウル・ティリッヒの死の報に触れたのはベルリンでした。そこでドイツ工芸家連盟の会議が開かれていて、私は講演をしていたのです。私は大変なショックを受けました。あたかも頭にこん棒で一撃を食らわされた牛のようでした。ティリッヒを知る人にとって、彼がもはや存在することがないという考えは相いれないものでした。私はさきほど青年運動についてお話ししました。おそらくこう言い換えることもできるでしょう。ティリッヒは本質的に若かったのです。初めから老成した人間もいます。ヘーゲルは若い学生のときに「老人」と呼ばれていました。それと同じようにティリッヒは初めからア・プリオリに若かったのです。さらにそのことと関連して言えることですが、ティリッヒにおいては老年がとても突然に、ほとんど破局的に始まったのです。一方で、どこか子供のようなところと賢人的なところを同時に持つこの人物からは、成熟した中年男性の典型を印づけるものが省かれていたのです。それゆえこの死の知らせには、何か打ちのめすところがありました。この瞬間にさらに私の心に浮かんできたことがあります。それは、私にとって重要な意味を持つ人物が亡くなったときにはたびたび感じられたことなのですが、ティリッヒの場合ほどに甚だしいことはほとんどありませんでした。どのような思いかと言うと、まだ終わっていないという感情です。本当はむしろ今からやっと始まるに違いない。私たちはあらゆることをなおざりにしてきたのです。この契機は死と深くかかわっている待望に似ています――人はなおざりにされたものを再び良くしたいのですが、このみすぼらしく断片的な人生は、各人の人生や近しい人間の人生を本当に意味あるものとして最後まで生き抜くにはまったく十分ではありません。しかしながらこのことによって今や私は神学へと入りこもうとしています。ですから、むしろここで沈黙すべきでしょう。

3　マルシュ＋ハイマン

マルシュ　私たちが耳にしてきたように、パウル・ティリッヒは長い間社会主義者でした。この年月の同伴者が、現在はハンブルクで活躍されている哲学者であり国民経済学者であるエドゥアルト・ハイマンです。

ハイマン　宗教社会主義にティリッヒはその生涯を通じて誠実であり続けました。それゆえに、彼が第一次世界大戦後に待望していた、社会主義運動の偉大なる「カイロス」、すなわち、社会主義運動の本来の意味の永遠性から確固とした時間性への突破が取り逃され、回避されてしまったことはティリッヒを苦しめました。

第一次世界大戦後の当時私は、ベルリンにおける私たちの小さなクライスの夜毎の会合において、彼の力強い考察の始まりを目にすることができたものです。それがまさしく社会主義的なカイロスの教説です。教会が愛を失ったことにより押し戻され、ブルジョワの不正により真の生命を奪われたプロレタリア的運動は「神律」的な、すなわち神に満たされた社会を勝ち取るだろう、というものです。その代わりに、まずは国家社会主義がやってきました。そして次には、ブルジョワ的民主主義の唯物論のなかに社会主義運動が巻き込まれました。そこでは真の完全な生の約束が再び忘れ去られてしまったのです。そこでティリッヒは一九四九年に、私たちは「聖なる空虚」において、すなわち空虚なる聖性において新たなるカイロスを待たねばならないと論じました。新たなるカイロスは、人間が物に従属して脱人格化してしまった生に絶望したときに到来するというのです。産業化した社会における神に充たされた生が社会主義であろうということは、ティリッヒにとって自明なことでした。そこでティリッヒはもう一度アメリカではっきりと、自分の「宗教社会主義綱領」を正しいものと主張したのです。

しかしながらティリッヒは社会主義をもはや、日常的なプログラムとはみなしていませんでした。彼の著作は全体としてそのプログラムを一般化しており、神律的生の神学や社会学、あるいは倫理学として叙述されています。プロレタリアの階級闘争はもはや存在しないので、それとの根源的な同一視は放棄されています。信仰に疎遠なプロレタリアに代わり、いまや信仰に疎遠な、学問的かつ技術的な時代の人間こそが救済を求めながらも途方にくれており、彼らにこそティリッヒの隣人愛が向けられているのです。そのように疑いながらも、美術や演劇、文学が証明しているように、そういった人たちは生の意味を探究し続けているのだから、生の意味を信じることは決して失われていないということをティリッヒは彼らに示しました。ただ、意味を伝えるための言葉や事例が二、三千年前と同じようなやりかたで今日でも与えられていて、それが現代人にとっては疎遠なものになってしまっているのです。なぜなら、生の永遠なる意味は無限に繰り返されるものではなく、言葉や活動においていつも新しい創造的な形態をとり、それによって私たちは小さくか弱くされた人間のために一片の正義や愛、美しさを勝ち取るのですから。ティリッヒは現代人に向けて、彼らが理解に近づけるように、聖書の預言やたとえ話を彼自身の言葉で説明しました。この意味でティリッヒは、まったく正統的なキリスト者です。彼の説教がそのことを示しています。

とても重要なアメリカの雑誌の一つでティリッヒの追悼記事が掲載された際に、「懐疑者のための偉大な使徒が亡くなった」という見出しがつけられました。私たちの懐疑的な世界の現在と将来に向けられたティリッヒの伝道を表現するものとして、この見出しは的を射たものです。

私は喜びとともに思い出すのですが、ティリッヒがユニオン神学校で説教をするといつも、礼拝堂が「不信仰者」やユダヤ人やその他の人たちで一杯になったものです。そしてそのことは自分たちの財産が奪われたと感じた数人の職業的キリスト者たちの怒りをひき起こしました。

確かにティリッヒは個人的に深く悲しんでいることはありましたが、機嫌が悪かったりいらだったりしているところは一度も見たことがありません。論争的な議論において彼は明瞭にしっかりと自分の意見を主張しましたが、他人を見下すような言葉を発することは決してありませんでした。そしてまた、学生やその他の聴衆の輪の中から彼に向けて質問が発せられた時にも、ティリッヒは決して短気を起こしませんでした。彼はその質問から、聴衆や質問者自身がとても驚いてしまうような賢明かつ重要なことを何かしら取り出したものです。

彼はあらゆる点で偉大な人間であり、偉大なキリスト者でした。

4　マルシュ＋ブロッホ

マルシュ　最後にエルンスト・ブロッホにご発言いただきます。彼もまた一九三三年以前の時期および亡命時代からティリッヒをご存じで、またティリッヒよりもはるかに決然と、自己の哲学を遂行する際の二つの原則――すなわちマルクス主義的ヒューマニズムとメシア主義的無神論――を標榜していらっしゃいます。――ブロッホ先生、パウル・ティリッヒについてのあなたの印象を――あなたは長い期間にわたり彼のことをご存じではありますが――ごく簡単にまとめるということはできますでしょうか。

ブロッホ　私はティリッヒをすでに二〇年代から知っていました。我々は友人関係にあり、親しく付き合っていました。しかし――奇妙なことに――哲学的な対話や神学的な対話を一緒にしたことはあまりありません。ティリッヒはそこに存在することによって、自然な健全さと素朴さを発揮し、それはとても気持ちが良いもので、一部は私に向けられたものでした。例えば、とても暖かく、時としてエピクロス的な方法で、会話の最中に訪れる沈黙の間を満たしてくれたものです。私はティリッヒの教説については彼が言ったこと、つまりティリッヒとの対話や議論から聞き知ったというよりも著作を読んで知ったのですが、彼が取り組んでいたことは、当然ながら私をとても感動させました。いわば親和力とでも言いましょうか、ユートピアについての、つまりユートピア的＝先取り的な概念についてのティリッヒの立場を、私は教化された希望（docta spes）という概念で論述しようとしたのです。ティリッヒの残した命題にはほとんどことわざのようになっているものもあります。「人間であることはユートピアを持つことである」というのはとても巧い命題ですね。ユートピアを定義してティリッヒは――その定義そのものから理解されることですが、私もそれにはっきり完全に賛同します――乗り越えること、所与のものを超越すること、つまり――実存哲学風に、すなわちこの場合にはよりティリッヒ的に表現するならば――人間的なものの根本様態には希望が結びついており、ティリッヒが言うように、希望そのものが人間の存在に根拠を持っているのです。ティリッヒにはこのような命題もあります。「ユートピアとは人間の本質を明確化することであり、単に人間の実存を作り上げているものの明確化であるだけではない」というものです。そしてさらに――私にはなお一層きわめて適切だと思えるものです――「ユートピアは人間が持っている可能性を開く。人間がその存在の上でそうでありうるもののすべてが人間であるわけではないのだ」という命題もあります。もちろんティリッヒはこれを越えてユートピア的なものの行為と概念にある種の、伝統的ではないとは言えない境界を設定していましたが。

マルシュ　あなたはかつてティリッヒとユートピア的なものについてのあなたの構想について語り合ったり、ひょっとすると批判的に相互の立場を区別したりすることはありましたか。あるいはそのような対話はまったくなされなかったのでしょうか。

ブロッホ　すでに言ったことですが、そのような対話はありませんでした。あったとしても仄めかしだけです。一度それに接近したことがありました。私がティリッヒと、宗教創始者が彼らの宣教内容に自己投入することについて、ティリッヒ的に言えば神的な象徴への自己投入について話していた時のことです。

ここで言っている自己投入とはイエスにおいてのみ実現したもので、モーセやムハンマドなどその他の宗教創始者においては実現していないものです。そこには気まずい——おそらく間違った解釈だとは思いますが、私にはそう思われたのです——気まずい雰囲気が漂い、ティリッヒは話を避けようとしました。彼はその話題を取り上げることを望まなかったのです。私たちはさらに神の同質性と類似性について、すなわちニカイア公会議における「同質と相似」についても話しましたが、その時もティリッヒは不快そうでした。私の印象では、ティリッヒは人間性や、人間に与えられる尊厳を強調していますが——人間はユートピア的存在として超越することができ、尊厳とは超越することなので超越されるものをも確かに含むのです——、それは同時に彼においては阻害されています。彼は垂直的なもの——これについてはすぐに触れようと思います——、すなわち水平的なものと区別された垂直的なもの、すなわち非歴史的なもの、というよりもむしろ垂直に歴史へと、上方からかどこからか突入してくるものを考えますが、それはユートピアの純粋に人間的な、プロメテウス的な完成にとって障害となっているのです。

マルシュ　あなたが「垂直的なもの」と呼ばれた、この啓示の概念はもしかすると、あなたにははっきりとは示されなかったものの、キリスト教的伝統へのティリッヒの固執だったのではないですか。あるいはその原因は、ブロッホ先生、あなたが「宗教的秘義への人間的投入」と呼ばれるものについてのティリッヒの考察が首尾一貫していない、あるいはこう言ってよければ、キリスト論的に十分ではないというところにあるのでしょうか。

ブロッホ　私は、それがキリスト教性に反すると言いたいわけではありません。むしろ逆です。私はまさにキリスト教性を、秘義への人間的投入、かつての宗教的超越への、あるいは上方からもたらされるまったく他律的な秘義への人間的投入と定義しようとしているのです。この定義は彼の気に障るものではなかったはずです。これはウィツィロポチトリ〔アステカの神〕やマルドゥク、あるいはヤハウェの形象や象徴に認められる要素、そしてまた新約聖書に認められる要素にも反対するものです。しかし確かに、キリスト教的な刺激は、上方から命じてくる主としての神において歪曲されてしまっているのです。さて、父親自我（これは確かに後年のティリッヒにとって無縁なものではない精神分析的カテゴリーです）の昇華、さらには独裁の、そして上方からの命令の、したがってまた、単なる神権政治による他律性でしかないものの昇華はもちろんキリスト教の伝統ではありません。確かにティリッヒはもちろん、神律と自律、つまり人間的な自律を単に対立するものとして見ていたわけではありません。両者はティリッヒにおいて共通のものを——「根」というのはおそらく十分な表現ではないでしょう——、すなわち両者が交錯する共通の点を持っていました。ともかくも「交錯」です。それにもかかわらず、ティリッヒ的な現象学から見ると、創始者の「自己投入」を前にした驚きのなかで、断絶や本当に新しいものに対する嫌悪感が働いています。なぜなら、「自己投入」によって、これまで存在したものと新しいものの一致、調和、結合が損なわれるからです。これは私が考えてみた一つの解釈ですが。

マルシュ　それらを結びつけるものは、ティリッヒの読者全員にとって明らかです。なんと言っても、ティリッヒはその『宗教的講話』においても『組織神学』第二巻においてもキリストを「実存の諸条件のもとでの新しい存在の顕現」と述べています。ティリッヒはこれによって断絶を——あなたが断絶と呼んだものを——キリストの象徴において繰り返しはっきりと浮き彫りにすることを知っていました。おそらく、ティリッヒが望んだことはあまりに多すぎたか、少なすぎたかのどちらかだと言うことができるのではないでしょうか。それは、古きもの、すなわち他律と、新しきもの、すなわちキリストに基づいた自律を互いに結びつけようとする望みです。

ブロッホ　ええ、まさしくその通り。伝統、つまりあなたが言った結びつけるものとは教会の伝統です。単に二つの聖書が一つに結びつけられたのみならず、キリスト教以前の諸宗教や聖書外の諸宗教の実にさまざまな要素も吸収されて以来の教会の伝統です。しかし、問題は断絶——革命的断絶——です。「革命的断絶」という言葉については例えば、こういうことが思い出されます。かつてティリッヒは二〇年代の初めにベルリンで私に、私の著書『革命の神学者としてのトマス・ミュンツァー』について、一文も理解できなかったと言ったのです。

マルシュ　あなたは今日一般に「戦闘中の喪章をつけた楽観主義」ということで知られています。ティリッヒはかつてそれについて何か表明していましたか。

ブロッホ　私の記憶では、ありません。しかしすでに言ったように、私がティリッヒとともに測定した、神学的・哲学的対話の範囲は大きなものではありません。ここに存在している障害物を把握することは、興味深いこと——個人的にではなく興味深いこと——でしょう。この障害物はきっと、彼の作品のなかにも同じように認識可能であるに違いありません。ティリッヒとはもう一度、神学と哲学をめぐり、結びつきについての対話をしたことがあります。それは二つの可能性の正しさ、あるいはこの二つの可能性の解決をめぐっての対話でした。その二つの可能性とは、神学が問いを立てて哲学がそれに答えるのか、哲学が問いを立てて神学がそれに答えるのか、ということです。

私が哲学の立場であったのに対して、アメリカ時代のティリッヒはおそらく神学の立場でした。正確に言えば、教会の立場でもあったでしょう。

アメリカに独特な教会は、ジェファーソンやリンカーン以来の市民革命を担い、しかし他方ではますます順応していって、幸福な人たちのクラブ施設になりました。一種の——そうですね、なんと言うべきでしょうか――一種のアメリカ的・宗教的コカコーラが生じたのです。ところでティリッヒは「隠れた次元」について語っていますね。コカコーラならきっと、この失われた次元へと向けてブクブクと泡を立てるでしょう。しかし、それはあくまでコカコーラでしかなく、トマス・ミュンツァーはコカコーラではありませんでした。

マルシュ ブロッホ先生、あなたは確かにティリッヒと神学的な会話はあまりなさらなかったようですが、二〇年代とアメリカにおいてはきっと、ティリッヒと政治的な対話をしたのではありませんか。その際にティリッヒとなんらかの合意に達するということはありませんでしたか。

ブロッホ 二〇年代のことはあまりよく覚えていません。まだ事態はそれほど熱くなっていませんでしたから。しかしアメリカでの三〇年代は、ソヴィエト連邦からもたらされるニュースをもとに――一部はショッキングで不安をかきたてるようなニュースでした――語り合いました。もちろんそこにはなお、アメリカで手に入る報道がちゃんと正しいものであるのか、それとももとても党派的なものであるのか、という問題はありましたが。それはともかく、いずれにしろそれはとても混乱した、そして悪によって完全に満たされた道のりで、とても邪魔の多い道のりだったので、それについてはさまざまな意見がありえました。そして強調点が相違を生みだしていました。つまり、どれほどまで悪は遠くまで達し、どこに付着しているのか、すなわち悪は――より正確に言うと調和しえないものは――どこに付着しており、どれほどの範囲に、そしてどれほど深く手を伸ばしているのか、その期間はどの程度続くのか、ということについての強調点はさまざまでした。しかし、目的を社会主義として、すなわちキリスト教と決して対立するものではなく、むしろ逆に、社会主義的なものの帰結になりうるものとしての社会主義を想起しているという点にはまったく差はありませんでした。この点で私たちは全面的に同じ意見でした。私はこういうことがあったと記憶しています。私がティリッヒにだったか、ティリッヒが私にだったか、深く同意された、ここで深く同意された順応主義においてブレヒトの命題を言ったのです。それは「私はこの眼で目標をはっきりと見ている。ただ、どうやってそこに到達するのかが分からないだけだ」というものです。この命題は、その道に付随し、その道をゆく者に押しつけられる問題性と絶望をおおよそつなぐものなのです。比較的簡単な道のりの問題は中断されたわけではありませんが、目的は正しいという確信によって可能な限り事柄に即したやりかたで相対化されていました。私たちの目的とはまさしく、人間をもはや抑圧され、見失われ、無化され、廃棄された存在としないような諸条件の産出でした。

おわりに

マルシュ　一枚の覚え書きによってこの対話を締めくくることにいたしましょう。ブロッホ夫人が、パウル・ティリッヒが友人たちに宛てた最後の回覧書簡を私に提供してくれました。日付は一九六五年八月七日、すなわちティリッヒの死の二週間前です。ここには、ティリッヒの手書きの覚え書きが書き添えられているのが確認できます。それはこれまで話し合ってきたことを裏書きするものです。内容は以下の通りです。

「希望に抗する希望だけしか許さない有限性が私を捉えています。おそらく、そのほうが私には良いのでしょう。希望を与えてくれるものについての経験がより強くなっていく時間が私には与えられているのです」。

第1章　マックス・ホルクハイマーとティィリッヒ

1　対話のなかのパウル・ティィリッヒとマックス・ホルクハイマー
——これまで未公刊だった三つのテクスト（一九四二／四五）[1]

エルトマン・シュトルム編
佐藤貴史＋宮崎直美＋深井智朗編訳

編者の序論

エルトマン・シュトルム

一九四二年にヴァルター・ベンヤミンの思い出に捧げられたマックス・ホルクハイマーとテオドール・アドルノの寄稿論文の一部を収めたものが、一九四一／四二年の冬に作成された論文「理性と自己保存」である。[2]この論文は両者による膨大な量の「混乱し判読しがたい草稿」[3]をまとめたものだが、ホルクハイマーの名前でのみ英語版とドイツ語版で出版されている。「理性と自己保存」は、一九四四年の「啓蒙の弁証法」の「あらすじ」[4]とみなすことができる。

この「思考の断片の混合物」[5]において、二つの議論の線、すなわち社会経済的な線と歴史哲学的な線が結びついている。この二つの線は、理性の自己破壊の不可逆的なプロセスを描写している。社会経済的なテーゼとは次のようなものである。「社会的支配はそれ自体の経済的原理から出発し、ギャングの支配へ移行する」[6]。階級社会はギャング団の社会へ発展する。ギャング団が大都市に存在するように、個人はいわゆるギャング団のなかでのみ、ギャング集団の流儀に従った独占のなかでのみ生き延びることができる。これが主体の自己保存の形式である。「個人は収縮する。個人はつねに用心深く、準備ができており、いつでもどこでも同じ警戒心と準備から、いつでもどこでも直接的に実践的なもの、すなわち情報、指導、命令のようなただ聞くだけの言葉に向けられており、夢も歴史もない」[7]。自我の瓦解と同時に、理性自体も崩壊する。「理性の崩壊と個人の崩壊は一つである」[8]。技術的理性と合理的懐疑は道徳的なものを視界から消し去る。責任の代わりに「あらゆる種類の機械的課題への順応性」があらわれる。[9] みずからを止揚する理性の進歩の終わりには、理性にとって「野蛮への退行あるいは歴史の始まり、それ以外の道は何も残されていない」[10]。

このベンヤミンの追悼号にまぎれ込んでいた理性論文は、われわれが以下で明らかにした批判的態度をパウル・ティリッヒにとらせた（テクスト(1)）。追悼号が出版されたあとすぐに彼がホルクハイマーへ送った「「理性と自己保存」への覚書」において、パウル・ティリッヒは一方では論文の「全体的な観点」に同意し、その論文を「……もっとも重要にして内容豊かで簡にして要を得た分析の一つ」[11]と呼んでいるが、十分な批判をすることも惜しまなかった。その批判とは次の点に関係する。

1. ホルクハイマーが行っている歴史的性質についての個々の主張、とくに社会プロセスにおけるキリスト教の役割に関して。

2. 論文の「集中・独裁的類型」(「いつかこの事柄は「民主的に」語られなければならないだろう」)。その場合にのみ、この事柄はアメリカで「影響を及ぼし」うるだろう[12]。

3. 理性の自己破壊の過程が「歴史の始まり」に転嫁しうるというホルクハイマーの「奇跡信仰[13]」。すなわち、理性は「どこかで不滅で」なければならず、もしくは現在においても理性と人類の担い手が存在しなければならず、小さな集団の自由な運動が脱人間化に抵抗しなければならないだろう[14]。

きわめて友好的な調子で、このような批判が根本的なものに向けてなされる。ティリッヒは論文「理性と自己保存」で掲げられたそもそものテーマに反論している。同様に本章で続けて公開する一九四二年八月一二日のティリッヒに対する返信(テクスト(2))のなかで、ホルクハイマーは、彼らのあいだの深い相違点について告げている。

ホルクハイマーの論文のスタイルとヴィジョンが密接に関連していることは明らかである。このことをティリッヒは理解した。ティリッヒが「集中的・独裁的」とみなした思考過程のスタイルに関して、ホルクハイマーは次のように反論した。「しかし影響を及ぼそうとする意図から解放されているどんな思考も、本当に存在してはならないのだろうか」。彼の思想が「影響を及ぼす」ことができるという希望を、ホルクハイマーはもっていなかった。成功を収めた〔『理性と自己保存』の〕出版は「打ち上げ花火の花束にせいぜい新しい色あいをつけるだけ」だろう。「もしいつか夜が明けるならば」、彼の著作は「現在の恐ろしい夜のなかでは輝いていることがほとんどわからなかった」「一つの小さな星」として認識されうるだろう。[15]ホルクハイマーは、彼の「見慣れぬテーゼ」を用いて大衆文化やプロパガンダからかろうじてみずからを切り離そうとする。彼の思想の弁証法的方法は、大衆文化による証明を必要とするのではなく、反対に個人と理性の破壊の表現としてのみこの証明を把握できるのである。

　このようなことを背景にすれば、ラインホールド・ニーバーに対する彼の論駁も理解できる。ニーバーの雑誌論文のタイトル（歴史のもっとも重大な危機に対する信仰）[16]がすでに「プラグマティズムへの屈服」[17]を示している。この非難はたしかにティリッヒにも当てはまる。ホルクハイマーはティリッヒに対しても過度のプラグマティズムを批判している。しかしフランクフルト時代以来の友情への思いがプラグマティズムをはばむことはなかったのだ。

　ティリッヒの（聖なる）「残された者」、または「断片的な人間性」に関するイメージを、彼が「個々の集団あるいは計画」（！）に適用するならば、ホルクハイマーはそのイメージを「対象化」や「不幸に巻き込まれた実践に対する理論の自己放棄」だとして拒否する。[18]これ以上明確にティリッヒとホルクハイマーのあいだの根本的違いを際立たせるものは他にないであろう。これに対して、ティリッヒはつねにロゴスとカイロスの統一[19]、理論と実践の統一に固執していた。

　理論と実践の関係は、かつてのフランクフルトの同僚であるティリッヒ、ホルクハイマー、アドルノ、レーヴェ、そしてポロックたちがアメリカという亡命地で行った会話のテーマでもあった。[20]以下に公表しているが、このグループが一九四五年一月二八日にした対談の議事録がこのことを裏づけている（テクスト(3)）。それは、たとえば「民主主義的ドイツ協議会」[21]を舞台にしたティリッヒの政治活動に対してホルクハイマーと彼の友人たちが留保し続けたものが何であったのか、を明らかにしている。

作家や教授たちとならんでかつての政治家たちもその一員であったアメリカでのドイツ亡命者たちの連合が、一九四四年四月にティリッヒと親しかった神学者ラインホールド・ニーバーやジャーナリストのドロシー・トンプソンの責任のもとでアメリカ知識人たちによって設立された。一九四三年七月、ロシアでは「自由ドイツ国民委員会」が結成されていた。まもなくいくつかのヨーロッパ諸国にこのモスクワ委員会の支部が作られた。〔民主主義的ドイツ〕協議会の設立の背後には、おそらく戦後のドイツの民主主義的再建をロシア人、もっと言えば共産主義者たちに委ねることがあってはならないという考えがあった。〔とはいえ〕すべてのドイツ人亡命者たちが、このように考えていたかどうかは疑わしい。協議会と亡命作家たちの仲介役はベルトルト・ブレヒトであった。彼はトーマス・マンを議長につけようとした。他にもいろいろな理由があったのだが、とくにアメリカ政府が、協議会のすべての事業に懐疑的な態度をとったという理由で〔マンが協議会の議長に就任することを〕拒絶したとき、ブレヒトは議長の座にティリッヒをつけた。

一つの問題は協議会の構成であった。この問題の解決策に対するティリッヒのキーワードはバランスである。協議会の構成員の割合を決めるべきなのはアメリカで生活している亡命者たちではなく、ティリッヒがその設立講演で強調したように、「ドイツの民主主義的再建のために期待されるべき諸勢力[22]」である。「国家社会主義に抵抗した人々、すなわち地下運動、ゲシュタポの監獄や強制収容所の無名者たち、労働運動の活動家や労働者、教会や知識人、都市や田舎の中産階級の反抗グループ、そしてこのグループのどれにも属していない個々の人物たち、これらすべての人々が含められなければならないのである。将来のドイツのデモクラシーはこのような人々を拠り所としなければならない[23]」。彼らの支援によって国家社会主義を「根絶して」、「内面的に保護されたデモクラシー」を築くドイツの独立政府が準備されなければならない。正義に適った平和がドイツ民族に与えられるべきである。ドイツ民族は外国の教師たちによってデモクラシーへ「再教育」されるべきではなく、むしろ「その歴史的な体験との連関のなかにのみ」デモクラシーへの道を見つけ出し、「自由のなかで精神的・文化的力を発展させる」可能性を手に入れるべきである。(24) しかしこれらすべてのことがきわめて不確実に感じられ、不信と懐疑のきっかけを作った。協議会のプログラムは次の言葉で閉じられている。すなわち、「内面的に保護されたドイツのデモクラシーはヨーロッパと世界の平和に対するドイツ的貢献である」(25)。協議会とその議長は、とくにドイツ亡命者たちのグループから批判を受けた。一方でたとえば作家エミール・ルートヴィッヒ(26)も連なっていたバンジタート主義者たちは協議会のうちに単なるドイツびいきのプロパガンダや汎ゲルマン主義が働いているのを見たし、他方で反スターリン主義の元共産主義者たちは、共産主義びいきの協議会だとして、ティリッヒの指導力に疑いをかけた。このようななかでブレヒトがティリッヒを委員会に誘い込んだとき、作家ハンス・ザールに対してブレヒトは「一つの政治的任務を果たし」たのである。ザールはみずからティリッヒに「はっきりとわからせよう」としたように、「ザール自身が代表を務めることができないために彼〔ティリッヒ〕を用いた」と報告している。協議会の創設の呼びかけに際して戦後のドイツについて次のことが話し合われたという。すなわち、「戦後のドイツは、知っておく必要のあるいくつかの意見に従えば、それにもかかわらず一つの準備段階、どうにも避けられない共産主義的ドイツへの途上にある転換期にすぎないだろう(27)」。他方でまた別の者は、協議会は無駄に力を使っていると考えただろう。アメリカは、いずれにしても経済的関心に基づいて、迅速な再建と経済的に健全なドイツとヨーロッパに関心をもったのである。(28)

ここに記録された会話において、ホルクハイマーはティリッヒが主張した理論と実践の統一や、それと一緒に示された政治的なものの可能性に対して根本的に反論している。彼は、ティリッヒを「まったく得体の知れない諸力の組み合わせを代表する者」と見ている。「権力に参与するため」に必要なやる気は、「何かが、つまりたとえば『断想』と同じような何かを理解する可能性が壊れていく」という結果になるだろう。[29]『断想』とは、ちょっと前に出版された『啓蒙の弁証法』を指しており、ティリッヒはそのあらすじ、つまり理性論文を一九四二年に彼の「覚書」で批判していたのだ。[30] こうしてグループは終わりを迎えたのである。

ティリッヒの側では、協議会に対するみずからの関わりを弁明している。すなわち「理論と実践の非－区別は、私が政治よりも教義学をよりよくなすことができるというあなたがたの考え以上に真実である」[31]のに対して、ホルクハイマーは理論と実践の統一を一つのユートピアとみなしている。ティリッヒは、かつてのドイツにおいてと同じように今日（一九四四／四五年）も考え、行動している。ホルクハイマーはティリッヒに対して次のように言っている。「あなたがた宗教社会主義者たちは、ファシズムへと駆り立てる事柄に対して肯定的な態度を取っている」[32]。彼はティリッヒが「そのような姿にある歴史を」汎神論的に解釈し、神と称していることを非難する。歴史が悪魔でもあるということは、弁証法的に考える者には明らかである。ティリッヒは、自分が生きている国家や自身のすぐそばにある集団にすがる「ヘーゲル主義者のように」振る舞っているという。[33]『断想』、すなわち弁証法についてのあの書物が引き起こした「異様さ、怒り」は「世界へのより正しい関係」を示しているだろう。[34] そして「なぜパウルスは彼の教義学を書くことに集中しないのか」[35]と、ポロックはこの会話のなかで問うている。[36]

資料編

(1)「理性と自己保存」への覚書

パウル・ティリッヒ

〔本論の〕書き方について言うならば、それは「集中的・独裁的」類型に属すると言うことができるであろう。この類型には、無駄な言葉は一切使われず、ひとつひとつの文章が重要で、その全体が、そこで語ろうとしている実現を読者や別の著者に委ねるための一つのプログラムを描写し得るという利点がある。しかしその欠点は、「散漫・民主的」類型という書き方とは異なって、そこで主張されている見解に関するどんな種類の資料も与えられておらず、全体的に、そこで伝えたいことが明確な仕方では見えにくいということ、またそのための議論が十分なされずに、根拠を明示することなくただ主張されるだけだ、というところにある。〔本論の〕思想の背景に関して言うならば、読者はその秘密を打ち明けられてはいない。これはドイツ語の文章感覚では可能なことなのであるが、英語の文章感覚にとってはきわめて困難である。それゆえ、私の拒絶は英語のテクストに向けられている。——いつかここで扱われた事柄が、民主的に、すなわち資料的に豊かで、論拠を示している本のなかであらためて語られなければならないだろう。その場合にのみ、このような主張はアメリカで影響を及ぼすことができるであろう。

次に事実に関するいくつかの覚書。一六頁の下の方で、[37] トマス〔・アクィナス〕と〔ヨハネス・〕ドゥンス・

スコトゥスが同じ修道会という枠組みの中で理解されている。彼らも修道会もこのことを受け入れないであろう。トマスはドミニコ会の神学者にほかならず、ドゥンス〔・スコトゥス〕はフランシスコ会の神学者にほかならない。ドゥンス〔・スコトゥス〕は、ドミニコ会修道士に対してはっきりと反対したフランシスコ修道会の神学者として任命されているのである。このことは、アウグスティヌス的な主意主義がフランシスコ会的経験論の宗教的・形而上学的基礎である限りにおいて実質的に重要なことである。すなわちドゥンス〔・スコトゥス〕によれば、もし神が予測不可能な意志であるならば人は神の絶対的な定めをただ確信するだけであり、演繹することはできないのである。これは自然における定めと同様に教会的定めでもある。そこから帰結することは、中世後期の教会的実証主義、宗教改革者の聖書的実証主義、そして唯名論とその経験論的な継承者の科学的実証主義という思想史的な流れである。ドゥンス〔・スコトゥス〕はもっとも偉大なスコラ学者であり、非合理主義的な断絶を引き起こしたスコラ学者である。そのような彼の思想は西洋[2]精神史のひとつの転換点である。しかし、彼自身はどのような経験論的傾向も保持していなかった。彼は、純粋でもっとも洗練されたスコラ学者なのだ。彼は修道士のひとりであり、後期唯名論の父なのである。このような傾向は「新しい道」であるオッカムにおいてやっと明らかになったことである。ドゥンス〔・スコートゥス〕は「実在論者」であった。

三二頁の記述によると、[38] ある時教会的発展はブルジョア的発展に組み込まれてしまい、その発展は宗教的モチーフと社会的機能の区別を消滅させてしまい、まるで宗教的指導者がブルジョア社会のために働くことをはっきりと告白したかのような感じを与えている。ルターは理性を娼婦とまで呼んだ（彼が理性を野獣と呼んでいたことを、私は知らなかった）。なぜなら神がもたらした宗教的な関係の直接性が、理性によって浄福を得るための合理的方法とその体系へと変えられ、同時に信仰（私たちに対する逆説的で恵み深い神の行為の受容としての信仰）が合理的な可能性と蓋然性の体系へと解体されてしまうからである。しかし、理性のあらゆる努力をもってしても現実の神には到達し得ないのである。娼婦が人間から現実の愛をだまし取るように、みずからの力で神に達しようとする人間的試みとしての理性は人間から神をだまし取るのである。ルターは、そのすべての発言において、驚くほど非ブルジョア的である。彼は家父長的で、法律や制度に敵対的で、大胆であり、また反資本主義的で、反機械論的で、反禁欲的である。このような精神がアメリカの諸分派、とりわけカルヴィニズム的なアトム化、あるいは律法的で予定論的な禁欲的態度と対立しているのを、私は当地の教会関係者との付き合いのなかで日々体験している。私はルター派の影響のもとにある神学者として、〔アメリカで〕ブルジョア的プロテスタンティズムを担っている教会や分派よりも、どちらかと言えば封建的なイギリス聖公会的な教会と折り合いがよいのだ、と同僚たちと話すことがある。そしてこのような事実なしには、なぜ他の西欧諸国よりもなお一層強くドイツにおいてブルジョア精神に対する抵抗が存在していたかを理解することはできない。

キルケゴールと同じようにポール＝ロワイヤルの論理学者は、この論文が論じているような自然主義的なブルジョア社会の普遍的機械論を脱人間化として描写する人々すべてが同意しなければならない事実のために[3]生きていたのである。彼らは、デカルト主義者、あるいはヘーゲル主義者の論理的機械論に対して人間の諸領域を救済しようとしたのである。しかし、彼らはテルトゥリアヌスにすでに見ることができる方法で、時代状況という圧力を感じながらも次のことを行った。彼らは無意味性における生、つまり意味の逆説を論理的逆説へと変え、同時に恣意的であるがゆえに根拠のない非合理主義を人生に取り入れたのである。――ところでジャンセニストは、このような基盤の上に立ってイエズス会士によるキリスト教の合理的な整合性の主張に対してむなしい戦いを繰り返したのであった。このジャンセニストもまた反ブルジョア的であり、グレトゥイゼンが彼の教科書風の著作で指摘している通り[40]、まさにイエズス会士との対立のなかで彼らはキリスト教の教説のブルジョア的改造を展開したのである。ジャンセニストは、神の予定を排除して神の予定に人間的な自由を対置する場合を一方で想定していた。そして他方で、人間的、すなわち自然主義的な予定に普遍的機械論、あるいはまた脱人間化した機械論を含める場合も想定していた。この論文が示している展開によれば、彼らは正しいということになる。

ここで〔アシジの〕フランチェスコと〔イグナチオ・デ・〕ロヨラについて言及されていることについても、私は同意できない。ロヨラは軍事的モデルに従って（彼自身は軍隊の副官であった）、人間の脱人間化を宗派的な戦いへと引き入れた。彼は、個人化したカトリック教会に親衛隊（ＳＳ）を創設したようなものである。そして、多くの事柄において対抗宗教改革の教会がファシズムの原型であるように、ロヨラも同様である。だが彼の影響は、修道会の構成員や告解の実践を通して、絶対主義の上層階級にのみ達しただけであった。彼は農民や労働者や手工業者にはまったく影響力をもたなかったのである。彼は市民に対しても影響力を持ったが、それもせいぜい彼らが市民であると同時にカトリック信者でもあり得るということを示したということにすぎない。このような試みが絶対主義、そして彼ら自身が担った教会の絶対的要求との対決に破れた時、彼らはほとんどすべての国々から追い払われたのであった[4]。

これに対して、〔アシジの〕フランチェスコと中世後期のすべての神秘主義運動は、その時まで教会によって管理はされていたのだが、内面においては〔教会によって〕理解されることのなかった信徒集団に対して具体的な影響力をもったのである。第三会員（それを彼らは信者の修道院と呼んだ）として主観的な敬虔さを育成したのは、将来の労働者でも農民でもなく、ある程度の教養をそなえた典型的な都市の集団であった。

「人間に対して、自分の直接的な生を、遠くにある目的に従属させることを可能にした」のは、宗教的刷新（三二頁の下）[41]ではなく宗教そのものである。私たちは次のことを忘れてはならない。すなわち、宗教改革に先立って中世教会はほぼ七〇〇年にわたって大衆に対する教育活動を行ってきたのである。それはもちろん主観的な敬虔さという意味での教育ではなく、階層組織への位置づけという意味での政治的教育であり、その階層組織は神的秩序として固定され、彼岸に対する教会の秘蹟（サクラメント）の効用を手段にして、大衆の無限の欲求を抑制していたのである。宗教改革以前、そして宗教改革の時代は、むしろこのような大衆における欲求の抑圧がゆるめられたのである。ルター派の領邦で大衆の道徳的荒廃が始まったという嘆きは、ルター派の神学者たちの言葉からも知られている。オランダの農民を描く画家が私たちに示しているのは、このような事態は改革派の領邦でも同じように起こっていたということである。このことは敬虔主義的な反対運動を引き起こし、その運動はヴュルテンベルクのようないくつかの場所で農民たちの心までもとらえたのであるが、しかし私が見た限りにおいては、北ドイツと東ドイツではどこにもそのような現象は存在していない。のちに都市のプロレタリアートの大多数を生み出す準備となった人々、すなわち宗教的・社会学的研究や私自身の経験が明らかにしている通り、すでに宗教的な空虚さを経験している大都市へとやってきた田舎のプロレタリアートは、このような動きにまったく心を打たれなかった。彼らは決して「改宗させられる」ことはなかったし、北西ドイツ、ザクセン州、ブランデンブルクなどの自立した農民たちと同様に、ごくわずかの人々が〔改宗したにすぎなかったのである〕。中世初期ならびに最盛期の教会が、あらゆる文明にとって[5]必要な人間の原始的な欲望の抑圧を行ったあと、彼らは全員空腹という鞭によって、産業化された機械に向けて駆り立てられた。ところで私たちは、プロテスタント的な大衆が、欲望を解放したことに対するカトリックの対応を、対抗宗教改革、バロック、そしてロココのカトリック上層階級の途方もない努力の中に見出す。

宗教改革以前の、そして宗教改革の運動それ自体も、市民を創出することを助けた。正確に言えばルターにおける宗教改革の根本的な突破をさらに無制約的に超えて行った改革派のカルヴァン主義的で、いわゆる教派主義的な運動が創出されることを助けたのである。市民が権力を握ったのち、彼らは社会的にはその絆を引き裂かれてしまい、宗教的な空疎さを経験した大衆を、機械的な生活習慣へとせき立てた。その際プロテスタンティズムは、市民に、また市民と同様に市民が管理し搾取した対象である大衆にも重要な手段を手渡した。すなわち彼らは教会的・サクラメント的エートスを、世俗的な労働エートスで埋め合わせたのである。プロテスタントの労働者は、無数の教会的な儀式によってその魂の救いをもはや手に入れる必要はなくなる。労働者自身はもちろん魂の救いのことをたえず気にしていた。しかしその際プロテスタントの労働者は、与えられた労働を受け入れ、人生のなかで同時に魂の救いを証明することができたのである。それによって時間と力は労働に対して自由になり、神への服従は垂直的であるよりは、水平的になった。しかしこのような変化は、封建的ではない、典型的な市民層を除けば、欲望の抑圧に対する何らの特別な基準を与えたわけでもなかった。大多数の産業労働者による、性的でアルコール中毒に陥ったような言葉上の非道徳性は、国内伝道の説教や活動、小説文学などによって取り上げられるお気に入りのテーマのひとつである。一八世紀、そして一九世紀初頭のイングランドもまた例外ではなく、おそらくは植民地であるアメリカの場合も結果としては同じであり、一九世紀後半も例外ではない。しかし、このプロテスタントにおける変化は唯一の例外として記憶されるのである。

さらに契約論についていくつか〔述べておきたい〕。契約論はこの論文の中で既存のものの正当化の手段として一面的な仕方で登場する。その記述によれば、あたかも封建制に対する市民階級の戦いが一度もなかったかのようにも読める。しかし、私と同じように神の恩寵論のなかで育った者であれば、社会の中に契約論の革命的なパトス[6]をまだまだ感じることができる。周知のごとく、契約論には二つの段階、すなわち国家契約と統治契約があった。すべての個人による相互の国家契約は、リベラルで民主的な組織に理論的・反サクラメント的な基礎を与える。また国民と統治者のあいだの統治契約は二つの解釈を可能にする。ホッブズの解釈は、個人の全権は最終的に統治者に引き渡したというものである。続けて、その理論的な基礎づけにおいて民主的でリベラルなのは絶対主義の理論である。〔ブルジョア時代の始まりと終わりにおいて絶対主義へ移行する特徴に完全に対応している〕。けれども、ロックのリベラルな解釈、ルソーの民主的で革命的な解釈、そしてそれ以前の君主を作り上げる解釈も可能である。つまり、統治契約を取り消すことができるし、他方で統治契約が限定された時代にのみ妥当するという解釈が可能なのである。

さらに内容的に不正確な、あるいは厳密ではない仕方で表現された二つの事柄について〔言及したい〕。四六頁で、(42)キリスト教世界では子どもに隠された場所〔すなわち地獄〕が与えられ、啓蒙された世界ではキリスト教的な天国が残されていたと語られている。あらゆるキリスト教の教えと同じようにアウグスティヌスの教えにおいては、洗礼を施された、すなわち原罪から解放された子どもたちは、実際に罪を犯す前に神の元へと帰っていく。罰せられずに死んでいく子どもたちは、完全な浄福を知らないが、どんな苦悩とも結びつけられない状態である〔煉獄のひとつである〕「幼児のリンボ」へ行くのである。子どもたちが実際に罪を犯すとすぐに彼らは大人と同じ規則のもとにおかれるのであるが、そのなかには地獄への脅しや天国への待望がある。啓蒙主義の時代においては大人と同様に子どもに対しても両者〔天国と地獄〕は姿を消し、現在の子どもは「良き時代」を待望し、あるいは「悪い時代」を恐れ[7]、天国と地獄についてはただ笑い飛ばすだけである。一九世紀終わりまでのブルジョア的家庭において、子どもは欲求への抑圧の儀式の対象であり、性的知識や自慰行為の狂信的な抑圧、本能的な怠惰に対する途方もない不安などを生み出すような狂気に押しつぶされる存在であった。それがゆりかごの中でのおしゃぶりの次の段階に起こることであったのだ。だからこそこれによって生み出されたヒステリーとノイローゼのために精神分析が必要となったのである。その後、精神分析は父－子関係の逆転を素晴らしい仕方で描き出して見せた。

三三頁には、[43] ほとんど事実と合致しないキリストの十字架像に関する事柄が語られている。さしあたり〔指摘したいことは〕、キリストの十字架像は五世紀以前ではなくもっと後にキリスト教の表象言語へと受け入れられることになったものだ、ということである。またキリストの十字架像は、カトリックの神秘主義において――フランチェスコの十字架はその頂点である――何世紀にもわたって、もっとも徹底的な内面性への沈潜という意味において途方もなく重要な役割を演じていた。ルター主義においても、教会や家にあるキリストの十字架像は象徴に他ならない。また受難日は、ルター派においては従来のカトリック教会以上の意味を持つものとなった。改革派の教会においてやっとそれは別の解釈がほどこされるようになった。[44] そこで新たに自覚されたのは十戒と詩編（すなわち律法と戦いの敬虔さ）であった。

この論文でなされているように歴史的資料を利用すると、取り扱いの射程が大変に長くなり、それに基づく挑戦的な主張は、それらすべてに対して絶対的に正しくなければならなくなってしまう。それは大変に難しいことで、それだけではなく、不正確であるような外見をも回避しなければならなくなる分、事柄を単純化して論じなければならなくなるというリスクをかかえることになる、と私は考えるので、このような歴史的部分に関する覚書を作成した。そしてこの不正確である外見への問いが、私をさらに深い問題へと連れて行くことになる。〔すでに〕言及した事柄を別とすれば、私が他のほとんどすべての事実に対しては同意し、とりわけ全体的な観点についても同意しているということについては、あらためて語る必要はないだろう。私は、この分析は著者の初期の分析も含めて、ここ十年の間に示されたもっとも重要にして内容豊かで意味深長な分析の一つだと思っている。——しかし、論理構造にそれにふさわしい多面性が認められるかどうか、という問いをここであえて立てることはしない。私は、そうではなくてすでに述べた個所で、いくつかの事実的な事柄に即して私の見解を示した。それだけである。私は、今度はきわめて原理的な仕方で私の考えを表明し、問いてみたい。すなわち、普遍的なメカニズムは歴史の始まりへと転化できるという信仰はどこから来るのであろうか。これは第一秩序の奇跡信仰ではないのか。しかし、もしそうでないならば、このような転換はいかにして準備されるのか。いまだ崩壊せず、あるいは繰り返し統合され、このような急変を担うことができる力はどこにあるのか。いや、この論文[8]において示されたヴィジョンと同じようなことを可能にする力はどこから来るのか。人はそのために何らかの仕方で外側に立つ必要はないのだろうか。これをなしうるためには、自らの破壊を描写する理性もまたある意味で不滅であることが必要となる。このような仕方で私がいま取り上げようとしている問題は、まさに古くからある問題なのである。〔聖書の〕預言者は、この問題を〔国家の滅亡と知識層の指導者層の補囚のあとでもなお〕「残された者」の問題として知っていた。「残された者」とは、あらゆる破局のなかでも自らを高める者のことであり、歴史の(der)始まり(45)〔預言者はこれを目的と呼んだ〕は残された者にかかっているだろうと預言者は考えた。ギリシア人(またあらゆる神秘主義者も同じように)は、精神的伝統を数世紀にわたって担い、純粋に保持する秘教的な集団を信じている。教会の諸教派は、古い修道生活と同様に小集団の自由な運動は宗教意識の徹底化を引き押し、それを保持するだろうと信じてきたし、信じている。マルクス主義者はプロレタリアート的な知的アヴァンギャルドを信じている。とはいえ、将来を担う諸集団がそこに存在しなければならないならば、全体構造はこのような諸集団の成立を可能にするように、すなわち完全には崩壊しないように存在しなければならないことになる。あるいは、次のように説明することもできる。すなわち、祭司的な精神は頽廃する現実のなかで、堕落に対する預言者的抵抗が可能になるように、きわめて静かに、隠れた仕方であるが何らかの影響力をもっていなければならないのである。私はこの点について教会史と文化史に由来する無数の事例を示すことができるし、その事例はこれらこそが現実の構造であることを明らかに示している。しかしこの点は他の大多数の事実内容の分析方法では明らかにすることができないものである。なぜならそれらの分析方法では、脱人間化に対する抵抗、その原因、力、堕落、復活、そのすべてが示唆されていないからである。そのような分析は、まるでもはや人間が存在せずに、いまだ機械的部分だけが存在し、また理性が存在せずにいまだ理性に反する目的のための巧妙な手段だけが存在しているかのように考えているように見える。私はむしろこれこそが歴史の構造の主たる幹線であることに完全に同意している。しかし、さらに支線が具体的にそのイメージを形成するようになり、何よりもまず奇跡が幹線を生み出すことができるのでなければ、まさに支線から将来の幹線が生まれ出なければならないはずである。

私は、純粋な人間性が存在しうるとは信じないし、それと同じように純粋な脱人間化が存在するとも信じない。私は、広範囲にわたって、繰り返し、たえず新しく具体化される非人間性に基づいた断片的な[9]人間性が存在するだけだと信じている。また、このような断片的な人間性は新たに成立するすべての非人間的な構造を暴露し、克服するには十分なほど強いが、それはつねに存在する断片的な人間性の力の中でのみそのような強さを発揮するものだと思う。これはブルジョア的な時代と同様に封建的な時代にもあてはまり、もし新たに「歴史が始まった」としても有効であり続けるのであろう。

(2) マックス・ホルクハイマーからパウル・ティリッヒへの書簡[46]

親愛なるパウルス！

あなたが書いて下さった「理性と自己保存への覚書」が私をどれほど喜ばせたかということをあなた自身が気づいているかどうか、私には分かりません。しかしあなたがその覚書を通してもたらしてくれた愛と真剣さは、多くの読者の口から私たちが耳にした熱心な意見のいくつかを超えるほどの激励を与えてくれたと言ってもよいと思います。あなたの覚書は、あなたが一五頁で語っている小集団[47]の自由な運動が本当に活発なものであり、そして私がこのような集団であなたと結ばれている幸運にあるという考えをいっそう強固なものにしてくれます。私は、あなたに心から感謝したいのです。

とにかく私はまず自分の根本的な間違いを認める必要がない範囲で、それぞれの個別的な点に詳細に立ち入ってみたいと思います。しかし、私が現在それぞれの問いに答えるために、あまりにわずかな時間しか費すことができず、不可避的なこととして、問題ある具体的な弱点を認識するための仕事をなすことができないこともあらかじめお伝えしておきます。しかし今このような方法で、私たちの間で、できる限りいくつかの点を真剣に解明することができるとすれば、それが今可能な、そして最善で唯一のことではないかと感じています。

私の生活はきわめて規則正しく過ぎていきます。毎朝私は〔フリードリヒ・〕ポロック[48]と一緒にちょっとした散歩をし、それからかなり長い時間を使って方法論的な研究とそれに関連するメモや草稿を書き、午後になると大抵は、テディー[49]と一緒に最終的なテクストを確認し合っています。[50]

私は時にはマルクーゼ[51]とも彼に割り当てられている部分についての討議を重ねます。夕暮れにはポロックが、またある時には〔フェリックス・〕ヴァイル[52]が加わります。そうした場合にはゼミナールや研究所の実務的な問題を取り扱うことになります。

あれから二カ月も経って、ようやく具体的にテクストで書かれたことについて語ることができる状況がやってきたのです。これまでのすべての時間は、言うまでもないことですが、後悔のない研究や他の仕事とともに過ぎ去っていきました。暫定的に書き留めたものはすでにかなりの分量になっており、その中にはいくつかは形式を整えれば刊行できそうなものもありますが、それでも最終的な原稿を整えるにはさらに数年を要することでしょう。その原因の一つとして、ここ十年の経験に対応する弁証法的哲学の形成とその展開という課題があること、そしてそれにともなう客観的な難しさに直面していることをあげることができます。もうひとつは、不十分であるのに型通りでもある私たちの現在の仕事がその原因でもあります。すなわち私たちが依然として取り囲まれている重大な問題に関して、それを考察するのに、なお不明瞭な点があり、その取り扱いがまだまだぎこちないというところにその原因があるのです。それゆえに、あなたがこのような状況を誤解して、私のこの手紙の中に完全な結論が書かれていると考えることがないようにと願っています。あなたがたからもう長らく委ねていた私たちの思想について、ある種の記録をまとめるという以上のものが最終的に現れ出るなどということはあり得ないでしょう。いずれにしてもここでの暫定的な答えに対して、あなたは、私たちの思想のなかで展開された議論が四世紀、あるいは五世紀のキリスト教の諸教派においてすでによりよい仕方で形成されていたのだということに注意を喚起するかもしれません。それでもやはり、この仕事は、間近に文明の没落を目撃した者たちが、他の者たちに先立って、より明確に目撃したことを分析し、その中にあるさまざまな意味ある事柄を後世に残そうという願いからこそ生まれたものなのです。

　さて、あなたの「覚書」の最初の頁に書かれていることですが、私たちの思想が「アメリカで影響を及ぼす」ことができるということを、私は少しも考えていません。これは世界を変えるということと同じ意味でしょう。私たちは、もしいつか夜が明けるならば、自分たちが書いたものが現在の恐ろしい夜のなかでは輝いていることがほとんど知られていなかったような一つの小さな星として認識されるという程度のことしか、もはや[2]望んではいけないのです。雑誌という花火、学問的あるいは学問外的な大衆文化の決まりきっためずらしい生産物という花火が打ち上げられることによって気がつかねばならないことは、もしその瞬間に背を向けるならば、まさにすべては暗闇だということではないでしょうか。「内容豊かで論拠を示している本」を書けという〔あなたの〕提案は、たしかに私たち自身の国外における運命のためというよりも、むしろそれを「より民主的に」取り扱うことを望むであろう読者のために、私たちに与えられたもっとも人間的な提案だと思います。しかし、あなた自身は、このような出版物が、まさに見慣れぬ、学問的命題とは異なった、「薄明りの照明」というような文学的性格のものであるということを認めてはくれないでしょう。それにしても、学問的命題とは何でしょうか。成功を収めた出版物の原則とは異なって、私たちの命題は打ち上げ花火の花束に、せいぜいのところ新しい色付けをしたにすぎません。もちろんあなたがどれほどそれをよいものだと見なしてくれているかを、私たちは知っています。しかし影響を及ぼそうとする意図から解放されている思考というものが、存在してはならないというのでしょうか。私たちが肯定するような文学的有効性の積極的な使用法が今日も存在しうるのだということを私たちは疑いませんし、実はあなた自身の仕事がそのことのごく限定された例外的成功の事例でもあるのです。しかし、その点について言えば、私たちに原因があるのか、事柄に原因があるのか私たちにはわかりませんが、私たちは依然として何らの影響力も持ってはいないのです。

書き方に対するあなたの批判がありましたが、私たち自身にとっては実はこの点はそれほど深遠なことではなく、むしろ思考のプロセスを表現するものにすぎないのです。しかしあなたが弁証法的と呼ぶ、私たちの言語上の態度への決断は、それにもかかわらず決して軽率になされたのではありません。もちろんそこで決定的な理由が説明されているというわけではありませんが、このことを裏付けるために、私が昨年書いたヨーロッパ関係についての小さな論文から一カ所引用してみたいと思います。

「理論のスタイルはより簡潔になるが、この単純さが理論のスタイルに即して意識的に野蛮主義のプロセスに反映されることによって、そのスタイルが今度は単純さを公然と非難することになる。理論のスタイルは憎悪の力をもったギャング団[53]のようになり、それによってみずからの対立物となる。その論理は正当性と同じように簡潔であり、虚偽と同じようにぎこちなく、スパイと同じように良心を失う。——そして野蛮とのこのような対立のなかで、特殊で、詳細で、そして呵責に満ちたものとなる。ギャング団の総体としての独占社会が人間の営みに対してなす無差別的な諸指定は、限りなく多種多様なものである。そしてこのような指定は人間社会の野蛮さを集約しているだけではなく、人間の無力さを明らかにしている。放っておかれた何百万人の人々が生き延びることで、絶滅や独占を経て純真さを極限にまで表現している哲学を、一般化し単純化しているということ自体が示しているのは、そこでは繊細さが欠乏しているということである。これが無差別な指定が引き起こす野蛮さである。そしてもはや破壊されかけている人間性を相対化するために〔人間が置かれた状態を説明するためにその後に続くはずの〕複文を省略することによって、そこから発する薄明りに絶対性を与えてしまっているのである。本当の哲学は、欲求のもっとも繊細な色合いのことである。それにもかかわらず、体系の詳細な描写が欠如し、不幸の理由や原因や条件に対する統語論的結びつきが不在であるなかで、哲学が、犠牲者にとっては他者と同じことを意味するあの絶望の夜について議論しているのである。学問は統計学に手を伸ばし、知識は十分に一つの強制収容所となる」[54]。

あなたが誤りを訂正し、描写の危うさを指摘している決して少なくない批判的なコメントについて、私はあなたが正しいことをあっさりと認めることができます。言うまでもなく、ドゥンス・スコトゥスをドミニコ会と決めつけている箇所が最初の方にあります。あなたは、私が受けた哲学史の授業、すなわちクレメンス・ボイムカーのもとでスコラ学者ではありませんが[3]、かなり熱心に教父たちを読んだこととそのこととを関連づけています。とはいえ、私は学生時代からどこかで無意識のうちにドミニコ会士が最初はイングランドで、とくにオックスフォードで比較的活発に活動していたというイメージをもつようになっていたのです。そこは、ドゥンス〔・スコートゥス〕の教師活動の大部分も営まれた場所でありましたので、彼は私の頭のなかの目立たない場所でドミニコ会士との不透明な結びつきへと引き入れられてしまっていたのです。ところで、もし私が厳密な反スコトゥス派とならんでドミニコ会の修道院においても唯名論的で経験論的な潮流の影響が現れてくると考える場合、私はまったく間違っているのでしょうか。――ドゥンス〔・スコートゥス〕と〔ウィリアム・〕オッカムに関する叙述は、いずれにせよ私にとって歓迎すべきことでありました。

同じことが、あなたがルターについて語っていることにもあてはまります。（私の記憶には「娼婦」や「大変な愚か者」とならんで「野獣」という形容語があるのですが、これは私の記憶違いではないと思います。残念ながら、私はその箇所を提示するための資料をここではもっていません。けれども、もし関心があるなら、私は喜んで本を送ってもらい、あなたにお伝えすることができます）。ルターに対して客観性を保つことが、私にとって容易ではないことを、もちろん認めなければなりません。もしあなたがルターを家父長的で、法律や制度に敵対的で、大胆で、反資本主義的で、反機械論的で、反禁欲的であると言うならば、あなたは真理を述べていますが、ただしそこであなたは真理を暗に述べているにすぎません。こういった概念は、私たちの現在の政治的・地理学的状況における積極的な側面を示していますが、さらに加えて私たちがルターについて、その著作から読み取るような恐ろしい破壊もその中には含まれているのです。あなたは当然のことながら家父長的なものという概念を最初におきました。実際、ルターは男性的な懲罰用の鞭を振りかざしています。すなわち、彼は反ユダヤ主義と農民の大量虐殺の戦士でもあるのです。彼は〔今日のナチスの〕ゲッペルスやシュトライヒャーたちだけが思いつくことができたことを先取りしていました。私はルターの聖書翻訳を含めて彼についてほとんど一行も読んでいませんが、〔もし読んでいたとしても〕そこで私は彼の本質のこのような側面との関係に気づかなかったと思います。というのもこの家父長的なものはナチスの担い手である市民階級的なものと目に見える仕方では対立していないからです。私はまさにこの国でもいつかブルジョア的な覆いによって隠されているような極端な大胆さを経験する時が来るような気がしてならないのです。私たちの目の前にある裂け目の向こう側ではこのことは確実なことであるのかもしれません。合法主義には確かに法への敵対性が潜んでおり、ブルジョア的ピューリタニズムのもとには過剰さへの衝動が潜んでいます。禁欲には二重の意味があり、禁欲は劣悪な既存のもののなかでそれに適合〔しようと〕することに属しますが、他方で不正に対する抵抗ということをも意味しています。今日のあなたや私と同じように、もし人が不吉な客観性の雰囲気のなかで生き抜かねばならないとして、そのようななかでより高貴な精神を保持しようとするならば、私たちはここで〔敵対する者たちの〕喜ばしい死を待望しない限り、向こう側には大勝利をお祝いするルター派の反禁欲主義が繰り返し現れ出るのです。それだけではなく人はふたたび機械論的なブルジョア階級に戻ることを願うのです。まさに私が少し前に書きとめた禁欲に関する記録が頭に浮かびます。私はその記録をこの手紙に添付しておきます。この記録は、まさに一面的で疑わしく、ウパニシャッドの講義についての傍注のようなもの以外の何ものでもありません。私たちはまさにこのことを話題にしたので、私はあなたにせめてものご挨拶としてこの記録をお送りしたいと思います。

またロヨラと同様にジャンセニストに関するあなたの覚書は、私にとってきわめて有益でした。私の解釈に対してあなたが修整し、批判してくれたことを私はいうまでもなく信用しています。ここで問題となっているのは資料における対立であり、私は大衆の産業主義的心情に対するプロテスタンティズムと対抗宗教改革の関与を、いつかこの論文の主張にあるよりも明確にできることを強く願っています。あなたが私のこのような主張を、不十分で疑わしいとみなすことは、まったくあなたの言う通りなのかもしれません。いまここでは、私は残念ながらふたたび大雑把にだらだらとしゃべることができるだけです。——イエズス会の精神の直接的な働きは、確かにあなたが述べた上層階級の諸集団においてのみ立証可能です。それにもかかわらず、この論文[4]が想定しているように、その精神は大衆の精神的変化の重要な要素を形成することができたのです。同じことがプロテスタンティズムにあてはまります。私があえて反論せず、北ドイツや東ドイツの農民も田舎のプロレタリアートもかつてなんらかのプロテスタント運動によってとらえられることはほとんどなかったのだ、というあなたの解説がまったく正しいとしても、私にはヨーロッパの産業プロレタリアートの精神構造に対する宗教的影響力は、中世初期ならびに最盛期の教会のさまざまな力の中に十分に見て取れると思っているのです。たしかに一七世紀と一八世紀のドイツにおいて農業に関わる大衆とともにみじめな〔ほど少額の〕金額しか謝儀として支払われていなかった地方司祭もすさんでいたし、かなり後になっても彼らに〔支払われていた謝儀〕は依然として農場労働者の報酬にとどまっていたのです。しかし、大衆の状態に対する宗教の影響力は直接的なものだけでなく、たとえば法や行政の精神に対しても宗教が非常に影響を及ぼしていますし、さらには主人、市民、そして役人の模範においてもそうであったことを思い起こさねばなりません。人は都市や地方の農村の支配における青年と少女の奉仕、さらには軍隊のことを考えるでしょう。ヨーロッパの労働者は空腹の鞭やその他の恐怖のために、マニュファクチュアと工場へと駆り立てられたのです。このことはほとんど疑いようのないことです。しかし、ロシアのボルシェヴィズム的産業化の始まりにおいて起こったように、それまでの過酷な法の緩和がなされたことで、あるいはヨーロッパの労働者が逃亡する機会を認められるやいなや、いかに彼らが突然くりかえし逃走するようになったか、ということを考えてみなければならないのではないでしょうか。ここにこそ、新しい宗教性が大きな影響力をもって関与しているのだと思います。ロシアの官僚制の文化的処置と同じように、従来のような宗教性によって仕事を可能にする能力を与える目的合理主義から近代労働者は解き放たれ、自由にされたのです。ところで、日本でも似たようなことが起こっているのです。神道の再生とそれをきっかけとした日本仏教の近代的復興にもかかわらず、労働者はアジア的な状況から解き放たれているのです。そこでは、ヨーロッパ的な宗教発展の多くの傾向はただ反面教師として語られるだけなのです。その他の点では、これらのこととの関連で、この論文の主張を明確にせよとの指摘において、「対抗宗教改革、バロック、そしてロココといったカトリックの上層階級の途方もない努力」に関するあなたの文章を読むことができたことは、私にとっては小さなことですが満足感を得る経験でした。ハリウッドにさえこれに匹敵するものはそうそう見出せません。

キリスト教世界と啓蒙主義における子どもについての箇所で問題となっていることは、おそらくこの論文それ自体の文章には責任がないもので、これはあなたの誤解です。すなわち、〔私の論文で扱われたことは〕

洗礼を受けずに死んだ子どもがいかなる状況へと移ってゆくかという神学的問題ではなく、キリスト教世界が生きている子どもに示したより明白な問題が考察されているのです。かなりの上層階級を別とすれば、啓蒙主義の敷居をまたいだ時代でもなお、子どもの運命が普通は言葉に表せないほど恐ろしいものであったことが今日では指摘されています。このことは始まりつつある近代と同じく中世に、プロテスタントの地域と同じくカトリックの地域にもあてはまることです。さらにヘルダーとフィヒテの青年時代をあなたご自身はご存じだと思いますが、そのことを考えてみてください。後者はかつて学校の入口の苦痛から逃れ、ロビンソン〔・クルーソー〕と同じように孤島で生活する計画まで立て、まさに現実からの逃亡の試みを実行したのです。中世における徒弟の運命は、近代の強制収容所の水準であったと思います。もし私が一九世紀に至るまでの子どもの死亡数が、三、四歳以降は、病気と同じ数くらい虐待のためであったと言ったとしても、極端な数字をあげているとは思いませんし、おそらく本当は、そんなに少ない数ではなかったはずです。これらすべてのことが、間接的な仕方で、あなたの試みた精神分析によって非難されているような一九世紀の家族における個人の欲求の抑圧と関わりがあるのです。むしろこれは、一九世紀のブルジョアジーが口実として作り上げた、罪のない幼年時代というイメージと直接関連していることなのです。そして二〇世紀になるとこの論文が描写しているエディプス・コンプレックスの構造に変化が生じるのです[5]。

あなたが「覚書」(55)の一四頁とその先で触れている問いが、決定的に重要です。私はあなたを完全に理解しているのかどうか、この点ではわかりません。あなたが語っていることは、私たちの思考方法に対する重要な譲歩を含んでいるようにも思われます。すなわち、あなたのこの問いは、この論文が主張していない純粋な脱人間化に関する見解を否定することで、根源悪の教説を肯定するために拒絶しようとしている純粋な人間性の概念を前提とすることになってしまいます。もし人がこのような概念、あるいは真理の概念までも理論的機能として、ましてや思考の根本的な主題として認めるのだとすれば、その否定的な力がある種の精神的生活を形成することを可能にするでしょう。そしてあなたが、このようにして人が「どうにかして外部に」立つと言うのは可能かもしれません。しかし、私が考えていることは、この外部に立つのは誰なのか、ということです。それは〔旧約聖書の〕「残された者」の主張、個別的なグループとの関係、あるいは非人間化されたものというプログラムによっては規定されえないものなのではないでしょうか。むしろ、このような対象化は不幸へと巻き込まれた実践に対して理論が自己放棄することと同じであると思うのです。これについての一事例が、雑誌『フォーチュン』の七月号に掲載された〔ラインホールド・〕ニーバーの興味深い論文「歴史のもっとも重大な危機に対する信仰」ではないでしょうか[56]。その論文を私は大変感動しながら読みました。すでにこのタイトルがプラグマティズムへの屈服を告げています。それは人がただみずから望みうるものだけを「悪」から基礎づけているからです。

　揺るぎない思想が、みずからを表現する否定性とは異なる仕方でその外部について語ろうとすれば、外なるものは内なるものになり、「残された者」はいなくなり、諸集団は真理の証人と戦士から、心情と制度の弁護者になってしまいます。ふたたび自分の文章を引用してもよいでしょうか。私たちが否定性の偏りに関する主題と根本的に取り組む箇所で、善を権力と重ね合わせて考えているがゆえに、次のように私たちは指摘するのです。

「虚偽は、既存のものに対する異議でさえも、それは徐々に始まる暴力、そして競合する官僚制や権力者の集団の利益争いのために生じているのだと人々に吹き込んでいる。その言いようのない不安のなかで、虚偽は自らが何であるかを示しているのである。そのような媒介物として、つまり単なる道具として言語の中に入りこむことで、虚偽は暗闇のなかに存在することで、あらゆるものに同化することができる。それどころか、虚偽が最終的に用いることができない言葉は存在しないということは真実なのである。しかしそのような虚偽によってではなく、ただ愚直なまでに権力に対する思想的な敵対関係のなかで善もまだ輝いているのである。最後の被造物に行われた暴力的恫喝に対する妥協のない嫌悪は、傷つけられていないものの正当な感謝を述べているのであろう。太陽への懇願は偶像崇拝である。太陽の灼熱のなかで乾ききった木を見てはじめて、太陽の荘厳さの予感が生き生きとするのであり、そのことで太陽はそれが照らす世界の表面を同時に焦がすものだと主張する必要性がないことに逆に気がつくのである(57)」。

前史としてのこれまでの歴史の表象は奇跡信仰ではありません。というのも、思考は多かれ少なかれ証明可能なより良い社会に対する予言に依存してはいないからです。それにもかかわらず、思考がひどい過去の経験に対して何度でもそれらの経験の終焉を告げることで、奇跡信仰はまだ弱いとしても、それを信じようとする者たちを形成していくことはできるはずです。私があなたの「覚書」の最後の文章を再読するとすれば確かに異議があるのですが、しかしこの文章は今しがた私が引用したことからはそれほど遠くにはないように思います。私はあなたとのこのような一致を、より明確にすることがもっとも重要な課題の一つだと思っていますし、そのために私はここにいるのです。

『アウフバウ(58)』でのルートヴィッヒに対するあなたの手紙が、私にとって亡命の暗闇の中に明るい希望の光を照らしてくれたということを付け加えさせていただきます。このことについてとくに[6]あなたに感謝を申し上げます。

私は、あなたと奥様が当然受けるべき休養が良好に継続されることを心から願っており、マイドン(59)も心を込めてそう願っております。

敬具
あなたの古い友人
マックス・ホルクハイマー

(3) 理論と実践に関する議論(一九四五年一月二八日)

マックス・ホルクハイマー、アドルフ・レーヴェ、
フリードリヒ・ポロック、パウル・ティリッヒ

〔この討論の背景には、ティリッヒが議長となった、戦後ドイツの民主化について提言を開始しようとしていた「民主主義的ドイツ協議会」の成立がある。〕

ホルクハイマー いわゆる政治的なものの振る舞いのなかには、つねに現在の問題を越えて、次の歴史的段階に対する手に負えない諸関係が隠されています。ですから私たちは、次の〔歴史的〕段階も確かに同じように人間性を構成するであろうと考えることはできませんし、そのことに対する信仰をすでに失ってしまいました。しかし他方でこの信仰によって私たちは癒されるのです。なぜならこの歴史の次の段階もまた、歴史の最終目標との関係のなかにあるからです。

ティリッヒは、彼の行動それ自体を博愛主義的なモチーフで基礎づけようとはしていませんが、おそらく〔彼の主張の〕背後には、大変深刻な誤りが潜んでいると考えられます。というのも、人が具体的に示す行

動は、確かに一般的には合理的に肯定できる目標との合理的な関係のうちにある、というものだからです。このような政治的な可能性を、今日私たちが想定しえる別の何らかの可能性と比較することはできないでしょうか。もしそのようなことが可能であるなら、このティリッヒの考えはどのように見えるでしょうか。少なくとも、ティリッヒの考えからは、大変奇妙なものが現れ出てくることになります。つまり、来るべき歴史の諸段階で私たちが知り、あるいは少なくとも予感することができ、また私たちが先取りとして知っていることは、つねに完璧に世界からやってくる確かな事柄であり、私たちもその一部分であるという奇妙な想定です。これは私たちが自らをそのような事柄に完全に委ねることができなければ、私たちとともに死んでしまうような可能性です。とはいえ、もし〔この戦争が終わって〕パウル・ティリッヒがヨーロッパに行くことを想像してみるなら、彼はある理念を代表するのではなく、〔戦後ドイツの民主化を願う〕まったく得体の知れない諸力の組み合わせの代表者として向かうことになるのです。

政治的権力に参与するために今日必要とされている強い意志は、他方でたとえば〔私とアドルノの〕「断想」[60]のようなものが理解される可能性が崩壊するという結果をもたらすことになります。このことはさらに、今生きている世界の没落という問題とも関連しています。その後でおそらく何らかの新しいものが、つまり、おそらくきわめて偉大なもの、あるいはきわめてよいものが成立するでしょう。しかし、そのために何かを押し出す、そこにもたらすことが私たちの役割なのでしょうか。あるいは私たちには他の課題があるのでしょうか。

レーヴェ[61]　パウルと私は極端なものを代表しています。なぜなら、私たち二人は〔戦前も、さらには現在の戦後ドイツの民主化のための協議会でも〕積極的に活動してきたからです。私の教師生活は政治的情熱に満ち溢れていました。

私たちにとって、自分たちが立っていたかつてのような世界は崩壊していましたが、パウルと私はこのことから反対の結論を引き出しました。私たちは、自分たちが行ったことは本質的なもの、無制約的なものへと向けられていたという幻想をもっていました。しかし正しい場所に立っていたという確信はすでに崩壊してしまっていたのです。ですから今日私たちは、かつて自分は正しい場所に立っていたかどうか疑っています。行ったすべてのことは疑わしくなったのです。

衝撃が克服され、自らにさらに問わなければならなかった時、残された人生でなすべきことが生じてきました。すなわち、パウルスは二〇年代とは異なり、無制約的なものを再び精神化してみせたのです。彼の宗教的態度は、今日では宗教社会主義的というよりははるかに伝統的でキリスト教的です。彼は、その点ではごくわずかでありますがユートピア的なものに対して譲歩しています。彼は今では厳密な教義学的・キリスト教的態度に回帰しており、はるかに精神化され、脱歴史的になっています[2]。それぞれの実践的な態度は、無制約的なものに方向づけられなければならないというのが彼の主張です。無制約的なものはつねに垂直次元化されます。そのために彼に対するこのような非難は、その根本的な前提を彼自身が受け入れないがゆえに、つねに彼によって論破されてきました。

ホルクハイマー　レーヴェはユダヤ的確信をもって、正しいものは現実化されるという点に固執していて、またあらゆる行為はきわめて両義的でまた疑わしいがゆえに、この世界に腹をたてているわけです。しかしそうであるならこの問題からは手を引くのが望ましいでしょう。

ポロック　それはさておき、もしレーヴェが述べたことが正しいのであれば、なぜパウルスは教義学を書くことに集中しないのですか。

ティリッヒ　私たちは今大変微妙な差異について議論していると思います。私は決してこれまでも素朴なユートピア主義者であったわけではありませんし、今日では素朴な絶対主義者になったということもありません。カイロスの希望が破局を迎えるということは、私が絶対的なものを政治的なものから経験するという結果をもたらしました。私はあらゆる領域でより相対主義的になり、時代への態度は懐疑的になったのです。

私の教義学は、〔戦後ドイツの民主化のための〕協議会と似たような特徴を帯びているとも言えます。かつて私が宗教社会主義のカテゴリーによってキリスト教神学における根本的転換を引き起こすことができると信じていたとすれば、今日での私の希望は、アメリカ人がこれまで持っていなかった、あるいはそれをうまく完成させることができなかった神学を、彼らに与えるということに限られています。一九二〇年代、それは今とは異なる状態だったのです。もちろんそこで私はキリスト教の新しい時代を始めたかったのです。

ですから思考においても行動においても、私は古い人間ではありえないのです。しかし今は、思考においても行動においても、私は回心したパウロの状況から、いくらか懐疑的なサウルの状況へと逆戻りしてしまったのです。

レーヴェ　しかし私たちにとって問題なのは、根本的にはあなた自身よりも、あなたの教義学なのです。

ティリッヒ　もし誰かが〔ホルクハイマーとアドルノのような〕「断想」、あるいは教義学のような書物を書くならば、いったい何がそこで起きるのでしょうか。それは誰かが〔戦後ドイツの民主化のための〕協議会を作る場合と同じような何かが起こるのではないでしょうか。理論と実践の非 - 区別は、私が政治よりも教義学をよりよくなすことができるというあなたがたの思い込み以上に真実なことです。私が現在行っているたいへんささやかな政治的試みがまさにそれなのですが、この点で私はホルクハイマーよりもさらに理論と実践の真の統一の近くにいると感じています。

ホルクハイマー　私の初期の論文は、根本的には理論と実践の統一はユートピア的であり、その統一は決して存在しないのだということを問題としています。一九二〇年頃の私たちの立場はどのようなものだったのでしょうか。私たちは当時より根本的な決断に夢中だったのです。私は、私たちが宗教社会主義を攻撃した多くの議論、すなわち全体を巻き込むような社会変動が存在するかというような議論、あるいはファシズムがやってくるという議論を思い出します。あなたがた宗教社会主義者たちは、ファシズムへと駆り立てるような事柄に対して肯定的な態度を取っています。ですから私たちにとって問題はきわめて簡単でした。ドイツが積極的な解決策を見つけるか、あるいは人類が没落するか、ということでした。

確かに宗教社会主義のヒューマニズムは私たちにとってはロシアの社会主義よりも好ましいものですが、私たちはその間に二者択一的なものを感じていたのです。急進的な激変が到来するのか、すべてが没落するのか、ということです。この問いがこのように立てられたことそれ自体が、私たちのクライスをひとつに結び合わせたのです。

今日、この点については計り知れないほど悲惨で、絶望的な状態ですが、私たちが直面している現実は根本においては何も変わっていないのです[3]。当時、こんなことが問題でした。すなわち社会主義か、「もう一度最初からすべての歴史を始めるか」、ということです。世界の歴史はそれぞれに異なった仕方で経過してゆくのです。ロシアはまったく異なる何ものかであり、もしドイツに政治的激変が到来するとしても、それはすべてが完全に異なったものなのです。

今日それと基本的にはよく似たような状況があります。今日では進歩的な運動がもはや存在しないので、また他の主張もとるに足らないものなので、当時のパウルスが主張したことと似たようなものが目立ちます。人々は発展ということに関心を持つのですが、発展というのは、結局はもはや今日そこにはないものだけが助かることができるという考えです。今日、パウルスの役割は、まさに彼がドイツで〔かつて〕そのようであったことと同じものなのです。その役割は汎神論とある一定の関係を持っています。つまりそのように存在する歴史こそが、どういうわけかまさに神なのです。人は歴史に自らを委ねなければなりません。歴史が悪魔的でもある、という見方は明らかにイデオロギー的なものです。人が肯定しなければならない歴史的諸力に対する生き生きとした関わりこそが現実的なものなのです。もし人が弁証法的に考えるならば、世界との折り合いが整合性をもってなされればなされるほど、人間はより一層超越的になっていくことは明らかなのです。

人は原理的にはそれほど言い間違えるようなことはありえない、とあなたが語っているのを聞き、また同時にあなたの神概念の中に隠されているものや、私たちがなすべきことについてあなたが語っていることをも聞いてきましたが、もしそうであるならば、キリスト教か汎神論か、という問いは一種の学派の争いになるでしょう。実際、あなたはヘーゲル主義者のように、自らが生きている国家のよき市民のように振る舞い、自分自身は自らの伝統に基づいて、自分のもっとも身近にある諸集団にすがっています。

ティリッヒ　当時宗教社会主義は、改良主義的な社会主義と敵対していました。私は、変化に対する前提として、ルター派教会の反動的な諸勢力を、ドイツ民族を通じて破壊してしまおうと考えたのです。また私はドイツ社会民主党における改良主義的な諸勢力を潰してしまおうとも考えました。ですから教会と政党は、そのために私をいつも乱暴に扱ったのです。

ホルクハイマー　しかし、宗教社会主義は客観的に見てあなたが語っているようなものではありません。ひとは宗教社会主義者として、プロイセンの文部大臣になることができたでしょう。

ティリッヒ　いわゆる東と西という見方が、私たちを対ロシアと対西洋という対立へと導いています。私が既存の諸勢力と協定を結ぶことができる四つの状況のなかで、私はそれを拒んできました。私は決して歴史に従うのではなく、私が関わらなければならない四つの力に抵抗してきたのです。確かに私はこれらの対立する立場とは違った仕方であったわけではありません。しかし歴史的信仰という意味における汎神論とは何も関係がありません。ただし私は預言者が語ったことを繰り返して語ったのです。すなわち、カイロスはここにある、行動しなさい、と語ったのです。

レーヴェ　しかし宗教社会主義と〔戦後ドイツの民主化のための〕協議会[62]との間の決定的な違いは、次のことではないかと思うのです。当時、パウルスは「どうかそうなりますように」という思いで権力の鼻づらを一発殴ってみせました。しかしこの気持ちは、今日そこにはありません。

ティリッヒ　私はこう考えています。あらゆる腐敗にもかかわらず、ロシアでは正しい原理、すなわち私的搾取の克服がまだ部分的には生きていると考えています。たしかに具体的な問題を考察するならば、もっと重大な困難が明らかにされるに違いありません。しかしこの問題もまたそういうことなのではないでしょうか。ドイツにおける学問の自由に関する歴史を考えてみてください。おそらく誰もが次の〔歴史的〕段階が来れば、このような学問の自由の要求はばかげたことだと知ることになるのです。それにもかかわらず、私の腹のなかでは今日でもなお、学問の自由を弁護し続けているのです。

レーヴェ　なるほど、腹のなかで欲しているものと頭が必要だとみなすものとのあいだの、解決不可能な矛盾ですね。

ホルクハイマー　いや、そうなのでしょうか。身の毛がよだつ思いです。もしこのことについて判断しなければならない問題としての学問の自由ということが、歴史的機能によって無条件に必ず肯定されなければならないものだと言うのであれば、人は学問の自由の廃止を過渡的な局面のなかで考えることができることになってしまいます。もしそうであるなら、私は人種論〔に基づく差別〕を禁止する大学で教える代わりに[4]、人種論を弁護してしまってもよいということになってしまいます。

レーヴェ　そのすべてが、腹のなかで欲していることのためなのか、それとも頭で考えたことによって決断したことなのか、それを区別することは実際には不可能だということです。結局行きづまってしまうことになります。ですから私たちは今日では、事柄の外側で何とか持ちこたえようとしているのではないでしょうか。私たちの状況は、ラビの前で争う二つの党派についての古いユダヤの物語で説明することができます。最初の党派はその意見の一部を述べます。するとラビが語ります。「あなたの言う通りです」。反対者もその立場を述べます。するとラビは答えます。「あなたの言う通りです」。続いて今度はそのどちらでもない三番目の党派がこのような矛盾に抗議するのです。ですからラビは言うのです。「あなたの言っていることも正しい」。

ホルクハイマー　ちょっと待ってください。少しの間でよいのですが、あの〔戦後ドイツ民主化のための〕協議会の主人〔であるティリッヒ〕と学問の自由について話し合うニーチェを想像してくださいませんか。どうでしょう。私にはそれができません。このような考えが不可能であるということによって明らかになることは何であるかと言えば、それはまさに彼が書いたものが示していることと同じことなのです。つまりもし人が理論と実践を結合させようとするならば、公然と誤った状況に陥ってゆくということです。私が協議会の主人と人種問題について議論する場合でも、そこで際立ってくることは、おそらくその異様さ、怒り、そして「断想」がそのスタイルによって引き起こしたようなさまざまなことです。しかしこれらのすべてが、私たちと世界とのより正しい関係を明らかにしているのです。

レーヴェ　理論と実践の一致の要求は、レーニン以後はじめてすぐれて近代的な問題になったのです。両者が一つになる歴史的瞬間があったのです。マルクスはそのことを要求したのですが、現実化はしていません。

ホルクハイマー　レーニンはそのような要求を革命的プロレタリアートのために主張したのであって、自分自身のためになしたのではありません。そこに理論と実践の統一があったのです。しかし今日では、もしそれを手に入れようとするならば、その人は絶対的な孤立を経験することになるでしょう。

レーヴェ　預言者が行ったことは、レーニンが行い得たことでもあり、そしてむしろ私たちが今日おかれている状況と対応しています。私たちが何の隠し立てをすることなく、しかも他の者が考えることに対して何の考慮もなしに声明文を書いたとしたら、そのことは多くの人を危険にさらすことになるでしょう。このような行動は理論と実践の一致、つまりこのような状況で待望されうるものですが、その極限の形態です。実は理論と実践の一致は各人が政治に向かうことではないのです。理論とは何らかの具体的な理論をさしているのではなく、カイロスに対する態度のことなのです。預言者的な告知から運動へと進むことができるかどうかは、具体的な状況次第なのです。

ティリッヒ　ただしそれは、理論と実践の預言者的告知でなければなりません。

レーヴェ　それでは伺いますが、いかなる手段が今日の預言者に残されているのでしょうか。預言者は人々の前で演説することもできましたし、あるいは彼が書くことによって行動することもできると思うのですが。

ホルクハイマー　私は今ここで議論されていることに基本的には賛成したいのですが、依然としてこれらの言葉には居心地の悪さを感じます。つまり預言者たちは他の何ものでもなく、神のことを告知したのです。違うでしょうか。

ティリッヒ　その通りです。そして彼らは自分たちが語りかけるべき民族を荒野に残して、むしろ王の宮廷で預言したのです。これは今日では一般大衆が経験していることと同じことです。ですから今日の預言者的な知性がしていることをこの議論に当てはめても、うまくは行きません。

ホルクハイマー　そうだと思います。〔かつての聖書の〕預言者たちは荒野で神からの使命を受け取りましたが、今日、私たちにはこのような神は存在しないのです。現在、問題となっているのはまずこのような告知をどのようにして聞きえるかということであり、この告知への唯一接近可能な方法は理性によって確認することだ、という点ではないでしょうか。私たちが何らかのものを形成しようとする努力は、他の誰によってもまだ今日実現されていない全体の一部のことです。そしてそこには他に誰もいないのです。この世界を保持するためのどのような既存の設計図にも依存せず、そして従来のあらゆる慣習からすべて解放されているような世界を、人は大変よそよそしい視線で見つけることになるはずです[5]。

ティリッヒ　あなたの批判は私があのX氏との会話をまじめに受け取る限りにおいて正当です。しかし、あなたもこの協議会も彼の意見をまじめに受け取っていません。そしてもし私がこれをまじめに受け止めるならば、突破は現実的なものとなるのかもしれません。

レーヴェ　しかしこの世の中で、ある主張が真剣に受け取られないかもしれないという理由で、絶対的なものが相対化されるような仕方で取り扱われているのだとすれば、あらゆる意見は真剣に受け取ることができなくなってしまいます。神学もまた同じです[63]。

ティリッヒ　ですから私は、ある命題（Proposition）を取り上げるべきかそうでないかを熟慮するとき、その命題は全身全霊をかたむけて書かれたものであるという前提のもとに読むことにしています。

レーヴェ　こういうことはないですか。ティリッヒの理論的仕事と政治的仕事の違いは大変大きいものなので、そこでは量が質に転化しているということです。

ティリッヒ　そうではないと思います。私が他の委員の諸命題を統合して何らかの命題を構築するために協議会の活動をきわめて真剣に受け取ることができるような状態であれば、すべてはずっとよいものになっていることでしょう。〔しかし残念ながら今はそうなってはいないのです。〕

ホルクハイマー　今日の困難はどこからくるのでしょうか。それは、私たちが共通の足場を何ももっていないということです。私たちはいったいこの瞬間に何を語るべきなのでしょうか。

レーヴェ　私はこう思います。ティリッヒが他の委員の意見をまじめに聞いていないということはある意味ありがたいことです。そうでなければ、彼の命題はもっと別の水準へと引き下げられてしまうことでしょう。他方でなぜ他の方々はこれほどまでに無関心なのでしょうか。それは、おそらく多くの人が何らかの暫定的な結論を、つまり私たちが受け入れられないような解決策を受け入れ、それを代弁しているからです。そしてもっと問題なのは、今日「肯定」することができる実践的な見解がまったく見当たらないということなのです。

ティリッヒ　現在の私たちの個人的な生活はどうでしょうか。個々人の生活にはおそらく今レーヴェが政治的状況を否定的に評価したのと似たような仕方で、暫定的に判断しているさまざまな事柄があります。それにもかかわらず、各人はこの領域ではっきりとした基準を保持しようとするのです。どうして私たちが個々人の生活の中で受け入れることができる何かが、政治的な領域では不可能でなければならないのでしょうか。

レーヴェ　それは簡単なことです。私たち個々人の生活の中では、過去からの転換を正当なものとして評価できるからです。しかし、これをドイツの再建に当てはめることはできません。そして今日、もし私たち個々人の生活に対して絶対的な要求が突然つきつけられるようになったとしたら、私たちはさらに困難な状況に巻き込まれることになるはずです。

私自身は、今ユダヤ的なものへの転換を感じています。私自身はこの転換は正当なものだと評価しています。そしてさらに私自身この転換を肯定するわけですが、その理論に沿った仕事をしたいと考える「宗教社会主義」の転換も認めるのです。

ホルクハイマー しかし、こういう場面もあるでしょう。もし私たちが他から強制される「転換を果たさない」ならば、困難な状況が起こるという場合です。たとえばもし私たちが自らを完全に理論的な仕事、あるいは政治的な行動にその人生を捧げるために、自分たちの家族までも犠牲にするというのであれば、おそらく私たちがそれを評価した出来事に対する態度によって家族を不幸にすることになってしまうでしょう。他方でもしティリッヒがこの協議会の仕事を放棄するならば、私たちにはこの領域で生じていることがまったくわからなくなってしまうばかりではなく、何もなし得ないことになってしまいでしょう。

ティリッヒ 個々人の生活の領域についてはまったく同意見ですし、だからこそ難しい問題です。しかしもうひとつのことを言うならば、〔ホルクハイマーとアドルノの〕「断想」は、政治的領域と同じように個人的領域における問題が明らかになるような事例に満ちているのではないでしょうか[6]。

ホルクハイマー もちろん、私たちは身近にもたらされる幸福だけでなく、身近なものを台無しにしてしまう幸運ということも知っています。しかし政治的なもののなかには、個々人の生活とは違ってこのような現象は起こらないのです。また人はかなりの蓋然性をもって、個々人の生活におけるある特定の行為の影響をあらかじめ想定しておくことができます。たとえばこういうことがあるでしょう。もし私たちがそのことのためにもう時間を費やしたくないという理由で、私たちがみな、〔政治的〕影響力の強い人間たちとの関係を打ち切ってしまうとしたら、次の瞬間にどのような結果が生じるかということはあらかじめわかっていることです。

ティリッヒ　私たちは宗教的にも、合理的にも基礎づけられていないような確信をもっているので、さまざまな領域にさまざまな決断をしてしまうものです。これまで語られたような個々人の生活の中にある何らかの確実性が絶対的なものであるなどとは、私は思っていません。というのも、それぞれの人間は質的に異なっているということが、このような個々人の生活を考える場合の前提ですし、それは社会的生との間にある根本的な違いでもあるのです。

レーヴェはこの違いについてあまり重きをおいていないのではないでしょうか。彼は〔個人的生活と社会的生活の〕両方にとって同じ暗闇を想定し、それを受け入れています。それではなぜ私は彼と違って、政治的なもののなかでの特別な暗中模索をさらに引き受けるべきだと考えているのでしょうか。それは、私はアリストテレスとともに人間は政治的動物だと信じているがゆえに、人間が政治においては同じ重荷を背負う必要はないという考え方は自己欺瞞だと考えているからなのです。

レーヴェ　〔いやそれは違うと思います。〕今の私は声の大きな諸集団から引き抜かれてしまった異邦人の状況にあります。しかしアリストテレス的な前提は異邦人にあてはまりません。諸原理を得ようと努める限りで、私はアリストテレス的な負債をむしろ返済したのです。

ティリッヒ　他の民主主義的な社会において活動の孤立化は……。(64)あるいはそのことは政治家として許されることでしょうか。彼はシナゴーグ、教会の活動的な構成員として、あるいは有権者として振る舞ってはいけないのでしょうか。

レーヴェ　もし私たちが、ホルクハイマーが「断想」で理論的に試みたことを正しく実践するならば、私たちは自らの負債を返済したことになるでしょう。

ホルクハイマー　個人倫理と社会倫理との関連について言えばティィリッヒは正しい。現在は両者の領域にまさに同じ暗闇が支配しているのです。そのことを「断想」から読み取っていただけるでしょう。しかし現在の具体的な状況のなかで、「このことは可能であり、このことは不可能である」というような言葉は、もはやいかなる意味も持ち得ないでしょう。

私たちの置かれた今日の状況では、知識によって、正しいものや究極的なものが表現されるべきです。もちろん別の状況ではバリケードに行くべきだし、また別の状況では特定の集団の中で活動すべきなのです。あなたは現在の政治状況に関して熟慮し、それにもとづいてさまざまな政治的活動から身を引くべきではないでしょうか。というのも、今日、これらすべてのことは見せかけになってしまったのですから。

ティィリッヒ　確かにさまざまな集団に影響を及ぼすことと、バリケードへ行くさまざまな集団は根本的には同じです。しかし理論は同じではありません。もし私たちがこれらの状況のなかで、哲学的な態度を表明しないとすれば、私たちはもはや哲学者として哲学を営むことができなくなるでしょう。禁欲的なままでなければならない状況での証言の仕方のひとつは、まさに非禁欲的なままでいることだ、ということがあり得るのです。しかしもちろん証言をすることは、それについて論文を書くということとは異なることですが[7]。

レーヴェ　ニーチェだったらどのような態度を取ったのでしょうか。

ティィリッヒ　ニーチェは具体的な政治には決して入って行きませんでした。ですから彼の影響力は逆に破滅的なものとなったのです。もし「王の宮廷に」行く代わりに、だれかがシルス・マリアで預言をするならば、その人は災いを引き起こす原因を生み出すでしょう。

ホルクハイマー　しかし人が「王の宮廷に」行くことは、預言者のようなケースばかりではありません。むしろ裁きを受け、灼熱の炉のなかへ投げ込まれるのが預言者の運命だったのです。ある者が、政治的状況のなかで、自らの態度について明確に述べることはあまりないことです。預言者の活動には三つの異なった時期があります。そのうち三番目の活動時期は、預言者とこの世との絶対的な対立が前提とされています。もちろん「協議会」はこの世との絶対的な対立のなかにあるわけではありません。そして徹底した政治活動の可能性については今日、一切何も与えられていないのです。もし人が現実に対してある理論を持っているならば、それがどのような場合に、何のために与えられているのかを知っているはずです。今日の私たちは、預言者的な意味において、実存との絶対的な対立のうちに行動しなければならないのです。私たちが今日行っていることは、結果的にはこの世の歩みを支えることになるはずです。もちろん実存において真であるものを具体化しない精神的な人間たちもいるのです。協議会は既存のものの枠組みからは決して出ようとはしない試みのひとつなのです……。

レーヴェ　……そうです。この協議会はまた、人々が為さなければならないことを為すために、本来用いられるべき時間や労力を奪い取ってしまいます。この複雑な議論の全体は、結局、神はティリッヒには教義学を書くことを望んでいるのだという言葉でまとめられるのです。しかし他方で、協議会は彼や他の人々がこの霧のなかでさらに勢いよく棒をふりまわしてほしいのだ、という結論にも至るのです。

そしてもうひとつ、ティリッヒが反論しているように、実存についての洞察は、実践に同時侵入して得られる洞察がなくても可能なものだと思います。私自身、これまでの実践との対立は、私を原理的に実践と対立させる基礎を自分自身に与えたと考えています。

ホルクハイマー　確かにレーヴェはここ三か月間政治的実存の只中にいます。彼は数年前から完全な隠遁生活を送っていたにもかかわらず、彼がいま体験しているあらゆる問題を知ってしまったのです。人はおそらく人生の最初の三〇年に決定的な経験をするものです。ですから私たちは自らの理論的な事柄に対して、何か決定的な貢献ができるような新しいものを今さら学ぼうとはしないものです。しかしレーヴェは、彼の本質的な洞察が自らの実践的な活動からはやってこないことを今まさに確認しています。そしていまや彼は収穫物を人生の故郷へともち帰る時を迎えているのです。

そしてまた、同じ時代的な状況の中で、ティリッヒは、彼がその実践的な仕事を永遠の相のもとで行うべきなのか、あるいはそうであってはならないのかを彼自らに語るとする努力の正当性を認めようとしているのです。

2　神学の最後の足跡――パウル・ティリッヒの遺産(65)

マックス・ホルクハイマー

〔この追悼演説はE・シュトルムが編集し、『近代神学史雑誌』に掲載された論文には収録されていないが、ティリッヒとホルクハイマーの関係を理解する上で重要なものだと考え、監修者の判断でこの位置に収録することにした。〕

一九六六年二月一六日、フランクフルト・アム・マインのヨハン・ヴォルフガング・ゲーテ大学における追悼式での講演

〔フランクフルト大学は二〇年代の終わりに、すでにほとんど伝説的ともいえる黄金時代を築いた。その年代の精神的中心点の一つが、一九六五年にこの世を去った神学者にして哲学者であるパウル・ティリッヒであった。マックス・ホルクハイマーは当時すでに、同大学の哲学の講師であり、一九四九年以後はテオドール・アドルノとともに新たに創設された社会研究所の所長を務め、そのあいだに哲学と社会科学の嘱託教授になった。ホルクハイマーは一九六六年二月のティリッヒの追悼式においてすばらしい追悼演説を行った。われわれは以下にそのテクストを掲載する。(『フランクフルト新聞』)〕

私たちは今パウル・ティリッヒを偲んでいる。人々は彼の学説については、〔彼の生前から〕すでに重要

な多くのことを手渡されており、私よりもはるかに優れた学識の持ち主である同僚のフィリップ氏が、神学者として〔この私の講演の後〕すぐ彼〔の優れた学説や業績〕について語ってくれることであろう。ドレスデンとライプツィヒを離れ、ここ〔フランクフルト〕で教鞭をとるための招聘にティリッヒが応じたことによって、大変な栄誉に浴することになったこの大学で、彼自身について、彼の意志したことについて、そして彼の仕事の意味についていくつかの個人的な意見を述べることをお許しいただきたい。

西洋社会は、かつて自らのことをキリスト教社会と呼んでいた。私が自分の人生において知り合った人々の中には、ヒトラー時代の殉教者を別としても、この人は本当にキリスト教徒だと思えた人が何人かいるが、その中のどんな人にも優ってティリッヒこそそのような人物であった。その理由を一言で表すことはとてもできない。かつて好意とは、意味の上では愛と結びついていた属性であった。しかし好意〔の意味〕がブルジョア的生活様式とともに広がれば広がるほど、どんなに生き生きとした好意の表明であっても、自らの心情を十分に表現することができなくなったのである。〔好意の〕自発的な表現は、交際の形式、慣習、決まり等といったありきたりのものになり、そののち消えてしまうのである。

ところがパウル・ティリッヒと交際した者は、彼とともに、そこで生み出されることになる真の好意を今日になってもなお経験することができたのである。神学的なもの、精神的なものを想起させる彼の声や身振り、そしてその語りの調子が表面的なものや型通りのものではなく、彼の思考と彼が探求していたことの真の表現であることを私たちは知っていた。彼の聴衆が感じたことを、シカゴの神学大学院の学部長であったジェラルド・ブラウアーは次のように語っている（Criterion V., I）。「誠実な学生たちが、パウル・ティリッヒに無知な問いを投げかけるということはあり得なかった。なぜなら誠実に表現されたあらゆる問いは、つねに彼によって受け入れられ、彼の議論の方法を通して深い問いへと作り上げられてしまったからである」。つねに自らの学問的な経歴において彼を必要とした者たち〔少なくともここに居合わせている者のうちの二人、すなわち私の友人アドルノと私自身は確実にそこに連なっている〕は、今日教授としての職務についていることへの通りいっぺんの感謝を超えた思いを、彼に対して抱いている。彼が三五歳になる前に私たちに示したくれたあの好意的な理解がなければ、私たちはきっと今日この場にいなかったからである。

方法や事実、そして諸連関に関する教説についてのティリッヒの講義の進め方と内容は、単なる伝達ということだけでは説明し得ないようなものであった。このことは、専門的な意味での彼の学問的経歴のために役立っていたかもしれないし、すでに書いたものではいつも満足しないという〔ティリッヒの〕意志とも合致していた。既存のものをよりよいものへと書き換えようとする意志と必然性が、大きかろうが小さかろうが彼の仕事を規定していた。彼がここ〔フランクフルト〕に現れた時、すなわち一九二九年、彼は〔その時代にあっては〕かなりの人々から疑問視されていた宗教社会主義の創設者であり、その思想の熱心な提唱者の一人であった。それにもかかわらず、〔彼を招聘した〕当時、フランクフルト大学は世界に開かれた機関であった。

ハンス・コルネリウスの後継者であり、型にはまらず、あらゆる教養を身に付けていたこの大学の最初の哲学者であったマックス・シェーラーが〔まだ何も教えない前に〕急逝したのち、ひとりの進歩的な神学者に重要な哲学講座を明け渡すという決断は、この時代の学問行政と関わる所管官庁に、とりわけベッカー率いるプロイセン文部科学省に何の偏見もなかったということを証明している。

暗雲が漂うドイツで、彼らは、単なるありきたりのものにつねに批判的であるティリッヒを頼りにするようになったのである。そしてティリッヒが彼らを裏切ることはなかった。進歩的で、他の場所ではなおざりにされていた社会学的・心理学的潮流、たとえばゲシュタルト理論、社会心理学、社会理論というアクチュアルな主題を取り上げて、パウル・ティリッヒは〔他の学問分野の人々と〕共通演習やコロキウムを行った。そしてそこに学生たちは最高度の関心をもって出席したのであった。この時代の大学理事会の事務局長であり、嘱託教授でもあったクルト・リーツラーは〔このティリッヒの演習やコロキウムに〕熱心に参加していた。政治的には彼らと異なる習慣が台頭しつつあった。しかしそれにもかかわらず、諸大学ではすでに呼び覚まされていた、あの目覚めつつある民族的本能とは異なった、いやむしろそれに逆らう精神へと彼らは集結したのである。

ティリッヒの宗教社会主義は、人間の最善の力に基づいて、人間にふさわしい社会の創設に自ら進んで参与するという責任意識に基づいていた。彼は、当時の社会の支配的な風潮が近いうちに地獄を生み出すだろうということに、うすうす感づいてはいた。〔しかし〕彼はそのことを〔はっきりとは〕理解していなかった。そのことについては一つの思い出がある。一九三二年と三三年の冬学期に、私は哲学入門を、特に二月一日からはひたすら自由の概念について講義をしていた。その時遅くとも学期の終わりには〔ドイツから〕逃げ出すべきだということを、私自身ははっきりと決断していた。〔しかしその時まだ〕ティリッヒはドイツから立ち去ることを考えてはいなかった。私が彼の『宗教的現実化』（一九三〇年）や『社会主義的決断』（一九三三年）といった著作から引用し、つまり妥協を許さない仕方で彼の言葉を引用し、それを彼に読んで聞かせた時、はじめて彼は自らの考えを撤回したのである。またこんなことも思い出す。もし彼自身がこれまでと変わることなく、同じように彼の運命が形成されると考えていたとしたら、おそらくその予測に反して、彼は生き残れなかったに違いない。そして〔私たちは〕それ以後〔亡命先のアメリカで〕彼が成し遂げた偉大なこと、すなわち多くの人々を助け、今日なおも宗教を救済する試みのために、歴史の問題と取り組み、さらには三つの大陸での彼の働き、これらすべての在りし日の活躍を知ることはなかったに違いない。

啓示されたことについての個人的な告白を、もう一度現実的な生活との連関のうちに取り戻すために、今日さまざまな〔キリスト教の諸〕教派で試みられていることは、新しい種類の宗教改革のようなものとして見なされている。最初の宗教改革がすでに、ルターが信仰という概念を用いて和解させようとした聖書という過去のテクストと、今日の目の前の問題と格闘する学問との間の矛盾によってひき起こされたものだったとしても、今や聖書の語ることと、厳密な学問とのあいだの深淵はあまりに深いものになってしまっている。聖書になくてはならないような言葉それ自体、すなわち天と地、上と下、個人の魂などは今日では完全にその意味を変えてしまっている。全能でありながらこの世界を受け入れる慈悲深い神についての歴史、また創造やキリストの昇天についてまったく文字通りに理解しようとしてきたこれまでの歴史は、魔女信仰を嘲笑し、宇宙飛行士に関心を持つ現代の若い人々にとっては、紅海で起こった海の水が両側に引いて、水の中に道が現れ出た出来事や、ヨシュアの命令によって太陽に起こった反応についての〔聖書の〕報告よりも不適切なものになってしまっている。

現代の特徴とも言える論理実証主義の哲学は、他律を首尾一貫して葬り去ってしまった。ヘーゲルが言うように、真理の概念、あるいは真理が強調された概念を、論理実証主義の哲学は学問において不必要なものとみなし、寛大にも宗教に委ねたのである。論理実証主義の哲学は、さらに諸領域のあいだに鋭く境界線を引いた。こちらには学問、あちらには音楽、劇場、余暇、宗教〔というように〕。諸分野に分割するという時流に乗った思考とは対照的に、パウル・ティリッヒはむしろ統合、そして統合をともなう生の意味を問題にした。生についての省察を経ることなく、信仰者たちが自らの信仰において自明のこととしてしまっている事実を、ティリッヒはあらためて基礎づけようとし、またそれらを正当に評価しようとしたのである。

〔聖書における〕イメージと物語、つまり信仰という概念によってだけ迷信からは区別され得るこれらのものは、文字通りではなくて象徴として理解されなければならないとティリッヒは考えたのである。彼の教説によれば、象徴とは、絶対的に措定され、直接的な真理として文字通りに解釈されて〔人々に〕受け入れられてしまうと、それはまさに迷信となってしまう。またティリッヒによれば、自らは学問、また科学や技術を知っているにもかかわらず、それを福音と同じ次元にはおかず、あえてそれは無関係だと考える者、またこの時代の信仰者が避けることのできないはずのさまざまな懐疑には眼をつむり、その問題を自らのうちには受け入れず、それとはまったく別なものとして福音を全面的に受け入れようとする者が、〔キリスト教の〕福音をどれだけ確かなものと感じ、その確かさを経験しているのかということになれば大変疑わしく、それはまさに寓話集を読むような程度のことであり、結局は多くの人々のように、おそらく今日の大多数のキリスト教信徒のように、宗教を単なる慣習、フランス語でいえば「ありきたりの作り話(fable convenue)」へと変えてしまっているのである。

私には、ティリッヒが象徴という概念によって、これらの矛盾を克服して偽りのない統合を試みようとしているように思えるし、それによって大変激しく脅かされているキリスト教的な生の様式に対して言葉では説明できないほどの奉仕をしたように思えるのである。認識と告知されたこととの間の和解は、信仰論よりも象徴論によって適切になされているのだと思う。ただし、宗教と政治的な支配がなお分離していなかった一六世紀とは異なり、現在における〔認識と告知されたものとの和解の〕現実化は、対立の調停、つまり最終的には哲学的思考との調停と同じように、その意義を失ってしまっている。

〔つまり人は問うであろう。〕これはどのような類の救済なのであろうか。聖書は象徴的に解釈されるが、象徴は何のためにあるのか、それがいったい何を象徴化しているのか。つまりある国を表しているのに、誰もその国〔の名を〕を挙げることのできないような旗は、象徴として語り得ていないのである。いったいどれくらいティリッヒはこの〔象徴についての〕問いを立てたのだろうか。私自身、ここで彼についてどれほど語ることが許されているのか。私には自信がない。もし私が彼を正しく理解していたとすれば、さしあたり彼にとって生、死、そして創造者の概念は象徴とみなされていた。ティリッヒはかつて次のように語ったことがある。象徴は、誠実な無神論者が、〔彼らの〕傍らで自らをキリスト教徒と呼ぶ人々よりもはるかによくそれを理解し得るためのものだ、と。そして、象徴によって指示した他のものを理解することができず、それをさらに解釈しなければならないとしても、真剣に、自らの責任でそれを解釈しようとし、また確実な保証もなしに無制約的なものからの告知としてその象徴に繰り返し耳を傾け、誠心誠意その象徴に従おうと努力する者は、ティリッヒによれば誰でもキリスト教徒なのである。いやそれどころか、自分の意思がそのつど与えられた目的のなかで明らかになるわけではなく、その意思が絶望的な否定に直面したとしても、ただ自分の意思が真理を証ししているのだと考え、そのためだけに生きる者もまた、ティリッヒによればまたひとりのキリスト教徒なのである。

もし私がティリッヒの学説に関してあえて何かを語るとすれば、それは彼が繰り返し西洋的な意味における宗教を維持し続けようと努力するなかで、寛容へと導かれたということこそを強調しておきたい。〔彼の中にある一見かけ離れているように見える伝統的な意味での宗教を維持することと、寛容であるという二つの態度は〕見かけほどには遠いものではない。彼はキリスト教徒を、ユダヤ人や自由な人道主義者、それどころか宗教に無関心な者、全面的な順応主義者たち等から区別しないで、むしろそのまじめで真剣な姿についてしばしば言及したのである。同じことは、カントの言葉で言えば自律ということになるであろう。すなわち、自らの良心に責任を持ち、自由に身をささげた主体は、ブルジョア文明の本質を形成したものを想定しなければそれを考えることはできない。しかしティリッヒはカントとは違って、自律の理念は、キリスト教からそれを剝ぎ取ることができないものだ、ということを知っていた。〔この〕たった一つの点を指摘するだけで、〔ティリッヒの学説の説明としては〕十分ではないだろうか。

カントの定言命法は、「あなた」が人間を単に手段としてではなく、つねに同時に目的として扱うべきであることを命じる。カントの定言命法は、もっぱら偉大な近代の哲学と同じように唯物論、史的唯物論までをも包括し、その命令を実践理性と同一視するようなキリスト教からの影響をかなり受けていたが、このことを自ら認めることはなかった。超越論的哲学を倫理法則として形成するものが世俗化された宗教なのである。それゆえにこの宗教は、理性が実践的であろうと理論的であろうと、キリスト教的理性であろうと仏教的理性であろうと、あなたは人間を決して目的としてではなくただ手段として扱うべきであるという〔カントの定言命法とは〕真逆のことを同じように命令することはできないのである。

カントの主張は間違っている。愛は憎しみよりもよいものであり、善は無慈悲よりもよいものなのである。それどころかそれらはより技巧的で、戦術的な意味においてよいというのではなく、自らに即してよりよいものなのだという信仰は、西洋の文化的伝統と何の違いもないもの、すなわち聖書の言葉によって基礎づけられるべきことなのである。刑法に抵触しない限りにおいて、卑劣さは誠実さと同じように理性的であり得る。しかし神学の最後の足跡とともに、隣人は尊重され、それどころか愛されるべきだという思想、すなわちそのような倫理的基盤は失われてしまった。私たちが生きている文明の衰退として経験されている現在の状況のなかで、少なからず目にすることは、宗教に由来する誠実さの消滅という出来事ときわめて深く結びつけられているが、このような誠実さは、その神学的・哲学的試みを通してティリッヒのもとにはなお留まろうとしていたのである。この事実から生じるであろう将来への何らかの影響について判断を下すことを、私はあえてしない。私に理解できることは、たとえば矛盾した試み、不屈のもの、具体化されたテクストへの回帰、正統的なものといったものは、今日理論的にはまったく望みがないものであるが、実践的にはさらに見込みがないものだということだけである。

実践的な実証主義者、すなわち有限的なもののなかで生まれて、物事を敏感に察知することのできない戦術家は、一度達成されて、その後すぐに手段となる目的だけを知っている。このように規定された頑なな誠実さと、誠実な人としてのティリッヒを対峙させることは、決してその機能的目的を無視するのではなくて、むしろそのことによって、そのような目的を超越する生を取り入れることの重要性を語っている。ティリッヒにおける真剣さは官僚的な偏狭さ、道徳的厳格さ、了見の狭さとはなんら関係がなかったのである。

たとえティリッヒと散歩をしたことしかないような人であっても、彼の気質がどれほど激しく、またいわゆる俗物的なものとは無関係であったかを知っているであろう。それにもかかわらず、彼において誠実さは真剣さと一つであった。彼は自分の友人に対する時と同じように、彼自身の宗教に対して最後まで誠実さを貫き通した。崩壊する文化の中で、誠実さだけではなく、それとは別の理念が存在していたのである。すなわち真の理念と偽りの理念が偉大な言葉と共に降り注がれたのである。とりわけ存在論的な語彙とともに。パウル・ティリッヒでさえ見破れなかった、いわゆる永遠的なものの価値についてさまざまに語られたことのなかにそれらは見出される。それらはただ既存のものに装飾のように奉仕しただけであった。

行政的に完全に組織化された世界においては、理念は意味を失ってしまう。マルクス主義理論の概念が境界線の向こう側で弁証法的唯物論の決まり文句になればなるほど、境界線のこちら側では、その理念が空虚な言葉とスローガンになってしまう。経営的・政治的・官僚的なもの、社会的全体への円滑な編入と言ったものに対抗しようとする精神は、いつでも確定、指令、証明などが単なる個人的な思いつきにすぎないものであり、それらがまったく均一化されていない個人的なしるしなのだという考えがなおも妥当性をもっているところにだけ現れ出るものである。共同体への憧憬、かつては宗教によって克服された孤独に対する恐れは、右派あるいは左派の慣習である全体主義という宗教の次に現れ出た、もっともらしい現象に引き継がれている。

国家社会主義というものは、ただ過去にのみ属していることだ、という願望のような解釈を押し通すためには、今日、どこにでもいるような徒党によって指導され目を覚ました民族の中に見出されるように、あるいはかつての中国やロシアにおけるファシズムの時代に見出されるような奇妙な楽観論を必要とする。パウル・ティリッヒが彼自身の仕事のなかでなしたさまざまな努力は、確かに繰り返し思い出され議論されるべきなのであるが、この努力は適切な教育上の努力がなされることによって何倍もの効果が現れ出るというようなものではない。しかし文化とは守られるだけでなく、それが真の意味で受け入れられるべきものであるならば、若者たちにとって決定的なものであるさまざまな組織の危機と同じように、家族の危機にさえ直面している今日のような時代にあっては、本来的な意味での教育への実質的ならびに精神的なコストは断固として引き上げられなければならないはずである。

外見的なものよりも〔内的に〕重要な部門に投資すること、あらゆる面で宥和的な雰囲気が支配しているにもかかわらず、社会的には断続のインフレーションが起きるような今日の現象に対して、それに抵抗できるような思想をもった人間を〔問題解決のために〕投入することについては、現代はつねに遅れをとってしまっている。カイロス、すなわちティリッヒによれば、そこへと自分は召されているのだという神の意志を経験することができるような歴史的瞬間の認識は、一九二〇年代にティリッヒが属していた社会主義運動の特徴であった。しかし、妻であるハンナに捧げられた『組織神学』の第三巻、つまり最終巻には、敵対者、つまり「偶像崇拝的なナショナリズムと人種差別主義のために語った偽りの預言者」（*Systematic Theology*, Vol. 3, p. 371〔『組織神学 第三巻』土肥真俊訳、新教出版社、一九八四年、四六六頁〕）もまたその概念を用いたと書かれている。現代がまさに二律背反的で、ほんのわずかな違いしかない二つのものによって特徴づけられていることを私たちは知っているのであろうか。

私たちが偉大な思想家であるパウル・ティリッヒに敬意を払うとすれば、それは次のような点であるに違いない、と私は確信している。すなわち、それは、無関心なままでいるのではなく時代の趨勢に立ち向かい、その象徴に従って、人間関係に責任を負うためのさまざまな要求を聞き分け、それを現実化しようとする彼の意志に対してである。

第2章

テオドール・ヴィーゼングルント・アドルノとパウル・ティリッヒ

エルトマン・シュトルム編
兼松誠＋深井智朗編訳

1　解題——ティリッヒの助手にして、友人としてのアドルノ

深井智朗

一九六五年一〇月二二日午後七時過ぎ、パウル・ティリッヒは入院先のシカゴ大学医学部附属のビリングス病院で死亡した。彼はその一〇日ほど前の一〇月一一日午後八時にはシカゴ大学のニューヴィーン神学寄付講座の教授として、シカゴ大学神学部創設百周年を記念した宗教学講座卒業生の記念会議で「組織神学者のための宗教史の意義」という魅力的なタイトルの講演をしたばかりであった。その後で彼はエリアーデ夫妻と共にジョセフ・M・キタガワ教授の自宅に招かれ、親しい仲間といつものように高級なワインやウイスキーを楽しんでいる時に突然倒れた。ティリッヒはその日も仲間内では「ティリッヒの千鳥

足」と呼ばれる状況になるまで強い酒を飲み、いつものようにキッチンの床に座り込み、そこで温かい食事を支度している間、キタガワ夫人とたわいもない話を楽しんだ。ティリッヒ自身が語っているように、キッチンの床は彼が幼少の頃の母との記憶に遡る場所で、彼がもっとも幸福を感じることができる場所のひとつであった。その晩も彼は大きな仕事を終えた安堵感と幼い日を思い起こしながら至福の時を過ごしていたに違いない。その晩、彼を持病の心臓発作が襲ったのである。(1)

その死から数週間後の一一月九日のことであった。テオドール・ヴィーゼングルント・アドルノはフランクフルト大学での一九六五／六六年冬学期の講義を開始したが、それをパウル・ティリッヒの思い出を語ることからはじめた。この冬学期の講義は「〈否定弁証法〉についての講義」と題され、後に『否定弁証法』として刊行された彼の主著に含まれるはずのひとつの主題を取り扱った重要な講義であった。この時アドルノはすでにこの著作の原稿をほぼ完成させており、この講義は後に「緒論」の部分を構成することになるいくつかの議論をほぼそのまま含むものであった。そしてこの講義の前半部分は偶然録音が残されていたので、ほぼ完全な形でアドルノが語った言葉が残されることになった。この講義は「聴講者のみなさん。つい数週間前にパウル・ティリッヒがなくなりました(2)」という言葉で始まった。アドルノはさらに次のように続けた。「ティリッヒは、一九二九年から一九三三年まで、すなわち〔フランクフルト学派の〕すべてがヒトラーに追放されるまで、当時フランクフルト大学に存在した唯一の哲学の教授職に就いていました(3)」。また、ティリッヒは「私が生涯のなかで出会った、もっとも卓越した人物のひとりでした(4)」と述べ、さらに「一九三一年に、したがって一切合財をふくめて前ファシズム期と呼べる時代に、私に教授資格を認定してくれた彼に、私は心から感謝しなければなりません(5)」とも語っている。ティリッヒはアドルノにとって「個人としての運命に大きな影響を与えたのみならず、その著作にまとめられているものを遥かに越える影響を与えた数少ない人物」[6]であったという。

確かにアドルノにとってティリッヒは一度はあきらめかけていた教授資格論文を受け入れ、さらには最初は非公式な助手として、後には私講師としてフランクフルト大学哲学部に採用してくれた恩人でもある。フランクフルト大学に残る講義目録によれば、ティリッヒは一九三二年の夏学期に毎週水曜日一一時から一三時まで学部の学生向けの演習を行い、そこでレッシングの『人類の教育』を取り上げた。ティリッヒはこれをアドルノとの共同演習として、最初の三回ティリッヒが講義をした後は、アドルノに演習指導を委ねている。次の一九三二年／三三年の冬学期にジンメルの『哲学の根本問題』を取り上げた時も同様で、最初の二回、導入としてジンメルの最晩年の講演「現代文化の葛藤」の解説をした後は、演習指導のほとんどをアドルノに委ねている。[7]ティリッヒにとってアドルノはその思想内容の評価は別として信頼できる友人であり、アドルノにとってもティリッヒの神学的哲学、あるいは哲学的神学は受け入れがたいが、「尊重に値する試み」をつねに展開した神学者であった。両者の関係をよく説明しているエピソードをティリッヒのアメリカでの友人であったヴィルヘルム・パウクの妻マリオンが記録している。アドルノとアレクサンダー・ヘッヒベルクとの面接に基づく証言である。「アドルノはティリッヒの指導の下で博士論文を書くことにし〔これはマリオンの思い違いであろう。正確にはすでに述べた通り教授資格論文〕、ゼーレン・キルケゴールの美学を題目に選んだ。これについては、口頭で伝えられてきた面白い話があり、それによると、晦渋で難解な文体で書かれたその論文を読んだ時、ティリッヒはその著者に向かって、「私は一言もわからないが、この論文はすばらしい」と言ったという。ティリッヒは、アドルノの結論には賛成しなかったが、口述試験では彼を弁護し、彼に最優秀の点をつけた。アドルノが緊急の知らせで、彼の午睡を中断させた別の折にも、彼はこれと似たことを言った。「ところで、いったい何が起こった」とティリッヒは身を起し、この青年を見据えながら言った。アドルノは興奮して、せきこみながら「私はちょうどユーモアの意味を発見しました。ユーモアというのは、再度見た希望です」と言った。ティリッヒの答えは、当然ながら「君の言っていることは一言もわからない」というものであった(8)。

しかし当時フランクフルト大学哲学部の教授であったとはいえ、また哲学史の分野での博士号を神学の学位とは別に持っていたとはいえ、当時ドイツ・ルター派のよく知られた神学者と、ユダヤ人のマルクス主義的哲学者とのこのような関係は一般的とはいえないのであろう。しかしこの時期フランクフルト大学哲学部と、それに隣接する社会研究所に集まってきた若い学者たちでティリッヒと何らかの交流をもたなかった者はいないと言ってもよいであろう。アドルノはもちろん、マックス・ホルクハイマーを大学と社会研究所との契約に基づいてフランクフルト大学の哲学・社会学講座の教授として、つまり哲学の二人目の教授として採用することを最終的に大学理事会に説明し、納得させたのはティリッヒであったし、ヘルベルト・マルクーゼ、ヴァルター・ベンヤミン、エーリヒ・フロム、そしてレオ・レーヴェンタール等の名前をあげるだけで十分であろう。また社会研究所と直接関係していなくとも、ハンナ・アーレント、エドゥアルト・ハイマンなどはティリッヒのフランクフルトでの「クライス」の周辺にいた。

ティリッヒはフランクフルト時代、ホルクハイマー、リーツラー、レーヴェ、マンハイム、メニッケ、ポロック、アドルノ、フロムと討論のためのクライスを結成した。このクライスのことをティリッヒ自身は最初「宗教的・哲学的・預言者的」討論会と名付けたが、他の同僚たちはこれを「ティリッヒ・クライス」と呼んでいた。これはさまざまな分野の教授たちによる、現代の状況についての討論会であると同時に、ティリッヒが愛した知的サロンであり、さらには彼が率先して年に四回行われる仮想パーティーのメンバーでもあった。同僚たちはこの異教徒の中の「パウロ」を愛し、「世俗の中の神学者」と揶揄したが、それは「知的で、もっとも洗練された大学教授の交流」でもあった。このフランクフルトのクライスの中心にティリッヒがいたのである。

それどころか彼らの大部分がアメリカに亡命するとその交流はさらに深まり、その中心にいつもティリッヒがいた。イェールに職を得たアーノルド・ヴォルファース、新社会研究所のエドゥアルト・ハイマンやアドルフ・レーヴェ、アドルノ、ホルクハイマー、マックス・ヴェルトハイマー、クルト・ゴルトシュタインなどがその中心であったが、ハイマンが述べている通り、「一九三四年の終わり頃までには、フランクフルト時代の彼の友人や同僚は次々とアメリカに到着したが、彼らは新しい職場を得てニューヨークを去るまでは、大抵ティリッヒのアパートで規則的に再会していた」。ニューヨークで「再びティリッヒを中心にして、おなじみの論争を彼らは再開したのであるが、彼が指導者の役割を果たすことは自明のこととされていて、イギリスからの船で午後五時にニューヨークに到着したばかりのアドルノなどは、同じ日の午後七時にはもうティリッヒのアパートにいた」という話は今や伝説になっている。

この交流はティリッヒの晩年まで続いた、その証拠に、亡命大学が改名、発展して設置されたニューヨークの新社会研究所に、実はシカゴで亡くなったティリッヒは、シカゴ大学の契約が終了する一九六六年には新しく設置されるアルヴィン・ジョンソン哲学寄付講座の教授として赴任することになっていたのである。そしてこの人事に強く賛成したのは他ならないアドルノだったのである。彼はその理由をただ「フランクフルト時代の友情と、彼の教育的なカリスマと豊かな人格性のゆえに」と述べている。

このように、個人的には、また友人として、また教師としてティリッヒへの感謝を述べたアドルノであるが、両者の間にはもちろん、一致しがたい思想的・政治的問題もあった。

ここに翻訳され、紹介される一番目の資料はティリッヒによるアドルノの教授資格論文についての所見で、フランクフルト大学に保存されている。Paul Tillich, Gutachten über die Arbeit von Dr. Wiesengrund: Die Konstruktion des Ästhetischen bei Kierkegarrd. Akte Theodor W. Adorno, Archiv des Dekanats der Philosophischen Fakultät der Johann Wolfgang Goethe Universität Frankfurt am Main（Abt. 134, Nr. 4 Blatt 17–24）。ちなみに、この審査ではマックス・ホルクハイマーが副査であり、ホルクハイマーの所見は以下に収録されているのでその全文を読むことができる。Max Horkheimer, Bemerkungen in Sachen der Habilitation Dr. Wiesengrund. Akte Theodor W. Adorno, Archiv des Dekanats der Philosophischen Fakultät der Johann Wolfgang Goethe Universität Frankfurt am Main（Abt. 134, Nr. 4 Blatt）。ティリッヒが扱っている教授資格論文は、哲学部に提出されたタイプ原稿の方である。ティリッヒがその所見のなかで立ち入った議論をしているいくつかの批判的な箇所は、ヴィーゼングルント・アドルノによって、後に出版された版で修正されることはなかった（Theodor Wiesengrund-Adorno, Kierkegaard. Konstruktion des Ästhetischen. Beiträge zur Philosophie und ihrer Geschichte, Bd.2. Tübingen 1933）。出版されたものには、タイトルページに「フランクフルト大学教授資格論文、一九三一年二月」と付記されている。したがって、ティリッヒの所見は、おそらくは一九三一年の初めに書かれたと思われる。

二番目の資料はエルトマン・シュトルムによって編集された、これまで未公開であった両者の論稿（Erdmann Sturm（hg.）, Theodor W. Adorno contra Paul Tillich. Eine bisher unveröffentlichte Tillich-kritik Adornos aus dem Jahre 1944, in: Zeitschrift für Neuere Theologiegeschichte/ Journal for the History of Modern Theology I, 1994, 275–304）で、これによって両者の政治的・思想的対立の要点を知ることができる。

2

資料翻訳 1
アドルノ博士の〔教授資格申請〕論文「キルケゴール——美的なものの構築」についての所見

パウル・ティリッヒ
兼松誠＋深井智朗訳

I[9]

キルケゴールは、現代の神学的ならびに哲学的議論の中心にいる。彼に関する著作が急速に増加しているという事実がそれを証明している。彼は、神学の側からはいわゆる弁証法神学によって、哲学の側からはいわゆる実存哲学（ハイデガー）によって前面に押し出されている。[10] 二つの集団の研究が、時として強烈に関連し合うという事実は、キルケゴールが両者に共通の起源であるという事実によって説明される。ほとんどすべての彼らの決定的な概念が、キルケゴールのもとで証明されるべきである。[11] ヴィーゼングルント君がキルケゴールの哲学的解釈を試みるとき、まさにこのような観点が大変重要なことであるといって間違いない。しかし、私の手元にある文献は、この要求を満たしていない。それは、伝記的でも、神学的でも、心理学的でもない。[12] しかしヴィーゼングルント君の意図は、実存哲学的解釈の企てそのものを通り越してしまってはいない。彼は実存哲学にも弁証法神学にも同じように敵対しているが、それらからキルケゴールを救い出すという仕方で、それらに打撃を与えようと試みているのである。[13]
それは三つの仕方で試みられている。まず第一に、キルケゴールの諸概念の実証的解釈を通じて、第二に、それら諸概念の内的な弁証法の指摘を通じて、第三に、精神的および社会的状況の暴露を通じてである。精神的および社会的状況からすると、キルケゴールの諸概念は象徴であふれている。これら三つの考察は、絶えず相互に絡み合っている。この論文が難解である理由の一つが、同時に、その論文の方法論を特徴づけるものとなっている。諸概念は、それ自身のうちで揺れ動く弁証法の契機としてだけ理解されているわけではなく、つねに具体的状況の表現としても理解されている。これによって、たとえば、社会学的証明によって真理を破壊する試みとしての社会学主義へと導かれるのではなく、[14]真理の基準とは概念の状況における一義的な適切性であるという見解へと導かれる。その方法論には[15]厄介な問題が付きまとっている。というのも、提出されたこの研究においては、最高の抽象化と具体的な明確化が独特の仕方で共存するという帰結が生じているからである。[16]
ヴィーゼングルント君は、キルケゴールにおける美的なるもののカテゴリーを構築しようとする。構築という言葉は、彼においては、現在では一般化している否定的な意味を持ってはおらず、[17]ある一つの概念を、それと類似した諸概念、およびそれと対立的な諸概念のもとに配置することを意味している。この場合、二重に考えられている。すなわちここで構築とは、キルケゴールのもとで存在していた構築と、その構築がその著者によって提示される際[18]の方法とを同時に意味しているのである。――彼ヴィーゼングルント君が、美的なるものがキルケゴールの思想の中心的カテゴリーであると主張することの正しさの証明は、すべてのキルケゴールの重要な概念をそれによって解釈する[19]ことに、著者が成功するかどうかにかかっている。その限りでは、この研究は、その表題が語っている以上の内容を持っている。

この著書の難解さは、いわゆる方法論的な理由によるもの[20]を除けば、そしてキルケゴールの思考の形式にその自体がどのような解釈に対しても抵抗的であることを除けば、ヴィーゼングルント君の思考態度原因がある。[21]ヴィーゼングルント君は局所論的にではなく、網状に思考している。それゆえ、彼は詳細な内容説明、配置構想、分類化などを拒絶している。その思想は、最初から最後まで本質的な切れ目もなしに一貫している。その思想にふさわしい文体は、つねに極端なくらい一貫したかたちを為しているので、[22]どの命題においても構造の全体[23]が共鳴しているのである。その思想は、言語形態に関して言えば、まったく容易に近づくことはできないにしても、固有の性質をもった美しさを生み出す。言語がときどき響きを失うのは、とりわけ第五章の純粋[24]に抽象的な部分においてだけである。彼が最初に書いたものの字面が、思考の網目という性質を正確に再現していることは、ヴィーゼングルント君の人格的特性全体[25]からするとどうでもよいものではない。

ヴィーゼングルント君の研究が客観的には、高水準の哲学的業績であることは疑い得ない。それは侵犯的な思考力、哲学的問題設定による完全な制圧、精神的な情熱を示している。私はとりわけ三つ目のメルクマールを重視している。なぜなら、それによって、過度の、そしてそのために意味もなくひた走る知性主義の危険性[26]が乗り越えられているからである。いずれにせよ、実質なき形式主義によって語られることなどありえない。[27]もっとも抽象的な文言でも、その全体の背後に潜んでいる情熱的な根本的衝動に気づかされるのである。形式的洞察力の喜びなど、私はどこにも見出さなかったのだが、[28]とはいえ、かなりの部分に概念形成の過度の錯綜が見出された。[29]

論文[30]が網目状の性格を持っていることが、はっきりとした結論[31]を強調することを不可能にしている。[32]人が最初に見出すのは結論であり、最後に見出すのは問いである。[33]しかし、この著作ではまさに問いと結論の区別を、ほとんど為しえないのである。[34] 仕上げることができるのは、もっぱら個々の主題だけである。それらの個々の主題は頻繁に繰り返して論じられ、その変形された表現をもって一般的な意味での結論としなければならないのである。

II

1　キルケゴールの哲学が主観的内面性の領域において、つまり対象から遮断された領域において生起していることを証明することが、考察全体の基本構想である。またヴィーゼングルント君がはっきりさせたのは、存在論からの遮断である。存在論的なものへと至ろうとする試みは、キルケゴールにおいては、際限なきモノローグに、純粋な内面性の弁証法になる。ヴィーゼングルント君のこの根本的テーゼに対して、神学の側から、そのモノローグは実のところ魂と神との間の対話なのであるという反論が出されるとしたら、論文の趣旨からすれば、キルケゴールには適切な神学的状況は直接的にはもはや与えられていないと答えられるに違いない。彼はヘーゲルに、[35] そしてドイツ観念論に弁証法的に依存している。ヴィーゼングルント君が正当にも議論しているように、それによって与えられるのは、観念論をもって主観から客観をもたらす、そして普遍的なものから具体的なものへと到達するという選択肢か、あるいは——キルケゴールにならってそれを不可能と見なすとしたら——内面に留まるという選択肢である。

2　内面の領域は、ブルジョワ的インテリアとして、社会学的にイメージ化されている。[36] 第二章における、キルケゴール的インテリアの描写の分析、そして第三章における、そのブルジョワ的私生活の社会学的分析は、この論文[37]のなかでももっとも興味深く、そして方法論的にもっとも独特な部分となっている。キルケゴールの歴史哲学についての考察が強調されるべきである。それを集中的に表現したのが状況の概念である。主観性への歴史の突発的介入、内的なるもの[38]の抵抗[39]、そして内的なるものは歴史に抵抗しているにもかかわらず、事実として現にある内的なるものの歴史に依存しているという関係[40]、これらすべてが、状況に対するキルケゴールの表現から引き出されるのである。とりわけここで重要なのは、弁証法神学から借りてこられた同時性 Gleichzeitigkeit の概念の批判である。

3　すでに美的なるものの分析の中に織り込まれており、その後、第三章において完全に展開されることになるのが、神話的なるものの概念である。ヴィーゼングルント君の衝動が、よりはっきりと、より情熱的にわかるのは、キルケゴールにおける神話的なるものの提示と批判をおいて他にない。神話的なるものは、ヴィーゼングルント君にとっては、切り離すこと、そして解消することもできない自然的なるもの、運命と死のうちにある自然的なるものである。さてキルケゴールの思惟における卓越した洞察によれば、主観的な内面性への後退は神話的なるものからの解放ではない。そうではなく、内面的なるものそれ自体が神話的になるのである。——自己の神話的構造が示されるのは、不安と絶望の分析においてである——そしてそこにあるのは、この概念を、ハイデガーにおける素朴な、つまりは非歴史的‐人間学的使用から救い出すという目論見である。この手掛かりが有する内容の豊かさが示されるのは、デモーニッシュなものの弁証法、現実的客観世界からの神話的幻影に対する悪魔祓い、自然がその神話的束縛に対して作り出した抵抗力としての意識の解釈[41]、要するに救済の神話的なるものと可能性への内面的なるものへの転落の激情としての憂鬱の概念といったようなキルケゴールの難解な思考が、それによってはっきりとしたもののとなることにおいてである。文学的バロックとの親和性の提示、そしてキルケゴール的憂鬱が自己を表現し、それによってまさに美的なるものの領域を構築している豊かな図像を伴ったそのシンボルの提示は、大変才知に溢れている。すぐさま、美的なるものの最初の導入のもとで、ヴィーゼングルント君は、キルケゴールに対してこのカテゴリーの擁護が重要であることを明らかにする。(42)

4　現代の実存哲学との隠された取り組みにおいて、ヴィーゼングルント君は、キルケゴールにおける実存的なるものの概念を検討している。(43)キルケゴールは、主観性をラディカルな結論へと駆り立てることを通じて、カントとヘーゲルに抗して存在論的なるものを取り戻そうとするのである。そのラディカルな結論とは逆説性である。その逆説性に従って、主観性は情熱を介して、(44)まさに客観的な確実性を保持するのであり、そこにおいて、(45)実存するものが到達することのできる最高の真理を有するのである。真理は自己において探究される。しかし、自己はカテゴリー的に理解され得ない。ただそれぞれの自己が、それが(46)何であるかを知るだけである。それに関しては、実存的自己の概念は空虚であり抽象的である。自然的な暗がりを越える上昇としての透明性が、キルケゴールにとっては、少なくとも絶望の一つの方法であるのかどうかは、はっきりしない。ここでは、ヴィーゼングルント君の大変繊細な二つの見解、つまり神話的なるものおよびアルカイックなるものすべての抽象的な特徴に関する見解と、それとは対称的な希望という具体的な特徴に関する見解とが結びついている。

一七七頁以降の難解な論述は、自己を「自分自身に関係する関係」とするキルケゴールの定義における不明瞭さを克服しようとしているが、私が思うに、それはそのことに成功していない。この場合、全体性のカテゴリーが解釈に有用で(47)あり得るのかどうか、私には疑わしく思われる。しかしそれだけに、つねにもとの場所に回帰し、そして自己を乗り越えるというキルケゴールの試みを指し示す二重化および反復の概念の説明は、ますます豊かになっている。しかし、その試みは不首尾に終わっている。キルケゴールの実存哲学の中心概念は絶望のままである。[48]もっともキルケゴールが考えていたのとはまったく異なる形で、[49]真の存在論への突破がこの概念において与えられている。主観性の深みが、弁証法的に客観性へと変じる。自己の絶望は、自己に対する法廷である。もっぱら法廷の理念を通じてのみ、実存的なるものの学説は救い出され得るのであり、その結果は、現代の実存哲学の評価にとって、決定的に重要である。

5　論文のテーマにとって重要な概念、すなわち領域の概念が、第五章において解釈されている。美的なるものは、キルケゴールにとっては、最下位の実存領域である。[50]その上にあるのが、倫理的領域であり、宗教的領域である。美的領域は、直接性の領域である。倫理的領域は、要求の領域である。その最高の表現は悔恨である。悔恨は、宗教的なもの、つまり成就の領域への通路である。[51]

ヴィーゼングルント君による領域論理の取り扱い、またそれをヘーゲル弁証法と比較する試みは、とりわけ飛躍のカテゴリーに関して、完全には明らかにされていないように私には思われる。[52]その点で重要なのは、定義との対立においてキルケゴールが要求した布置という方法に関する指摘であることは確かである。[54]さらにまた重要なのは、歴史が布置において実際は理解されていないという論証、[55]つまり内面性において生じている飛躍が通じ得る先は歴史ではなく、ただ単に抽象的な時代性一般であるという論証である。その思想は、弁証法神学のキリスト論的基礎づけ、そしてハイデガーによる歴史哲学の基礎づけに対する反論を含んでいる。[56]さらに私が強調したいのは、ヴィーゼングルント君がキルケゴール的な機会の概念に与えている高い評価である。[57]まさにもっとも取るに足らないもの、完全に偶然的なものがその機会のもとでは重要なので、ヴィーゼングルント君によれば、その思想は決定的な批判の表現なのであり、そしてその決定的な批判をもって、キルケゴールはヘーゲルと同時に自分自身と取り組むのである。観念論の普遍概念も、主観的内面性の領域も、機会なしには、すなわち歴史的具体化なしには実在に到達しない。その結果、ヴィーゼングルント君はこの概念を、主観性からは引き出すことができない跳躍という豊かな概念よりも高く評価するのである。——ゲーテに対するキルケゴールの否定的な発言に関連しては、両者の比較は大変見事に為されている。ヴィーゼングルント君が教えてくれているのは、ゲーテは、キルケゴールが「決断」の、「飛躍一般」の完全に普遍的な要求を彼に対して行うところで真の具体化へと到達している、ということである。ゲーテ的な「パトス喪失性」は、「もっとも普遍的なもの」の、そして「偉大な対象」の理想的パトスに対置される。

領域をめぐる、それらの領域それ自体における、そして相互における運動をめぐるキルケゴール的な努力のすべてのなかで積極的なものを、ヴィーゼングルント君は、結局のところ、断続的な弁証法の概念にまとめあげる。すなわちそれは、弁証法的な原理が絶え間なくその連続性を喪失した弁証法であり、そしてそのためにつねに新たに始まるよう強いられている弁証法である。

領域論理についてのその他の厄介な詳説は、私が理解している限りでは、キルケゴール解釈以上の一般的な成果をもたらしてはいない。この論文が抱える困難は、この仕上げの部分に集中している。確かに人は、他と同様にここでもまた、ヴィーゼングルント君に、事柄そのものが持つ難しさを、すなわちキルケゴール的思惟の性質を考慮して大目に見てやらなければならないわけであるが、ヴィーゼングルント君の解釈の方法における非常に抽象的な性格のために事態が困難なものになっていることがはっきりと現れているのである。

6　パラドックスおよび犠牲の概念の脚色、より正確には、犠牲を通じたパラドックスの解釈ははるかに明確である。ヴィーゼングルント君がここではっきりと証明しているのは、キルケゴール的なパラドックスは、観念論から来ているということ、そしてその観念論の空虚な否定のうちにあるということである。ここから内容へと、たとえばキリスト教的な内容へと到達することの不可能性は、知性の犠牲における神話的要素と同じくらい正しく認識されている。ヴィーゼングルント君は、キルケゴールは――主観的にではなく、存在論的に――信仰を否定しているという結論をそこから引き出す。キルケゴールにおける原理的なもの、すなわち伝記的なものからは区別されるものとは、その際、客観性の喪失とともに存在論的な現実性としての信仰[65]は破壊され、意識の犠牲によっては再び取り戻され得ないもののことである。それに対してヴィーゼングルント君は次のように考える。すなわち、キルケゴールのもとには和解の端緒が、自然の深みそのものにおいて、すなわち美的領域において存在している、と。

7　その結果、論文は美的なるものの救済をもって終わっている。犠牲に到達していないものが、憂鬱を獲得する。憂鬱は、具体的な像へと到達する。このことから、キルケゴールの美的領域は、歴史的に登場し、そして歴史的に正当化されたイメージをもった宗教と見なされるのである。ヴィーゼングルント君は、キルケゴールをキルケゴール自身を超えて解釈していることに自覚的である。[66]彼は全体の手がかりとして最終章を付け加える。彼にとって重要であり、彼がキルケゴールにいわば敢えて強いているものとは、[67]領域および主観性の克服である。彼は、キルケゴールの個々の奇抜なほのめかしを支えとして、自分自身でその克服を成し遂げることができると考えている。彼が立てるのは、キルケゴールの美的領域は、その主観的構成様式によってではなく、その内容に照らして判定されるべきであるという根本命題である。その内容に基づいて解釈すると、美的領域において、希望、不連続、客体性が緊密に結びついているように思えるのである。この構成において、書物の最後の衝動が表現されている。希望は神話に対して、現れているものの不連続は連続的な弁証法に対して、客観性は主観的内面性に対して立てられる。[68]——美的領域の救済を[69]、ヴィーゼングルント君は、その結論で次のように要約している、すなわち「というのも、嘆きから慰めへの歩みは、最大の歩みではなく、最小の歩みだからである」[70]。ヴィーゼングルント君は、この命題によって、すなわち自分の著作全体によって、その真理が歴史的瞬間のもっとも小さな所与性の解釈である哲学のために道を切り開こうとしている。彼は、それによって、彼自身が哲学者として進もうとしている道を自ら暗示している。

ヴィーゼングルント君の著作の特徴と内容が、私の考えによれば、その著作に教授資格論文の評価を与えるうえでの十分な根拠となっている。

資料翻訳 2
テオドール・W・アドルノによるパウル・ティリッヒ批判[71]

エルトマン・シュトルム編著
兼松誠＋深井智朗訳

解題

エルトマン・シュトルム

テオドール・W・アドルノのこれまで知られてこなかったテクストを紹介したい。これは、パウル・ティリッヒの存在論、人間学、歴史理論、そして社会理論に対するアドルノの鋭い批判である。その批判が事細かに引き合いに出しているのは、ティリッヒの論文「宗教社会主義における人間と社会（Man and Society in Religious Socialism）」である。この論文は、ドイツ語版のティリッヒの著作集に収録されるはずであった。その巻の編集者はアウグスト・ラートマンであった。ティリッヒは一九四九年五月二〇日の手紙のなかで、予定されている巻にドイツ語訳されたこの論文も載せたいので彼に送付すると伝えている。一九四九年一一月一日、ティリッヒはあらためてラートマンにこの論文のことに関して念をおしている。「私のもとには、Mensch und Gesellschaft im religiosen Sozialismus（宗教社会主義における人間と社会）という表題の翻訳もあります。これは、パノフスキーの義理の兄弟であり、ここユニオン神学校で働いておられるモッセ博士による翻訳です。この翻訳版は、全体として形式を整えられています。というのも、そのテクストはそもそも初めから、幾分かはあなたの目的に添うために調整されているからです。それをあなたか、もしくはあなたの同僚に委ねたいと思っております」。もっとも、一九五〇年に公刊され、そして同様にアウグスト・ラートマンによって編集されている巻すなわち『プロテスタンティズム――原理と現実（Der Protestantismus. Prinzip und Wirklichkeit）』の後に続くはずであったその著作集は実現されなか

[72] [73] [74]

った。しかし、レナーテ・アルブレヒトもまたその論文を『著作集』に収録しなかった。しかしそれは第二巻（『キリスト教と社会的形成』）に上手く収まり得たのではなかろうか。パウル・ティリッヒが彼女に書き送っているように、彼の意志に反して、この論文を含めた「英語で書かれた宗教社会主義に関する諸著作」は、『著作集』の第二巻に収録されなかった。そこでティリッヒは、ラートマンの件に関して次のような憶測を抱いて、彼に書き送っている。「あなたは、私が宗教社会主義について書いていた時期を「若気の過ち」に変えようとしています。しかしながら、それは実際のところ、私の歴史哲学的思惟全体の基盤なのです」[75]。その後、アウグスト・ラートマンは、一九八五年になって、ティリッヒから彼に送られたドイツ語訳のタイプ原稿を、ティリッヒによる草稿として公にした[76]。アドルノのテクスト（＝Ⅱ）に先立って、ここではまずここでドイツ語に翻訳されたティリッヒの論文（＝Ⅰ）を公表したい[77]。

アドルノがティリッヒと知り合うのは、ティリッヒがフランクフルト大学におけるハンス・コルネリウスの哲学講座を引き継いだ一九二九年のことであった。彼はティリッヒの講義とゼミナールに出席し、さらに実際に助手として彼とともに演習やゼミナールを行ったのであった。彼はティリッヒのクライスに参加した。これは哲学と政治に関する討論会で、そこにはマックス・ホルクハイマー、カール・マンハイム、フリードリヒ・ポロック、アドルフ・レーヴェ、カール・メニッケ、そして当時大学の理事であったクルト・リーツラーがいた。「彼はアテネ逍遙学派の人のようだった」と、一九六六年、アドルノはティリッヒのことを回顧的に描写している。ティリッヒという人物の心の中にあったのは、その「ほとんど際限なき感受性であり」、他の人を感化する「彼の忘我的な能力」であり、それが他の人を魅惑したのであった。彼はどんな人も例外なく「真剣に受け止め、その人が全力で取り組んでいた概念は、やがては彼の神学において決定的な役割を演じることになるのである」[78]。ティリッヒにおいては「ライプニッツ的な要素」が生きていたようで、そこには「彼が、すべての人は本来、精神の潜在性を有していると信じるという、すぐれて啓蒙的な」[79]何かがあった。ライプニッツを髣髴させるのはまた、アドルノがティリッヒを「拡大」の人と呼ぶときである。彼は「まったく対立する諸可能性を彼自身のうちにも大変深く受容する傾向をもっていた」のであった。ティリッヒが才能としてもっていたのは、何か「説教学的なもの Homiletisches」、つまり「説教者的な能力によって、偉大ではあるが、時として自己矛盾を来している思想の塊を何かの体系にしてしまうようなもの」であった。この能力には、何かアイロニーに満ちたもの、そして和解を促すようなものが詰め込まれていた。「しかしまた、それ自身のもとに留まるのではなく、それ自身を拡大していく衝動も」そこに詰め込まれていたのであった。この点でティリッヒは、ハイデガーの実存哲学に「真っ向から対立して」いたし、どちらかと言えば、カール・ヤスパースに好意を抱いていた。[80]このライプニッツ的要素は、批判理論の代表者たちからもティリッヒを確かに区別しているものなのである。

アドルノは一九三一年、フランクフルト大学哲学部に提出したキルケゴールに関する研究[81]によって大学教授資格を得る。ティリッヒは、この著作の優れたところとそうでないところを指摘した教授資格論文の評価を書いているが、全体として距離をとり抑制を利かせたものであった。[82]フランクフルトでホルクハイマーの社会研究所に共同研究者として加わるためのアドルノの努力は、ティリッヒには——とは言っても、これはアドルノの印象なのだが——それほど精力的に支持すべきものとは思われなかった。[83]

両者の間の懸隔は、ティリッヒが研究所の機関誌で発表したクルト・ゴルトシュタイン[84]の著書『生体の機能（Der Aufbau des Organismus）』[85]の書評にアドルノが激しく反発したことではっきりしたものとなる。彼は、この「私たちのパウロの」書評を「スキャンダルであり破廉恥である」と見なし、一九三六年五月二六日のホルクハイマー宛の書簡で次のように述べている。「彼が私たちの人間関係のなかで、そして合理主義と人間学の論文のことを念頭において、「他のすべての問いの中心に人間についての問いを置いている」思想家について書いていることは、それだけで恥知らずなことです。また私が思うに、私たちは、古き反動的な詐欺師ゴルトシュタインのことを宣伝してやる必要などないのです。ヒトラーが彼を投げてよこしてきたわけですから」[87]。

一九三六年のヨーロッパ旅行の際、ティリッヒは五月の初め頃、オックスフォードにアドルノを訪ねている[88]。アドルノはホルクハイマーに次のように伝えている。「ティリッヒは、私に若干のまったく下らない「歴史的実存概念」の理論について語りました。彼は根本的にはハイデガーの理論に帰依しているのですが、私たちによって包囲されていると感じており、抜け出すことができるような逃げ道を模索しております」[89]。アドルノが、アルフレッド・ゾーン・レーテル[90]の論文のティリッヒによる助言を聞くに及んで、彼は、「その時マルクス主義の実存主義的歪みに気付いていたようであるし、そして期待を寄せているように見える」ティリッヒの助言によるゾーン・レーテルの面目の失墜を危惧したのであった。ゾーン・レーテルの論文要旨の方が、ティリッヒの助言よりも確実に優れていた[91]。ゾーン・レーテルもまた、自分をティリッヒから遠ざけている大きな実質的対立をよく自覚していた[92]。それにもかかわらず、ホルクハイマーはゾーン・レーテルに彼の主旨の辻褄が合っていないことを気付かせたのであった。一九三六年一一月二五日の書簡でホルクハイマーは、「あなたは、実際は私たちの友人パウル・ティリッヒの積極哲学からはほとんど違わない歴史的過程の自立性、絶対化へと逃避している」のではないかと危惧を表明している。特に彼は、「人間の存在に関する歴史的過程の綜合における思考と存在との現実性[93]」としての弁証法という定義が気に入らなかった。そうした定式にしても他の定式にしても、観念論に通ずるものであった。しかし、ゾーン・レーテルの方ではははっきりと「批判理論から今一度永遠の体系へと回帰する意欲を」持っているわけでもなかった。[94] ホルクハイマーにとって、さらにアドルノに至ってはなおさらのこと、ティリッヒが、観念論の世界に生き、そして形而上学的に歴史を理想化してしまっている人々の間に数え入れられるのは疑問の余地がなかった。

一九四四年二月一七日、書簡とともにアドルノはホルクハイマーに「草稿——ティリッヒ批判（Entwurf contra Paulum）」を送った。これはどうやらホルクハイマーによって加筆訂正されてから、その後、二人の名前でティリッヒのもとへ送られることが目論まれていたようである。そのため「草稿」は幾分か唐突な終わり方をしている。さらに書き足す上での障害にならないようにと、「それ以上手を入れる」ことをしなかったのだ、とアドルノは書いている。ユートピアというテーマに関して、とりわけ、「理性的社会」と神の国の同一視に反対して、さらに何かが付け加えられた違いない。アドルノは、「草稿」のタイプ原稿の一五ページの注にこのことをほのめかしてもいる。結論をアドルノは最初に取り扱おうとはしていない。その他の部分に関しては、彼の草稿は最初に書かれたものよりも穏やかなようだ。

このティリッヒ批判は、この論文が書簡の形式をとっていることから推測されるように、おそらくは出版を意図してはいなかった。当時はアドルノの多くの重要なテクストが公にされていなかった。アドルノの草稿にホルクハイマーがどのような反応を示したのかは知る由もない。彼はその草稿に加筆訂正をしていないし、それをティリッヒに送ってもいない。彼は、自分の友人であるティリッヒにそれを、こうした形であるいはこれと似たような形で送るのは大変失礼であると判断した、というのが筆者の推測である。「草稿——ティリッヒ批判」は、情け容赦のない、友人関係においては尋常ではない批判の記録である。ティリッヒがいた一九三三年以前のフランクフルトのクライスでは、参加者たちはしばしば「野生の獣のように、……他のメンバーに対する大変辛辣な攻撃を前にしても……躊躇することのない率直さにおいて、お互いを批判し合った」とアドルノは伝えている。このことは、パウル・ティリッヒとの友好関係にほんのわずかな損失も与えなかった。「彼のうちには、正反対で対立していると彼には思われるものをもまったく公平に取り扱おうとする審級があった[95]」。アドルノの「草稿——ティリッヒ批判」から厳しい批判だけしか読み取れないとしたら、この言葉が思い起こされるべきである。

　ティリッヒの論文「宗教社会主義における人間と社会」は、挑戦的な仕方で彼の立場を要約している。すでに書かれていた一九三九年の彼の論文「実存哲学における人間の概念[96]」を見てもわかるように、人間学への方向性が明白である。実際のところ、ティリッヒの宗教社会主義における人間学によって基礎づけられた概念と、アドルノやホルクハイマーの批判理論との間には大きな差異が存在している。

　一九三九年の論文のなかで、彼は、一方では彼が自由なものとして規定している人間の本質的性質と、他方では人間の実存的性質、すなわち人格と社会における自由の自己実現、ないしは人間の隷属状態との間に区別を設けている。その背景にあるのは、ティリッヒが本質と実存という存在論的な区別をもって新たに解釈しているパウロとルターの自由論である。アドルノが、乗り越え難い対立について語ることになるのは無理のないことである。このことはとりわけ、ティリッヒがこの論文で主張している逆説的な定式「彼（＝人間のこと）は有限な無限性を持つ He has finite infinity[97]」に対して当てはまる。そしてその後で「人間とは**有限な**自由である Man *is* finite freedom」という定式が出てくる。その定式は彼の一九四三年の論文で初めて使われたものである[98]。もちろん、その際、「彼は……持つ he has」と「彼とは……である he **is**」の違いには注意が払われている。一九三九年の論文でティリッヒは次のように述べている。人間は、「時間的で個別的な限界のうちに永遠なるロゴスを持っている。人間がその本質に従って自由である限りで、人間の限界性、時間性そして被造性は、その創造者性[99]と密接に結びついている。人間がその実存に従って隷属状態にある限りで、その緊密なつながりは解消されており、そして人間は悲劇の法則に支配されている」[100]。しかし、隷属状態は不可避的であり、そして普遍的である。したがって、ティリッヒによれば、自由論は、隷属論へと、そしてさらにキリストによる人間解放論へと駆り立てられるのである。その際そこにあるのは推論ではなく、もっぱら飛躍である。そうした議論の展開のなかで、私たちはここでティリッヒのキリスト論に出会うことになる。それは、彼が後に『組織神学』において展開することになるものである。

ティリッヒの一九四三年の論文は、自由と隷属状態という根本的主題がよりはっきりと歴史的哲学的に具体的に述べられている一九三九年の論文における人間的規定を踏まえたものである。そしてそこでは、人間は歴史を有し、そして歴史を認識している存在である、と言われることになる。歴史において、自由と決断は調停される。ティリッヒが、「有限な自由」という人間論的構造と結びつけるのは、ユートピアの問題である。人間の創造的自由は悲劇的な事柄によって「打ち砕かれる」。その悲劇性は、ユートピア思想であればどんなものにも確認される。ユートピアの代わりにティリッヒが持ち出してくるのが、無限なものへの有限なものの関与である。例えば、自己犠牲的な行為は、ユートピアを必要としていない。「人間は、ユートピア思想がなくても行動することができる。なぜなら、人間は、自分の有限な存在を犠牲として捧げる創造的行為がもつ無制約的な意義を理解することができるからである」[101]。したがって、ティリッヒがユートピア思想に対置するのは、無限なるものとの同一性として理解された、有限な人間の創造的行為である。

「創造的自由」とは、人間の本質である。それが否定されるとき、そして政治的な創造性の機会が得られないとき、人間の本質は破壊される。それゆえ、政治的経済的不平等は、それが非人間化すなわち創造的自由の破壊へと導くがゆえに、排除されなければならない。しかし、創造的自由はつねに、不安を掻き立てる創造的不確実性でもある。この不安は、「悲劇性の向こう側における——無限なものとの完全なる一致において[102]」しか克服されえない本質的な不安である。しかし、この「悲劇性の向こう側」は体系化されることができないのである。それは啓示であり、恩寵だからである。同様にティリッヒは、一九三九年の自分の論文のなかで、キリストによる、隷属状態からの解放について語っている。

アドルノの批判は根本的なものを目指している。ティリッヒは、「あるものを他のものを通して規定する代わりに、諸々の対立を中心へとかき集める綜合という確実な手段によって[103]」弁証法から遠ざかっている。重要なのは、個人と社会が和解することではなく、「社会の解放をもって、社会の構成員たる個々人が解放されること[104]」なのである。彼は、個々の人間を「人間とは……である」という形式だけによって一括りにし、支配し、管理するあらゆる命題に抗議する。[105]ティリッヒはその人間学において、「静態的で、素朴な論理学」を用いている。その論理学は、個々のテーゼそのものよりも論文全体の「規定的特徴」について語る。彼が提示しているのは非弁証法的な諸規定である。そしてそれら諸規定を彼は、ブルジョワ的観念論がすでに克服している実定的態度として解釈しているのである。

世界の認識は、人間の認識によって基礎づけられ得ない。というのも、「この世界はまったくもって人間の世界ではなく、人間から疎外された、媒介された、物的な世界である……[106]」からである。世界を人間へと還元することは、あたかも、その世界を「普遍的交換のないもの」と見なすことを意味する。彼はティリッヒの肯定弁証法と自らの立場の間に決定的な哲学的相違を認めている。ティリッヒの肯定弁証法によれば、前もって与えられた実定的なものによってあらゆる否定的なものは生きるのである。それに対してアドルノが持ち出してくるのが「否定弁証法」である。唯一肯定的なものとは、「その下劣さにおける所与」であり、ただ否定的なものだけが、「はっきりした否定」だけが実定的なのである。「それに対して、肯定的なものを必然的に前もって与えられたものと見なすことは、世界を神とすることを意味する[107]」。

結局のところ、「有限性と無限性の悲劇的な葛藤」という思考のモチーフを持ったティリッヒの歴史概念は神話論への逆行であり、具体的にはヘーゲル哲学が衰退した後のブルジョワ的思考の時代に位置づけられるのである[108]。政治において個人の創造的自由を実現しようとするティリッヒの努力に対して、アドルノが為しうるのは嘲笑的なコメントだけである。

存在論に関するティリッヒとアドルノの相違は、アドルノからすると、乗り越えられないほどのものである。ティリッヒの主張によれば、どのような否定も存在論的には肯定を前提としている。一九六二年から六三年にかけての講義で、ティリッヒの用語における形而上学と唯物論の関係を詳説した際、アドルノはティリッヒの存在論との相違を想起している。ティリッヒは「若い時からある種の傾向をもっていた。それによって、いわゆる否定神学が、まさにそれが否定神学であるという理由から、直接的に神学そのものと同一視されることになったのである」。その基礎となっているのは次のような誤った推理である。「神が不在ならば、それにもかかわらず神は存在しなければならない。したがって、神が存在しないとしても、神は不在であることはできない[109]」。〔アドルノによるこの〕誤った推理の定式をティリッヒは受け入れないであろう。というのも、彼にとっては、神の不在の経験のうちにあるのは、真剣さ、苦悩、空しさの要素であるのだが、その要素にこそ無制約性は歩み寄るからである。しかし、もしこの形而上学が意識の形態として規定されるならば、彼はアドルノに同意するかもしれない。「そこにおいて彼が試みているのは、事例である以上のものを、あるいは単に事例であるのではなく、それどころか思考されなければならないものを認識することである。というのも、人が言うように事例であるものが、私たちに認識することを強いているからである」[110]。アドルノが理解しているように、この「ねばならない」と「強いている」において、ティリッヒは無制約性の契機を再認識しようとしているのである。

アドルノの「否定弁証法」においては形而上学的な問いが中心に立っている。このことを、一九六六年の『否定弁証法』の最終章を形作っている「形而上学についての省察」は示唆している。知られているように、アドルノは、ティリッヒの『組織神学』の第三巻をこの章で取り上げることを願い出ている。ティリッヒはこのことを承諾する。アドルノの興味を引いたのはとりわけティリッヒの終末論であった。

二人とも、当時のいわゆる「言葉の神学」に対する彼らの言語哲学的批判においては一致していた。ティリッヒやアドルノが言うように、私たちの思考は（ヴィルヘルム・フォン・フンボルトとともに）言語によって基礎づけられるだけではない。私たちの言語の方もまた、私たちの思考によって基礎づけられているのである。主体を抜きにした、神を抜きにした、神の言葉、言語、言葉の生起、そして言語の出来事とはいったい何であろうか。二人は六〇年代のはじめそのように問い、そして、結局のところ「言葉の神学」から自由主義的で世俗化した神学の道徳化が出てくるのではないかと推測している。しかしまた、二人が共に一致していたのは、神学と哲学の境界線は現在の大学の学問経営によって設定されたわけであるが、それは実践的な作業分担に適っているのであろうが、超越と内在の関係がもつ真理にとってはそうではないという点においてであった。

〔1〕〔*10*〕

3 「宗教社会主義における人間と社会」（一九四三年）[111]

パウル・ティリッヒ

導入——問題提起

第一次世界大戦後、中欧で成長してきた形式の宗教的社会主義は、ある特定の政党の運動ではない。さまざまな党派において、すなわちドイツやイギリスにおける青年保守派から、共産主義陣営や他のあらゆる党派の側で独立してこれらの運動に共感を抱いている人たちに到るまで、それは支持者を獲得したし、獲得している。また一方で、宗教社会主義は単なる宗教的もしくは哲学的理論ではない。しかしそれにもかかわらず、それは神学と哲学とに、とりわけ歴史解釈と人間論の領域に重要な刺激を与えた。宗教社会主義は単なる理論ではない。なぜなら、それは政治的信条と政治的意志とを内に含んでおり、次のようなさまざまな人々、すなわち、そのほとんどが神学や哲学によって導かれているわけではなく、それどころか伝統的な神学や哲学に対して極端に懐疑的でさえあるような人々によって支持されているからである。宗教社会主義は一つの運動である。すなわち、さまざまな集団、党派、そして社会的階層において、そしてさまざまな場所と活動領域において、若干の原理、理念、要求を実現しようとする運動である。

宗教社会主義の政治的信条とは、そのもっとも一般的な定式においては、まず第一に、歴史におけるブルジョワジーの時代が破滅へと近づいているという確信であり、新たな、根本的に異なる時代が目前に迫っているという確信であり、そしてそれは、私たちが今そのただ中に生きている世界大戦と革命という陣痛のなかで生まれることになろうという確信である。宗教社会主義の信条は、第二に、将来の時代がもつ特徴からすれば、社会主義の言葉はいくぶんか時代遅れの用語になっており、そしてその特徴をより適切に呼べば、社会的計画に則った新たな集団主義ということになるであろうという確信である。第三に宗教社会主義は次のような確信を持っている。すなわち、宗教的根拠づけを承認することなしには、そしてそ〔2〕の承認を表現するシンボルがなければ、計画されている社会の体系は急速な自滅を免れることができないという確信である。その際前提とされているのは、宗教は預言者的なキリスト教の伝統に根ざしているという考え方である。その伝統が歴史と社会的正義を真剣に受け止めるのは、もっぱらあらゆる世界宗教のもとで、である。——若干の原理が、この信条に含まれている。そして諸々の要求がこの信条に属している。その要求の釈明は、宗教社会主義そのものについての一連の論文によってのみ与えられることができる。このことはここでの私たちの課題ではない。むしろ取り扱いたいのは、将来の社会の再建に対する諸要求と関係がある、社会との関連における人間論の方である。私が求められたのは、この課題に対して、宗教社会主義という思想から導き出されうる貢献をここに示すことであった。これは、私の今回の論説においては信条そのものが前提とされていることを意味している。

　宗教社会主義は、その宗教的基礎づけの結果、人間論の必要性をつねに認識していた。もし宗教社会主義がそれを認識していなかったとしたら、社会主義と宗教の敵対者たちが宗教社会主義にそのことを認識〔11〕させることになっただろう[112]。そして、自らの敵対者たちの攻撃によっても宗教社会主義の関心がこの必要性に向かわなかったとしたら、そのことは敵対者たちに、宗教社会主義の初期の指導者たちの大多数のうちにある内面的な緊張を示すことになったであろう。この緊張のことは、単に私自身だけでなく、この運動の他の幾人かの仲間たちに関しても言うことができる。宗教社会主義が実現されるとすれば、それは私

〔3〕

たちの意志に反してであろう。私たちはそれを愛していないのであり、そしてしばしば、私たちは宗教社会主義によって望まれている世界では生きることができないであろうと告白する。しかし、私たちが認識することを強いられているのは、宗教社会主義の不可避の到来だけではない。その精神的かつ道徳的正当化もまたそうなのである。私たちは宗教社会主義を愛していない。それにもかかわらず、私たちはそれを無視することはできないし、それどころか、たいてい敗北する側にあったとしても、それと戦わなくてはならない。そしてそれはまずドイツで、次いで[113]他の多くの国々で起こるのだ。そして私たちが勝利する側にあるとしたら、そのことが私たちに意味しているのは、多くの偉大な伝統の破壊である。その伝統は、ブルジョワ社会より前の時代になお存続していたが、今やヨーロッパの古き諸国家の栄光のように没落を定められている。個人的ではないにしても、この大変に人格的な葛藤は、人間の自然本性における対立を暴露し、人間としての人間についての問いを定立するよう強いる。

人間論がとりわけ宗教社会主義の理論と実践に関して有する問題は、主に四つに分類される。

1、人間の**恒久的な本性と可変的な本性**についての問い。この解決なしには、人間学を決して考えることができない根本問題。

2、人間本性の**歴史的**な歪曲と完成についての問い。これは一般的には宗教社会主義の運動が由来している議論においては、ユートピアの問いとして特徴づけられる。

3、**社会内部での人間の創造的自由**についての問い、すなわち集団の中の個人の問題。現在の政治的議論においてもっとも論議されている問題。

4、**人間の歴史的存在における精神的ならびに物質的諸力**の問題。

――一群の問題は一つ一つ特別に章を割り当てることが求められ、そして例外なく、人間本性における物質的諸力と精神的諸力の関係をめぐる根本的な不一致に根差している。

偶然にも私は四つの問題群のすべてを、随分前から自分の論文の題材とすることを考えてきていた。しかし、それら問題群は、私たちの議論においても次々と生じてくるわけで、これらの議論の主要論点を要約しようとする「コンサルタント」としての私の課題は、幸運にも、私の論文の根本的な構想と一致している。

〔4〕

I　人間の恒久的な本性と可変的な本性についての問い

この問いの答えが、人間論の可能性を決定する。人間的本性のあらゆる可能的な変種を超越しているような人間の本性を規定するという試みは、異なる二つの方面から攻撃された。これら二つの攻撃は、純粋に論理的な熟慮を通じて排除される。差し当たり、そこにある信念は、個々の人間もしくは全体としての人間性は、超人的な、天使のような状態に到達することができるというものであり、そして人間の本性をいわゆる前‐天使段階に限定することができるというものである。自然主義的な概念に人間的可能性を制限することとすべてに対する警告は、ニーチェと、より高次の質的に異なる有機的存在としての人間の進化を目論む生物学的な信奉者たちによって与えられた。これらの提出された反対論においては、人間は動物から区別され得ないということが、したがって、人間本性に特有の規定を与えることは不可能であるということがしばしば主張される。第一の攻撃に反対する論拠としては、個体のそれぞれにおいても確認される一定の類が、そのような超人間的、天使的存在になった瞬間、それを人間と呼ぶことにはもはや意味がない、ということが主張されている。人間から天使や超人へのそのような飛躍は存在するかもしれない〔12〕――しかし、それによって人間論の可能性が否定されるわけではない。そして、人間と動物の間の明白な差異を否定する攻撃に対しては、私たちはこう応える。ある特徴が新たな類を構成していると私たちが主張するとき、それはどのような特徴によるのかという論理的な規定の問題である、と。たとえば、こうである。私たちは、普遍を通じて合意に達することができるような存在を人間と呼ぶが、このような存在を名目上の動物たちのもとに含めるとしたら、私たちは人間を動物と呼ぶであろう。

記述的人類学 Anthropologie とマルクス主義的社会学が人間学 Lehre vom Menschen を攻撃していることは大変厄介なことである。前者の陣営、すなわち記述的人類学の抵抗は、学問的観察者から見た文化の多様性が形成した深い印象に基づいている。しかし、次のことを論証するのは簡単なことである。すなわち、まさに文化と人類学という概念が、文化を持つことができる存在を前提にしているのであり、その上でその存在が個別的学問の対象になっている、ということを論証するのは簡単なことである。今日のマルクス主義は、人間学に対するさらなる実存的な闘争をリードしている。彼らはマルクスとともに、人間とは物質的活動を通じて再生産される存在であると信じている。彼らによれば、この活動には制限がない。しかし彼らの主張によれば、人間学を展開してきた人々、すなわちキリスト教徒や自然主義者は、革命行為は〔5〕人間の幸運や性質を本質的により好ましいものにすることは決してなく、したがって、支配者階級のためだけでなく、被支配者階級のためにも、政治的保守主義が政治の最高形態であると考えている。時として、このマルクス主義者たちはキリスト教的な論証を用いる。今日の社会は、真の本質的な人間像が隠蔽されるのに応じて腐敗している、と彼らは言う。カール・バルトやその支持者が、神の像は破壊されているので、私たちは真の人間本性については何も知っていない、私たちはもっぱら救済に基づいて人間本性についての何かを知ることができるにすぎないと述べているのと同じように、このマルクス主義者たちは、革命が勝利するまで人間論を書くことはできないと述べている。もっぱら新たな社会秩序においてのみ、私たちは、どのような諸可能性が人間のもとにあるのかを知ることになるのである。

しかし、それだけでなく、これらのバルト主義者やマルクス主義者は、自分たちが人間論を持っているかのようにつねに語り、そして振舞っている。人間は何であるべきかについて、つまり人間の根源的純粋性についての認識を持っていないとしたら、人間は自分たちが救済を必要としている罪人であるとは考えなかったであろう。そしてマルクスもまた、あの真に人間的な社会についてのイメージを漠然とながらも持っていなかったとしたら、初期資本主義における非人間化について絶えず語ることなどあり得なかったであろう。彼らは皆人間論を持っているのである。彼らが人間論を表明することができたのは、もっぱら政治的かつ宗教的戦略に基づいてであった。しかし、結局は、それは間違った戦略であった。人間論は人間の本質をめぐって構築されなければならなかったわけだが、まさにその人間の本質に関して、この人間論がバルト主義者を狂信的にし、マルクス主義者を無知にしてしまった。

マルクス主義者やアメリカの多くのプラグマティストが、人間論は不可能であると語るとき、彼らは、人間が歴史を通じてそれ自身を生み出すことによってもたらされる変化を引き合いに出している。しかし、彼らはそれを主張することによって、自分自身の人間論を打ち明けてしまっている。人間とは、歴史的変化を経験することができる存在である。どんな歴史的変化も、歴史をもった存在を前提としている。動物も天使も歴史を持っていない。したがって、私たちは次のように言わなければならない。すなわち、人間

〔13〕　〔6〕

の歴史的変異と転換とが可能にしているこれらの特性こそ、人間の永遠的本性を構成しているものなのである。これに対して、自然は「何らかの仕方で」歴史をも持っていると異論が提出されるかもしれない。しかし、自然が歴史を持つとしたら、それはまさに「何らかの仕方で」、すなわち人間のそれとは区別される仕方においてである。この人間の仕方はそれとは異なっているので、「歴史」という同じ言葉を人間にも自然にも使用すれば混乱を引き起こすだけである。違いは明らかである。人間は歴史を持つだけでなく、自分が歴史を持っていることを知ってもいるからである。そして、このことを知っていることで、人間の歴史は、人間の歴史をまずもって真の歴史にする性質を、すなわち自由と決断がそこにおいて有効なものとなる生起を人間の歴史そのものに与えられるのである。自分が歴史を持つことを知り得る人間だけが、語の優れた意味において歴史を持つのである。このことは、二重の意味を持つ歴史という語にとって根本的である。その語が同時に意味しているのは、生起それ自体と、それについての記録である。真の歴史は記録された歴史である。

人間は歴史を知っていることによって、一方では、歴史の中に立っているにもかかわらず、歴史を超えて立つ。この構造は、どんな歴史的状況に対しても内在している。それはつねに臨在している。というのも、それは人間の歴史的実存の永続的な条件であるからである。どんな所与の現実をも超越することができるようにと、そして果てしない変異と転換において自己を提示することができるようにと人間に与えられた構造――この構造はこれらすべての変化の中に遍在している。そしてその構造は遍在しているので、それは認識可能なのである。当然のことながら、つねに危険が、悲劇を避けることができない危険が存在している。それは、私たちはこの永続的な構造を、私たちの歴史的有限性という壊れた眼鏡を通じて見るという危険である。人間論はこの点においては、あらゆる人間的作為と同じ運命を担っている。人間論は、有限性、誤謬、そして悲劇から逃れることができない。

〔7〕

歴史を持ち、そして歴史を知っているものとしての人間の分析は、人間存在の構造の問題へと導く。その構造に対して、私は説明的な表現よりも、思想と観察の偉大な目的をひとまとめにしている簡潔な表現を利用したいと思う。すなわち、その表現とは、人間の構造とは有限な自由の構造である、というものである。もし人間は有限な自由を持っていると言うのならば、それは誤りである。これは、人間の存在に関してもうひとつ他の定義を前提にしている。人間は有限な自由である。これは人間の構造である。そして、あらゆる人間的な事柄、すなわち、人間、世界、神に対して人間が持つ関係のすべてが、この構造の中に含まれている。人間は、神のように無限な自由ではない。また自然のように無際限な必然性でもない。人間は自由である。しかし、有限性と一つになった自由である。人間論そのものは、有限な自由の構造の記述であると同時に、このように驚くべき、そして無比の構造の記述である。

数年前、私は（ケウカにおいて）、有限な自由という用語を用いることなしに、自由と有限性の概念を中心とする人間論を展開しようと試みた[116]。これを同じ聴衆を前に行うことは躊躇われたので、私はこの論文のタイトルを提示したのであった。その論文は、有限な自由としての人間の教説を、来るべき社会的秩序という非常に今日的な諸問題と関連させる試みである。それは、当然のことながら、有限な自由という言葉によって示唆されている人間の像についての多くのイメージを含んでいる。それは、有限な自由についての以前の解釈を変化させ改良し、すぐ目の前の政治的決断に対するその実践的な意義を提示している。

宗教社会主義は、来るべき社会の建設に基準[117]を与えることになろう。その最終的な基準は人間の本性であり、したがって、人間存在の根本構造である。この前提に注意を傾けることによって、私たちは三つの問題領域に今や近づいているのである。それら三つの問題領域において、人間論は社会の再建のために決定的な重要性をもつ。

〔8〕　〔14〕

II　人間本性の歴史的な歪曲と完成の問い

ドイツにおける宗教社会主義成立の歴史は、暗黙のうちに、それ自体にユートピア思想の問題を導入した。第一次世界大戦後、ドイツにおいては、労働者の革命的群衆と、主としてルター派教会との間に深い断絶が存在していた。社会主義者たちは水平的なつながりに生き、将来を信じ、よこしまな現在を、改革か革命を通じて克服され得るであろう前段階として意識していた。ドイツの諸教会は垂直的なつながりに生き、何らかの将来が現在よりも本質的に良くなるとは信じていなかったし、現在におけるあらゆる悪を、とりわけすべての社会的な災いを、罪深い人間性の永続的な宿命として意識していた。

宗教社会主義は、まだ大変歴史の浅いドイツにとって途方もない帰結をもたらしたこの断絶に橋をかけようとした。それは未知の土地への道程であり、新たな歴史解釈と、そしてさらにより切実に新たな人間論を要求する。ドイツとは状況が異なっているにもかかわらず、アメリカの神学思想ならびに哲学思想で論じられている問題は、ある形式の宗教的（キリスト教的）社会主義がアメリカ合衆国において発展しているのだと言いうるほどに酷似している。[118]それらは、ドイツ的な形式の宗教社会主義から強力な影響を受けている。ドイツと違って、アメリカのプロテスタンティズムは、それ自体のうちに、道徳的、社会的なユートピア思想という強烈な要素を発展させたのであるが、そうであるがゆえに、部分的に、諦めと「シニシズム」という態度に対して責任を負っている。当然その後に続くのは、深い失望であり、それはあらゆる種類のユートピア的信念がもたらす不可避的な帰結であった。ユートピアの問題、すなわち人間本性の歪曲と完成の問題は、人間論に照らし合わされて答えられなければならない。その人間論において、自由[119]と人間的有限性は、人間存在の構造における二つの極として理解されている。

〔9〕

自由とは、所与の状況を超越する可能性である。たとえば人間は、歴史を知っている限りで、歴史から自由である。というのも、人間は過去から将来へと押し流されていく直接的な時間的プロセスを超越しているからである。人間は自分自身の必然性を知っている限りで、それから自由である。そしてその点で、人間はその必然性の中にはいないのである。[120]人間は所与のものを知ることによって、所与のものを超えて、所与のものの向こう側に何か新しいものをもたらすのである。人間は不断にそれを行っている。[121]人間とは新たな始まりである。あるいは、ニーチェが子供のことをそう呼んだように、それ自身で回転する車輪である。[122]何か新しいものを生み出すものとしての創造は無限の結果をもたらす。創造は諸事物の限界を変える。創造は宇宙の歴史を変える。ゲーテのファウストが語っているように、[123]私たちが地上で過ごした日々の痕跡は、永遠に失われてしまうことはない。創造的なものの自由、あるいは所与の超越としての自由は、その帰結において無限である。しかし、人間は有限である。そして、有限なものが無限なものとして振舞うとしたら、それは悲劇的なものとなるであろう。その悲劇的なものとは、無限な自由を行使する有限なものである。それが、神が楽園の歴史において、善であると同時に危険なものでもある自由がもつ諸々の力についての知を獲得することを禁じた理由である。人間は、この歩みを認識に向って進めることができる。人間は自由である。つまり、人間は自らの自由を現実化することができるし、創造的になることができる。人間は、創造された自然の宇宙を変えることができるし、神的な創造性を引き継ぐことができる——そして、人間はこの点において神のようになる。ヘビは嘘をついていたのではなかったのだ。しかしヘビが語らなかったことがある。それは、有限な創造性は悲劇を内に隠しているということである。人間の有限な行為は、その無限な帰結を耐え忍ぶことができる。私たちは、正しく決断するために決断しなくてはならない。私たちはすべての有限な決断における無限な意義を知らなくてはならない。そして私たちはそれを知らなければならないだけでなく、それと調和しなくてはならないはずである。神が語っているように、ヘビが告げなかったのは、有限な自由の実現は悲劇を、すなわち人間とその世界とに対する呪いを意味しているということである。

人間の存在構造としての有限な自由は、あらゆる種類のユートピア思想を、それが革命的であれ進歩的であれ、締め出している。というのも、有限な自由は悲劇をその内に含んでいるからである。悲劇的なものは、罪責とそれからの逃れ難さという二つの要素をもっている。それに関して、ギリシアの悲劇作家と、〔*15*〕アウグスティヌスの人間論とは一致している。これらは、人間が自由であることを決して否定しなかった。しかし、それらは、人間の自由が悲劇的な必然性と結びついているのは、その自由が有限だからだ、と主張した。それらは、当時の理性主義者や魔術師の説、すなわち進歩や革命や忘我によって有限性を消し去ることができるとする説を撥ねつけた。そして、それらはまた、教会の歴史において繰り返して確認される神秘主義者たちと理性主義者たちとの同盟を撥ねつけた。

しかし、有限な自由の学説は、行為の仕方をも提示している。どんな自由の行為も有限であるが、創造的行為としては、他方で無限な意義を持っている。その行為は有限であり悲劇的であるが、神的創造性に〔10〕与っているという大変な重みを持っている。この感情だけが、すべてのユートピア思想に影を投げかけている諦めとシニシズムへの傾向を克服することができる。キリスト教徒たちとマルクス主義者たちは、今現在と最終的な成就の間の中間段階の思想という点で一致している。キリスト教徒たちは、その時の間を、キリストの最初の出現と二度目の出現との間にある時と呼び、マルクス主義者たちは、革命と国家の消滅の間にある時と呼ぶ。しかし実際は、移行状態は大変急速に固定され、それと結びつけられた諸関心によって変化は停止させられる。その後に続くのが、もう一度新たな「移行」を創出する新たな革命である。歴史は移行の一つの帰結であるが、私たちが行うことが何であれ、そのうちに、そして私たちが移行のために働いていることのうちに、完璧なものが出現することは決してない。この宗教社会主義の根本的思想は革命的立場から激しく攻撃されたし、なお攻撃されている。そのような屈折した信念では、すべての偉大な事柄になくてはならない衝撃を生み出すことはできないと言われる。革命とは――それが宗教的なものであれ世俗的なものであれ――、間近に迫った成就について語ることで、途方もない熱狂と無際限の献身とを呼び起こすものなのである。ユートピア的な信念一般を取り扱うことなしに、人間にそのようなことができるであろうか。それは、有限な行為がどれほど無限な意義を持つかを私たちが理解することを知る場合にのみ可能である。もし私たちがこのことを経験したならば、何であれ私たちが果たしうるであろうすべてのものがもつ移行的性質は、それが無限な意義の唯一の伝達手段であることを妨げはしない。というのも、そのような無限な意義は、私たちが行動しないとしたら完全ではないからである。そして、この何も行為しないという所作はそれによって悲劇を回避できるどころか、まさにその無為が無益であることによって、結果としては創造のリスク以上に、より悲劇的なものとなるのである。

　しかし、私たちが自分たちの行為の外的な実現に参与することを期待するとしたら、私たちはこの醒めていると同時に過激である、という方法で行為することはできないであろう。死にゆく兵士あるいは革命の闘士は、もしそれが自己犠牲という自らの有限な行為を通じて参与する永遠性と、自分の有限な存在とを同一視できないとしたら、自分が存在するわけでもない将来のために自身を犠牲に供することなどできないであろう。人格的不死性に対して信仰を持たないにもかかわらず、大変多くの人がこのように自らを犠牲に供してきたのは、深い謎である。人間はユートピア思想を持たなくても行為することができる。なぜなら、人間は差し出す創造的行為の無限な意義を、人間は理解することが〔11〕できるからである。人間が自分の有限な存在を犠牲として差し出す創造的行為の無限な意義を、人間は理解することができるからである。それは人間の自由のもっとも偉大な表現である。人間は自分自身の所与性を乗り越える。そして、それによって自分に与えられたすべてのものを乗り越える。

これは、宗教的社会主義はユートピア思想に対するその闘争によって、積極的な熱狂を打ち壊しているとする非難に対する弁明である。

Ⅲ　社会内部での人間の創造的自由についての問い

社会的集団は、有機的もしくは人格的な存在ではない。それは類比によって人格化されているが、この類比はただ曖昧であるだけでなく危険ですらある。というのも、その類比はあらゆる社会的集団の権力構造を隠蔽しており、ある一つの集団に対して行為する社会的諸集団にのみ要求され得る自由な決断を、その集団に要求するからである。このことは、集団主義的な集団[124]に対しても、自由主義的な集団に対しても言えることである。どんな集団も諸個人から成り立っている。当然のことながら、これら諸個人の存在の〔16〕方がむしろ、私たち‐存在 Wir-Existenz もしくは私‐存在 Ich-Existenz という特徴を持つことができる。必然的な、格別意義深い道徳的な、そして悲劇的な大惨事の帰結が、私‐存在の場合ほどでないとしても、私たち‐存在がより先立つものであることは確かなことである。しかし、二つのうちのどちらの存在が優立てられた神話的な集合体ではない。

〔12〕

人間存在のどのような社会も、人間の根本構造を、すなわち人間の創造的自由を前提にしている。創造的自由は、人間的生活のあらゆる外面化において、すなわち人格的関係において、それ自身との関係において、悦楽において、労働において表現されることができる。したがって、ある社会において、創造的自由がそれぞれの個人のすべての傾向と能力にふさわしいものとなるとしたら、自由は根本的な「人間学的な」意味で実現されるであろう。しかし、政治的創造性への参与という意味における政治的自由が、個人ひとりびとりにとって必要不可欠であるのかどうかは疑問とされる。さらに、この参与を保証する国民的自由という制約は、有限な自由の具現としての人間の本性と相容れないのではないのか[125]。

歴史を概観すれば明らかなことだが、語の現代的な意味における国民的自由は、過去と現代における人間の歴史の大部分には存在しなかったし、あるいはきわめて制限されたものであった。大部分のアジア文化は、政治的決定への一般的な参画という概念をまったく持っていなかった。政治的行為の実質性は、それらの人間論には含まれてはいなかった。それどころか、多くの場合、アジア文化は正反対の考えを示している。キリスト教は個々人の無限な価値を強調するけれども、その初期の発展においても、中世の発展においても、集団における各成員に政治的創造性への参加を要求したわけではない。奴隷制も農奴制も、見たところ、「神の子らの栄光[126]」の意味における完全なる人間性を否定していない。初期のプロテスタンティズムは、ルターもカルヴァンも、この姿勢を変えなかった。二人ともスコラ学者がかつてそうした以上に、市民的服従を強調した。

さらにもう一つ、ギリシア由来の思想がある。それによれば、自由な市民だけが自由な人間なのである。

女性、子供、奴隷は、語の完全な意味での人間ではなく、したがって、政治的な決定が為される市民的集まり（エクレシア＝教会）の成員ではありえない。アリストテレスによれば、政治に参加する自由な人間だけが、人間存在の最高形式に、すなわち観想的もしくは直観的生活に到達することができる。しかし、ギリシアの哲学者たちが、ローマの奴隷になった時、この態度は維持されなかった。こうして今度は、観想の、もしくは神秘的な直観の生活は、どのような社会的条件のもとでもすべての人に開かれることになった。哲学的な奴隷は、後のキリスト教の奴隷のように、完全な人間性を体現している。ストア派の皇帝たちは、ローマの市民権を獲得することができる人々の集団を拡張した[127]際、人間の自然権についての自ら〔13〕の学説に従った。しかし、彼らは、すべての人に対して政治活動の権利を認めていたわけではなかった。

現代の民主主義は、その歩みをこのストア派の先達よりも先に進めている。しかし、それは大変用心深くなされた。女性や若者、土地を持たなかったり、特定の収入のない人々は、政治への積極的な参加から締め出された。そして、この排除が取り除かれた時、政党組織や官僚機構が生じるのだが、それによってまたもや、隠された支配あるいは公然たる支配によって準備されたほんのわずかな決定へと回帰してしまった権力が出現するのである。

〔*17*〕この状況は、大きな尺度で大衆を管理する手段として中央集権的な立案と用法が必要不可欠なものとなるにつれて、よりはっきりしたものとなろう。

人間の本質的性質の名のもとで政治的決定への参加が求められるとき、この要求は、ある仕方において、すなわち現在のいわゆる民主的な諸々の方法と混同されるべきではない仕方において理解されなければならない。これらは、人間の本質的自由が位置している政治的自己規定に対する真の要求を、制度的に把握しようとする――一部では成功し、一部では失敗している――試みである。この自由は、歴史的な自己規

〔14〕

定への各人の参加を要求する。歴史的な自己規定は人間の活動性であり、その活動性を通じて、人間は自らの創造的行為の諸条件に影響を与えるのである。こうしたことは、あらゆる時代を通じて、いたる所で、無限に多くの形において生じてきた——作業場において、組合において、同業者組合において、村落行政ならびにより大きな自治体において、血縁集団ならびにより大きな家族集団において、革命評議会ならびに細胞集団において、農民集団において、秘密結社において、そして革命運動において。この形式の歴史的自己規定への参加はしばしば、平均的な個人に、大衆民主主義の選挙装置への関与以上に、政治的影響および政治的創造性への機会を与えてきた、と理解されなければならない。その結論として言えるのは、人間学的な言い方をすれば、歴史的な自己規定は人間の本質的性質に基づいているということであり、そして、それを否定することは、必然的に非人間化に、すなわち創造的自由の構造の破壊へと到る、ということである。そしてさらに、歴史的な自己規定を保証するはずの特別な形式は、歴史的な状況に左右されるということであり、特殊民主的な手続きの過度の強調は——ドイツ共和国の例が証明しているように——民主主義と歴史的自己規定との終わりを意味し得る、ということである。

それは、人格として承認されることの平等な要求のことである。「人格として」とは、すなわち、人間の本質からもたらされるあらゆる帰結をともなうことによって、創造的自由が個人において具体化したものとして、ということである。そしてとりわけ、人間の有限性がもつ諸々の限界において、それらの限界は各人にとってさまざまであるけれども、各人に対する平等の権利によってその創造性が実現されなければならない。個人は法に従属しているが、その法の前では平等であり、その法は実定的権利として、創造的集団のさまざまな権利のさまざまな歴史的諸条件に応じてさまざまに異なっている。しかし、実定的権利における違いが、すべての法の根底に横たわっている自然的な平等を、そして人格としての、もしくは有限な自由を体現するものとしての人間の尊厳を変えるわけではない。これは平等の究極的な基準である。社会的平等の原理としての正義は、政治的ならびに経済的な権力への平等を要求しない。しかし、正義は自然法に基づいて、人間的自然本性の法則もしくは本質的構造に基づいて、偶然的な差異（年齢、性別、人種、知能、力、生まれといったような）が人間の本質的な性質よりも優勢にならないことを要求する。そのことから、政治的権力（ファシズム）ならびに経済的権力（独占資本主義）におけるこうした不平等が、そして結果として非人間化すなわち人間の創造的自由の破壊へと到る可能性（階級に条件づけられた教育）における不平等性が克服されるということが、宗教社会主義〔128〕が要求しているような社会的再建においては結論として提示される。宗教社会主義は、現在の破局的な出来事を、社会秩序に対する創造的自由の反応として解釈する。社会秩序は創造的自由を破壊する可能性をそれ自身のうちに持っている。その破壊は、まず非人間的な経済的不平等を通じて、そして非人間的な政治的不平等を通じて為される。

自由は、不確実性の要素をそれ自身のうちに持っている。無限な自由もしくは神的な自由を別にすれば、これなしには自由を考えることはできない。しかし、人間の自由は有限である。自由主義、すなわち政治的自由の体系は、自由を保証するための不確実性を要求し、そしてそれを成し遂げた。リスクの伴わない現実的な自由はないし、不確実性を伴わないリスクもない。自由主義は当然これを承認しなければならない。この意味において、有限な自由の具現としての人間の学説は自由主義的である。しかし、自由主義はさらにもう一つの不確実性、すなわち人間の本質的な自由とは相容れず、結局はそれを破壊する不確実性への道を準備した。それは、つねにリスクを伴うという不確実性である。

この不確実性、すなわち（そこに含まれているリスクを伴った）創造的活動の可能性は、私たちの現在における社会的状況に関する人間学的主要問題である。自由と平等とは、市民革命の目標であり、少なくとも標語であった。「確実性」は、今や、人間社会の現在における革命的変化の標語になっている。それは、要求されている無為の確実性ではなく、創造的に振る舞うことができるための確実性である。「すばらしき新世界」が要求されているのではなく、各人に創造的不確実性が認められている確実性である。そのような確実性の欠点のゆえに、私たちの同時代人の魂の中で、不安が大きな力をもって私たちを圧倒する。有限性の中で、とりわけ有限な自由の中で決定されている本質的な不安が存在する。この不安は克服することができない。ただし、無限なるものとの完全な統一において――「悲劇を越えて jenseits der Tragik」[129]――なら話は別であるが。

〔16〕

それは、自らの行為における無限な帰結を支配下に置くことをしない、無限に意義深く行為する有限なるものの不安である。しかし、さらに他の不安も存在している。それは私たちの時代に特徴的なものである。私たちの時代は、無限なるものとの完全な統一は意義深い活動に対して認められていることを不安ながらも感じており、その統一がその意義深い活動から排除されるという恐怖のうちに、たとえば継続的な失業状態というような意味喪失のもとにつねに置かれているのである。二つの層が、今日の不安において は区別されなくてはならない。一つは有限な自由の本質的不安、すなわち有限な自由の悲劇を前にしての恐れであり、もう一つは私たちの現在の社会的秩序における偶然的な不安である。[130]偶然的な不安は、有限な自由を実現することから締め出されるという、そして意味喪失の恐怖へと投げ込まれるという恒常的な脅しの中にその根を持っている。宗教社会主義は、不安と不確実性とを、有限な自由である存在から、そして歴史的な自己規定を持つ存在から遠ざけることができるとは信じていない。しかし、宗教社会主義は、社会的不安と不確実性という目下の状況のうちに、単に個人の自由と自己規定だけでなく、社会集団における生活をも根本的に脅かすものが存在しているのだと信じている。

もし社会集団の内側における個人についての問いが立てられるならば、それに対する答えが与えられる前に、まず個性の概念におけるいくつかの差異が的確に捉えられていなければならないであろう。「個人主義」が攻撃されたり弁護されたりするとき、一般的に、個性に関する三つの異なる概念が相互に混同されている。宗教的な個人概念は、有限な自由を持つ各人の無限な意義を強調する。文化的な個人概念は、創造的自由を持つ各人が唯一無比であることを強調する。そして、理性的な個人概念は、他のすべての人とともに自由な決定を下す各人の平等を強調する。これら三つの概念はお互いを排除するものではないし、〔19〕それらが直接的に有限な自由の具現としての人間についての学説から導き出されているのである。しかし、そのうちの一つを他の二者よりも強調することは可能であるし、それらのどれもが歪められることがあり得る。この歪曲は、個人と共同体の間の相互依存が軽視されるとすれば、不可避なことである。さらに、宗教的な個人概念は、二重予定説の永遠なる形而上学的孤独のために歪められてしまっている（その孤独を、罪と恩寵の相互依存の経験をもって和らげることなど決してできない）。文化的な個人概念は、自己完結的な人間主義的な人格性へと歪められてしまっている。その人格性は、創造的価値のすべてを具現したものになろうとしているが、実際のところ、その貴族的な排斥性のためにすべての価値を共同体の具体〔17〕的な要求から取り去ってしまっている。そして理性的な個人概念は、理性的なノマドの他のノマドからのアトム的な分離のために歪められてしまっている。そこでは、もっぱら共通の関心だけが、一種の暫定的な協力関係を成立させるのである。

宗教社会主義は、市民的発展の後期段階における社会および個人の解消の主要な源泉になったこれらの歪曲と戦っている。その初期段階において、強力な社会的諸力が社会の個人への解消を妨げていた。というのも、ヨーロッパにおける中世の名残が文化的個人主義の危険性に抵抗していたからである。それに対して、アングロサクソンの国々では、それらは、コモン・センスとしての英国国教会という理性的個人主義の危険性に抵抗する新たな形式であった。この危険性がはっきりとしたものとなり、社会の解消が国民の中の大きな集団を脅かすまでになったとき、反個人主義的な激しい運動が生じ、そしてそれらの運動が成功したとき、大多数の個人の創造的自由は最小限に制約されることになった。非人間化が、非人間化を阻止するための手段として利用された。すなわち、ファシズム的方法がそれである。宗教社会主義とその人間論に対してこの展開を通じて立てられた問いとは、より集団主義的な社会の来るべき形態の中に自然な仕方で適合する新しいかたちの個人主義、すなわち創造的自由の肯定は可能なのか、というものであった。たとえば、ロシアで登場し、そして戦争という圧力のもとでイギリスでも登場した協働がもつ性質によって、第四の個人主義が成立し得るのではないだろうか。その個人主義は、その性質によって、少なくとも将来において長きに渡って存続するために、他の形の個人主義よりも歪曲をそれ自身で免れていなければならならない。人がおそらく「創作的個人」と呼ぶに違いない、文化的形式とも理性的類型とも異なる（それでいて宗教的類型に基づいた）新たな類型の個人の創造性は成立しつつあるのだろうか。すでに私たちは、この類型を自らの特性構造において展開させてきた人間に、そして、より集合的な将来のモデルであるだろう人間に出会っている。〔18〕

Ⅳ　人間的な歴史的存在における精神的諸力と物質的諸力

どのような力が、宗教社会主義によって理解され、そしてその基準のもとに服しているような、歴史の新たな段階を創出し得るのか。この問いは、人間本性の解釈に関する他の三つの問いに依存している。有限な自由は、必然性に基づく自由である。これは、歴史的弁証法についての満足のできる問題解決の前提である。自由は、それが根を下ろしている必然性との統一においてのみ、創造性の能力を持つ。人間的自由は有限である。と言うのは、それは具体的で偶然的な状況、人間的自由の傾向性、あるいは構造的な必然性に左右されるからである。当然のことながら、構造的必然性とは機械的必然性のことではない。歴史には、機械論が適用し得るような場はほとんどない。自発性と自由は、どんな歴史的出来事においても有効である。しかし、機械的必然性を否定することは、構造的必然性を、すなわち自由がその内部で振る舞うことができる諸々の制限によって規定されている努力、傾向性、機会を否定することを意味しない。歴史的弁証法は、そのような構造的必然性を記述するという試みであり、そしてその分析から行為の一般的方針を導き出すという試みである。この意味での歴史的弁証法は、時代の予兆を預言者的に説明する営みを引き継いでいるのである。その説明は古代の託宣の技法とのつながりの中に位置づけられる（そして、その託宣の技法は、金儲けを目的としないその真の姿においては、政治的要求と道徳的要求の統一体であった）。宗教社会主義は、この意味での歴史的弁証法に関して、キリスト教においてもマルクス主義においても失われてしまった理解を新たに獲得している。キリスト教は、その道徳上の変化において、古典的なキリスト教的人間論の諸帰結を、そしてそれが個人的生活と社会的生活における有限なもの[131]、悲劇、構造的必然性という束縛を強調してきたことを隠蔽してしまった。その代わりにキリスト教が承認したのが、汝が意志することを為せ、という理念的原理であった。人間とは「善意志」である。それは、ほとんど完全な段階をすぐ次の歴史にもたらそうとする力である。この有限性なき「理念的」自由とは反対に、歪曲された史的「唯物論」は自由なき有限性を告知する。その史的唯物論は、歴史の過程を予測可能な機械装

〔19〕

置と見なし、その結果、将来はどんな急激な行為もなしに待ち望むことができるものとなっている。その将来の到来は必然であり、それに賛成であるにしても反対であるにしても何も為すことができない。その将来の到来を望まない人がそれを妨げることもできないし、それを望む人が促進することもできない。計算が行為の代わりをしているのである。これは、ドイツの民主主義[132]の終焉をもたらした学説であった。歴史的弁証法におけるこの解釈と一致している心理学的態度が、待つことと行為することとの統一性である。この態度の象徴表現が、神の国は扉の前に存在しているとする新約聖書の告知である。扉の前に存在しているという表現が意味しているのは、間近であるということ、つまり未だ現実のものとなってはいないが、漠然とした将来のものではもはやないということである。それは行為することと待つこととを同時に要求する。これはあらゆる聡明な心理療法家の態度である。聡明な心理療法家は、働きかけることに可能性が見出せないとでも言わんばかりに適切な瞬間には待たなければならないし、そしてあらゆる瞬間が適切な瞬間なのだと言わんばかりに行為しなければならない。歴史と個人の弁証法は、これと同じ態度を要求する。その態度は、人間的自然本性に、すなわち有限な自由の構造に対して、「弁証法的過程」の問題を手掛かりとして臨むものである。

またそこには、歴史的理解と行為のための「促進の立場」に関する問いに対する手掛かりも存在している。有限な自由の学説から直接的に帰結するのは、純粋な観察者の立場は、歴史の分析と変革を促進させる立場ではない、ということである。観察者は多くの事実を目にしているかもしれない。しかし、それらの事実を「理解する」ことはできない。なぜなら、その観察者は、それらの事実が自らの「実存的な」意味を受け取る場である決断の領域の内側にいないからである。観察者は、私たちの歴史的実存を越える自らの立場を受け取ることによって人間的有限性を乗り越えようとしている。しかし、そうすることによって、観察者は歴史の意味を取り逃がしてしまう。これは大部分の社会科学に見られる態度である。これらの社会科学は、観察者の立脚点から歴史を規定しようとし、そのため実際に、まだ知られていない、まだ〔20〕認識されていない社会的諸権力の道具になってしまっている。同様に、つねに決断しているが、日々変化する状況を有限ながらも促進する自由を持たない純粋な行動主義者たちは、すぐさま歴史的な理解と行為の促進の立場から遠ざけられている。決断主義者たちは、状況とその有限性の内側にいる。彼らは自らの自由を犠牲にしてしまっている。彼らは行為し続け、決して立ち止まらない。彼らは刺激と反応の意味に〔*21*〕おいて機械化されてしまっており、新たな可能性が現前し、そして所与の状況の必然性が超越される創造的な中断を持たない。これこそが政治的実践家のあり方である。彼は、人はそれぞれの所与の状況をどのように取り扱わなければならないかを知っているが、この状況の意味と限界については何も知らない。「観察者」が、それが歴史から遊離してしまっているという理由から、歴史を規定することができない一方で、「行動主義者」は、それが歴史に隷属しているという理由から、歴史を規定することができない。前者は有限性をおろそかにしており、後者は人間の歴史的実存における自由をおろそかにしている。「預言者的な」精神こそ、歴史の内側で歴史を超越するのであり、有限性と自由を一つにするのである。

　この精神は、人間存在の自己閉塞的な有限性が、内的および外的な出来事を通じて、破局的性格を取り除かれている場合にだけ現れることができる。歴史的な理解と行為に対する促進の立場は、「打ち砕かれた有限性」、すなわち苦しみを通じて無限なものに開かれている有限性である。すべての有限な実在は、悲劇的な必然性に基づいて、それ自身を無限の意義へと高めようとしている。このことが試みられている限りで、有限なものは一つのイデオロギーを、すなわち、自らをまったくもって制約し歪曲することによって自分自身の所与の有限性を合理化してくれるイデオロギーを作り出す。この「自由からの逃走[133]」（フ

〔21〕

ロム)、すなわち自己超越の自由は、創造的な知と行為とを完全に不可能にする。「イデオロギー的な虚偽」は、それがまさに意識された虚偽ではないという理由から、暗がりのうちに私たちの個人的かつ歴史的な存在についての真理を内包している。個人としても、社会的集団としても人間は、自分が開かれたものであることに耐えることができないであろう。したがって、歴史的な理解と行為に対する促進の立場は、イデオロギーと合理化が不可能になる場であり、それ自身を維持しようとする人間の要求に有限性が乗り越えられる場であり、必然性が創造的自由に対して開かれる場なのである。この意味において、ギリシア悲劇は、人間的イデオロギーを破壊するための宗教的な方法であった。悲劇的な出来事は、有限な存在の無意識的な高慢を打ち砕く。偉大な予言において、それは、来るべき歴史の担い手として選ばれる、処罰され破滅させられた民族である。その民族主義的なイデオロギーは打ち砕かれる。キリスト教の福音においては、それは神の国を見るために、そして神の国に入っていくために選ばれた貧者、弱者であり、犠牲者、被迫害者である。現代世界に関するマルクスの観点においては、それは真理と行為へと向かう促進の立場を引き受けるプロレタリアートである。というのも、プロレタリアートは、イデオロギーがもはや不可能となる完全な非人間化の断崖に立っているからである。「促進の場所」もしくは「解放された有限性」についての問いは、宗教社会主義を提起する。しかしこの宗教社会主義を、特別の社会主義的集団と見なすことはできない。宗教社会主義は、「打ち砕かれた」人間は、私たちの現代の歴史的状況においては、促進の場所にあるあらゆる集団の中にいるという確信を抱いている。

有限性は、もっぱら無限性の概念との対極的な関係において、意義を持つ概念である。人間が定義されるのは、有限な自由の構造を通じてであるが、私たちは沈黙しつつ宗教的に人間を定義してきたのである。これに沈黙しながら秘められるものを明らかにしようとは、私たちは考えてはいない。人間と歴史の学説の宗教的基礎を間接的に指示することは、時には必要であるし、時にはそうした方がより適切なことがある。それにもかかわらず、この論文のいずれの主張においても、宗教的背景ははっきりとしていた――少なくとも、自由や有限性といったような言葉の共鳴する意義を知っている人々にとってはそうであった。その構造が有限な自由である人間は、まさにこの人間の本性のために不可避的に無限なものとの関係に立っている人間である。この最終的な主張が、その意義によれば、宗教的社会主義にとっては最初の主張でもある。

〔1〕

4 「草稿――パウル・ティリッヒの論文「宗教社会主義における人間と社会」について[134]」

テオドール・W・アドルノ

親愛なるパウルスへ

数年前から途絶えてしまっている私たちの哲学的対話を再開したいとずいぶん前から思っていた。あなたの綱領的な論文「宗教社会主義における人間と社会[135]」が、歓迎すべきよい機会を提供してくれた。私たちの思考の歴史的経験と通訳不可能な言語の制約、あなたの論文が講演形式のために、私たちの応答が結局素朴なものとなってしまったという経緯を反映した単純化、あなたが強いられた事情を私たちは充分承知しているし、そして文章という制約からもたらされる「不公平」な要素、これらすべてに対する赦しを、前もってあなたに請うておきたい。他方では、ここに提示される諸々の主張と反論の激しさが、微妙な違い程度では一般的には始まらないであろう取り組みを、今まさに始動させることに役立っているかのように、私たち〔すなわちホルクハイマーと私〕には思われる。あなたがご自分の論文でそうしているように、私たちもまた、真に神学的な問いをあからさまに議論することを断念している。とはいえ、当然のことながら、いくつかの点では神学的背景に言及することを完全に避けることはできなかったのだが、それでも私たちは主として政治的なものと哲学的なものに依拠している。

あなたは、あなた自身の見解によれば、単なる「理想」ではなく現実政策的なものであるはずの宗教社会主義の支持者たちを、党組織との対立へと導くことをもって、この論文を開始している。そこではまさに政治的集団における党派的性格を否定することが、先立って重大なこととなっている。ファシストたちは多くの党派に対して戦うことをお気に入りのスローガンとしているが、彼らは戦術的観点からそれを掲げているのではなく、彼らの間で実際にそう受け止められているのではないかと、私たちは疑っておくべきであろう。それ自体をそのようなものとして認め、限定し、そして社会理論によって制限する個別的なものが、十分に一般的なものを、すなわちラケット(136)によって解放された社会の利害関心をよく代表することができる。党の問題は弁証法的である。個別的なものだけが、すなわち悪しき全体に抵抗する組織だけが、個別的なものを、すなわちまさに悪しき全体の原理の本質を為している個別主義を止揚することができる。〔2〕しかし、ある集団が自らの個別的な性格を否定し、突如として対立を克服したものとして登場するとしたら、そうすることでその集団は、その集団がすでに止揚してしまっていることが要求されているまさにその個別主義に囚われているのである。なぜなら、そのような要求における調和信仰が偽りだからである。それは、たとえばグンドルフ(137)の誓言のように聞こえる。ゲオルゲ・クライスは徒党ではなかったけれども。それについて言えることとは、その徒党が徒党的であることをやめると誓言しているということ以

〔3〕

上に確かな特徴はないということである。世界史においては、プラトン的な共和国以来、抑圧的な集団というものは正当化を考える際、必ずや自分たちが党であるからというよりも、より高次の統一性の名において行動していることに訴えてきた。それに対してマルクス主義が定置した党という力強い概念は、あらゆるイデオロギーにおいて確認されるこの不変的なものを暴露することに貢献した。人が社会主義者として語ると同時にそのことを主張するとき、諸々の党について知らないということは、再び元の状態へと落ちていくことである。マルクス主義的な党の状態に対する批判は、超党派的な改革精神を——善なる意志をもった人間による「世界の新たな構造」におけるそれを——再び密かに持ち込むための口実にされてはならない。その超党派的な改革精神は、対立を平均化するという仕方で、血にまみれた生命におけるあの対立を用いて維持されるシステムを、前もって自分のものにしているからである。「宗教社会主義」が青年保守派を受け入れるほどに十分に寛大であるとしたら、そのことによって証明された社会主義の精神化と内面化は、「民族」という集合的な理念と表象を育んだというまさにその限りで、かつての保守派そのものよりもファシズムに近い関係にある人々に対する寛容をもって獲得されたのである。しかし、問題はそのような表面的なことではなく、もっと内容的なものである。充実したプログラムを具体化することによって何かを創り出すことができないという理由から、これは党ではなく運動であると自称する者たちは、もちろん党以上のものではなく、党以下のものである。すなわち、それは、党ではないと意識的に党を無視することによって、支配欲に心を奪われてしまった者たちの結束で(138)ある。今日、プロレタリアートの党は評判がよくないかもしれないが、それでも青年保守派からド・マンに到るまでの力動的な統一戦線に比べれば、依然として十分な実質的内容を持っている。今日の党に対しては、それがもはや十分に党として機能していない、つまり運動にも国民の前衛にもそれほどなっていない、対抗するものになっていないという非難が投げかけられるかもしれない。

　異質なものを包含している政治的意志形成の中立化が、あなたが前置きしている信仰箇条のうちですぐさま明らかになる。その第一条は、ブルジョワ的なものの概念と破滅の概念を強調している。しかし、その概念がそれが持っている階級的な意味合いを奪われるとしたら、ブルジョワ的ということで何が意味されるべきなのかは明らかではなくなる。結局のところ、あなたはそれによって個人主義的な信念のようなものを考えているのである。それとは反対に、生産手段の国有化とその政治的表現に関して透明な関係をもたない集団主義は、社会主義の仕組みだけでなく国家資本主義の仕組みをも保護してしまうであろう――国家資本主義の仕組みはおそらく「ブルジョワ的」であろう。――いずれにせよ、破滅の概念は、それを前もって勘定に入れておかれるべき量のように取り扱うとしたら、新たな支配形態の遺産目録に属しているのである。私たちが、ファシズムのプロパガンダについての私たちの研究において、その核心部分の一つとして《Last Hour Device》を作り上げた[139]のは偶然ではない。そこにおいて、転覆に関する抽象的な表象は、この賛美と、つまり解体としての神々の黄昏への信仰と結ばれている。あなたの論文の終わりの部分で、この図式に従った、苦しみを代価とした破滅の肯定が直接的に露呈している。ある何かがブルジョワ的であり、そしてブルジョワ的なものの対概念として差し出すのに適しているとしたら、それこそがまさにこの破滅の観念なのである。あなたは、まさにその破滅が終わりを用意しておいてやらねばならないブルジョワ的秩序が「正常に」機能することを前提にしている。しかし、まさにこの表象こそが、ブルジョワ社会がそれ自身から保護し育成していた幻想なのである。

　政治経済学の批判がそのブルジョワ社会に差し向けた反論によれば、ブルジョワ社会は、それが生を再生産しているにもかかわらず、再生産という仕方で永遠に破滅そのものであり、そして今日私たちが市場

〔4〕

経済の運命として経験しているものは、外的諸権力によるその中断ではなく、その市場経済自身の原理の執行であり、さらにはその原理の具現化なのである。ブルジョワ社会とはつねに、すでにそこへと「投げ込まれている」各人に対する破滅の威嚇を含み持っている。革命は、「更新」とセットになったあの破滅のことではなく、むしろ、永続的破滅を阻止することなのである。単に内的な問題を処理してお茶を濁すだけでなく真剣に破滅を望むとき、うわべだけの急進主義は、破滅を願望する急進主義となる。つまりそれは、これまでずっとそうであったものと、うわべだけの急進主義に、もっとも深い層において、そのこれまでずっとそうであったものが自らのむき出しの相貌を示すことを可能にするもの、との一致がそこで起こるのである。強制収容所の時代において急進的であるのは、破滅を意志することではなく、今日破滅と認識されている戦慄的な出来事を除去することである。

二つ目の信仰箇条は、(「宗教的」という言葉をではなく)社会主義という表現を時代遅れのものと見なし、大真面目にそれを集団主義という表現と取り替えようとしている。それに関しては、私たちのうちの一人が第三帝国の登場を前にしてまさにこの言い回しを先取りした際に述べたある一つの章句を引き合いに出すこと以外には、私たちにはほとんど何も残されていない。そこで社会主義に共感を抱いている学者は、次のように発言をするよう仕向けられる。すなわち、「人間性つまり「ヒューマニティー」の概念は、何世紀にも渡ってそれを隠れ蓑として利用してきたもっとも悪質な資本主義的実践によって、面目を失い、内容のないものとなった。立派な人間たちはその概念をもはや必要としなくなったのだろうし、その言葉を口にすることをやめたのだろう。……二、三週間ほどして、この学者によるキリスト教の現実性についての著作が出版されたであった。(140) 最初、私は驚いたが、その後でこう思ったのであった。すなわち、彼にはその言葉がまったくなかったというよりも、彼は事柄そのものを拒絶したのだ、と。

理論上もっとも憂慮すべきなのは、三つ目の信仰箇条である。というのも、「宗教的根拠づけを承認することなしには、そしてその承認を表現するシンボルがなければ、計画されている社会の体系は急速な自滅を免れることはできない」というテーゼは(141)、社会主義を深化することを要求しているまさにその方向性が、実際は、プラグマティズムの虜になっているということを示しているからである。宗教も哲学も、それなしには何かが破局に至ることを理由として基礎づけることに成功しているわけではない。策動は、群衆心理学的な合目的性と結びついて姿を現す象徴概念においてはっきりとしたものとなる。しかもその際、今日では、宗教的象徴表現一般の実質に、象徴表現の魔術との関係に、それどころかその事象的な可能性に何かが求められることはない。十字架は、人が自分たちの側で鉤十字に対する解毒剤として考案した三本の矢(142)を引き継いだものになる。そのような示唆においては宗教に不正が為されるだけではない。それらの示唆はさらに実在に対しては、たとえば戦後のヨーロッパを神聖同盟として整備しようとする標語のようにあまりに無力なのである。調合された象徴表現は、まったくもって来るべき社会的再建(143)にふさわしいのかもしれない。なぜなら、それは、建築主として団結力のある社会を捏造するからである。

〔5〕

したがって、人間論の何たるかに関して、私たちは今回、私たちの古き時代の存在論論争を再び開始するのではなく、人間本性に関してまったく疑いえない学説と宗教との関係を足がかりにしようと思う。しかし、まさにこの関係にもとづいて、組織化された宗教は、以前から、抑圧という務めに身を置いてきたのである。「人間とは……である」という形をとっていればどんな命題でも、それはまさにこの形式によって、人間は取るに足らないものであるという内容を指示しているのである。人間をそのような存在へと還元する所作は、人間をその侮蔑から引き離さないようにするための権威の振る舞いである。その侮蔑に含まれている仮初の決定によって、人間的なものは切り捨てられてしまう。これをより先鋭化して言うと、

〔16〕

本来的に人間的なものは、それこそ、人間を今一度人間として規定してくれる「人間的なもの」ではなく、その人間の概念との、人間の可能的な差異そのものなのである。権威的な振る舞いの本質は、人間が善であるということが承認されているところに存するのだが、その場合ひょっとしたら、人間はむしろ格別に悪意に満ちたものであるかもしれない。これほどまでに人間を使いこなせる制度——すなわち教会——は、管理の対象としての「人間」の学説に基づき、人間に狙いを定め、そして人間を掌握しているのである。その人間論は、人間が自分自身について知っている以上に、人間の何たるかについてよりよく知ろうとする情熱をもっているが、まさにその情熱が、制度を与えると同時に、人間を管理することを可能にする権限を制度に与えもするのである。

それにもかかわらず、一一ページにおいてあなたによって表明された、宗教的社会主義がそれ自身の主題に対して抱いている嫌悪感が、そのような主張を強引に基礎づけるというよりは、新たに漸進させる必然性を可能にしている。この嫌悪感が表現しているのは、それほど権力的なものではない。人はここで、どんな急進的な問いも不可避的に穏健な答えを引き寄せてしまう発想に対する不快感を、あるいは、あなたが言及しているファシズムの時代においては、社会化されたキリスト教を再び敗北する側に置いてしまう抵抗を容易に考えることができるであろう(144)。古代ギリシアの哲学者たちには、彼ら自身がローマの奴隷になった時、実際的には、政治的自由の概念を犠牲にすること以外には何も残されてはいなかったとするあなたの説明にあるように(145)、あなたがそこに反証を見出すであろうことは明らかである。この場合、「カイロス思想」が安易な仕方で誇張されているように、私たちには思われる。

Iについて

ニーチェに対する議論は形式的であり、そしてそれは哲学的人間学の可能性をめぐる即事的な問いを単なる専門用語の問題にしてしまっている。人が人間というものを、階級社会のなかで生きる存在にすぎないものであると本当に見なしているのだとしたら、実際いとも簡単に、違ったかたちで生きているものすべてを排除するような人間学を構想することになってしまうであろう。あなたは、――私たちの師コルネリウスのように――概念はそのつど、その定義を通じてきっぱりと確定されているかのように、そして概念の運動が、すなわち、もっぱら定義された概念の内側での運動が、決して存在しないのではなく、あたかも存在しているかのように議論している。あなたは、もちろん説教学的な伝統に基づいているのであり、現代的存在論に基づいているわけではないけれども、哲学よりも、明白な、同一的に保持された専門用語に対する常識的な要求にはるかに一致している定義に関する信念を持っている。しかし最初に定義を行うこと、その後でその定義に基づいて論証を行うこと、そして名称を導き出すことは、没批判的である。デカルトをはじめ、カント、とりわけヘーゲルは、近代哲学のすべてをもってそれを批判している。あなたの方法論がそのことを忘れてしまっているということが、あらゆる主張にもまして、草稿全体が持っている復古的性格を証言している。定義的‐釈義的手法なら、教義を前提し、それを概念に置き換え、そして「解釈する auslegen」説教へと到ったとしてもかまわないであろう。

〔7〕

しかし、あなたの思惟のように、いわば論争的に自ら学説を創り出すこと[146]を前提とし、問いが急進的であることを誇りとする思惟方法では、「単なる論理的な操作によって[147]」、すなわち定義の選択を通じて、哲学的人間学の可能性についての問いを処理することはできない。ここで重要なのは、存在論に対立するマルクス主義的立場ではなく、ブルジョワ的観念論がとうの昔にその頂点へと達してしまったという認識である。ヘーゲルによれば、おそらく「人間的本性」も属している「より具体的な自然ならびに精神といった定義の対象は、多くの特性をもつ事物である[148]」(Logik ed. Glockner II, 292ff.)。これらの特性のうちのどれが本質的な特性であるかは、「どのような関係においてそれらの特性が相互に関係し合っているかを、一つの特性はすでに他の特性をもって措定されているのかどうかを、認識することにかかっている。しかし、それに対しては、定有そのもの以外にどんな基準も存在してはいない。……思想規定および個々の直接的な特性が、対象の単純で規定的な本質を構成しているということの保証を可能としているのは、もっぱら、具体的な性質からのそうした規定の演繹である」(292–293)。まさしくこの「演繹」こそが、概念の本来の働きである。あなたはそれを、いわば釈義における聖書の言葉のように、自分の定義を前置きするという仕方で手に入れている。したがって、あなたは自分の言明において表面上は本質的であるものをまったく強調しているにもかかわらず、ヘーゲルが定義に関する態度一般において行ったまさにその批判の対象へと転落しているのである。「したがってまた、定義することは、本質的に諸対象の原理であるような本来的な概念規定を、自ら断念し、目印、すなわち次のような諸規定で満足するのである。その諸規定においては、本質性が対象そのものに対して無関係であり、むしろ、それらが他の反省にとって指標としての目的をただ持つにすぎない。——そのような個別的な、外的な規定性が、具体的全体性とともに、そしてその概念の本性とともにあるとすれば、不適切であることは大変はなはだしく、そのため、規定性がそれ自身のために選び出され、そして、その規定性のなかに具体的全体性が真の表現と規定を持っているという結論が獲得されることはありえないのである」(293–94)。人間を「有限な自由」とする定義(そ

〔8〕

してあなたは、まさにそのようなものとしてはっきりと定義している。というのも、あなたの考えによれば、まず最初に属性を付与してしまうような基体は人間論に前もって準備されておくべきではないからである）は、方法論的に見れば、あらゆる動物から人間を特別に区別する指標である耳たぶ、というような人間の定義と同じくらい恣意的であるし「外的」である。そのような定義について、ヘーゲルはこう述べている。すなわち、あの自然科学的観察を、そしてそれをそのようなものとして哲学において力を込めて定義することを笑いものにするためには、そのような定義は「定義に際して自然的な人間の示唆的特徴をもってすればよいことはきわめて正当である」（294）。百歩譲って「有限な自由」が一つの指標、特殊な差異であるとしても、この場合もまた、その定義の義務に拘束されない一般性のためではない。人間の存在について一つの表象を与えることは、まったくもって定義に不適切である。そして、本質論がそのような暴力的な術策を思いつくに違いということ、まさにそのこと自体がその定義自体における哲学的不十分さを示しているのである。定義が恣意的であることのうちに、現象学が(149)残したあの「草稿群」が恣意的であることが明るみになる。ヘーゲルは、フッサールとハイデガーに対する全面批判を先取りしていたのである。「定義の内容は、一般的には、直接的な定有から取られる。そして、それは直接的なものであるので、どんな正当化もなされていない。……定義が概念をただ直接的なものとして表現することにおいては、概念そのものを把握することが断念されているのである。……しかし、直接性は一般的にもっぱら媒介から生じてくる。したがって、直接性は、媒介へと移行するのでなければならない」（296）。しかし、あなたは媒介されたものを、論理的に、単なる直接性の事柄にしてしまっている。それは、ファシストたちが「民族」の直接性としてのもっとも媒介された後期資本主義的社会を要求するとき、政治的に生起したものと、方法論的にはそれほどはっきりと区別することはできないものなのである。

〔9〕

ニーチェの超人論は、他の類への移行 metabasis eis allo genos ではなく、内容から言って、人間の概念をその同一性と非同一性において同時に考えようとする弁証法的努力でもある。したがって、ドイツの大学講座哲学は、かつて彼を、そして彼の超人論を生物学的、自然主義的であると批判したが、実際のところ超人論はそのようにはまったく考えられていなかったのである。彼が基本的に表現しようとしていたのは、人間をその概念に還元することと人間を抑圧することとは同じだということである。ただ当然のことながら、解放された人間のイメージを概念において積極的に先取りすることは、ヘーゲル的な意味におけるのと同様に抽象的であろう。この二重の不可能性は、哲学的、実証的人間学を排除している、形而上学に対する頑なな敵意ではない。

あなたが自分の方法論を支配的な実証主義に理解させようとしている方法が、私たちの批判の共通の敵であるネオトミズムの連中とまったく瓜二つであることは、驚くべきことである。「ある特徴が新たな類を構成していると私たちが主張するとき、それはどのような特徴によるのかという論理的な規定の問題である(150)」という命題に関しては、すべてのプラグマティストが熱狂してあなたに賛同するであろう。あなたの洞察の鋭さが、かえって定義的方法の疑わしさに気付かせないのだ。あなたは、中心的な部分では真理に対する要求を一時的に停止するという方法で、そして認識を便宜的な事柄にするという方法で、そうした状態に甘んじている。こうして、あなたの形而上学は、規範的な、「自然的な」世界像を補完するものになる。その形而上学は、世界像を緻密にし、美しく見せているが、それを解明しているのではない。

上位のものと下位のもの、天使と動物に対して人間を区別するあなたに対して、まだ言うべきことがある。存在の領域におけるこの分類は、どちらの場合も、同じ原理を目指しているかのように、私たちには思われる。この規定のもとで、原罪を持つ人間に、すべての人にとっての悪を引きとめておく原理は、人間を自然本性に基づいて強調する原理と同じものであり、抑圧が人間によって行われるという仕方で、人間自身を捕らえている際限なき抑圧の原理である。人間の尊厳と人間の軽視は重なり合っている。このことは、カントにおいてすでに示されていたが、とりわけあなたの存在論的な「草稿」において、プロテスタントの変貌を通じて、はっきりと現れている。人間が、自分たちの動物との違いを主張することをもうやめるということを学んでいれば、おそらく天使を前にしてももはやそれほど卑下する必要などなかったであろう。

〔10〕

マルクスに関して述べておくと、まず、人間は物質的活動を通じて再生産しなければならないという命題[151]は、哲学的人間学についての問いとまったく関係がない事実的な事柄についての陳述であり、他の点ではそれに関して否定されるべきことはおそらく何もないわけであるから、何らマルクス的な公理ではない。人間論が物質的活動性を妨げているのかそうでないのかという問いは、さきほどの命題とどのような理論的連関のもとにあるのかということが、私たちにははっきりしない。しかし、いずれにせよ、存在論は人間の邪魔をしているという議論それ自体は、存在論の真理や可能性についての言明ではまったくない。人が所与の理論を根拠にして振る舞うといったような実践的な問題は、哲学と同様マルクスにとってもそれほど決定的なものではない。誰の役に立つのかわからないその問い、すなわち、あなたが「彼らの主張するところによると……[152]」と述べてマルクス主義者たちに擦りつけている問いは、むしろマンハイム張りの[153]通俗的相対主義であり、当然のことながら、根本的に腐敗している人間本性という主張は、事実、昔から既存の権力の役に立ってきたという事態を何ら変えるものではない。〈Etvl. Einfügung von S. 14, letzeter Satz〉[154]私たちが、ヘーゲルに関連して言及される弁証法的論理学との結びつきなしに、存在論の概念に対して何か社会的なことを語るとすれば、おそらく私たちは、人間に関する知識にもとづいて世界の認識を基礎づけるという試みを支持し得なくなってしまうであろう。すなわち、この世界はまったくもって人間の世界ではなく、人間から疎外された、むしろ何らかのものに媒介された、物的な世界であるという理由から、そして硬直した関係のなかで人間の声を直接的に聞き取ろうとするその試みは、この社会にまさにその社会が持っていないものを認めているという理由から正しくはないという説明を、おそらくは支持するであろう。存在論に対するマルクス的批判は、人間に対してもっぱら抽象的に、商品生産もしくは商品として、つまりは「否定性」として現れてくる交換過程に基づいた、資本主義社会の由来へと踏み込むものである。世界を人間論に還元することは、世界を、それがあたかも普遍的交換のないものとして、交換社会ではないものとして考察することである。存在論は、たとえば社会形態の変革の後で可能であるという思想もまた——ルカーチ(155)がたまたまそれを代表していたが——理論精神と両立可能であるはずがないであろう。ブルジョワ的な、そして反弁証法的な何かが存在していれば、前後関係に対する信念は本質的な事柄である。それについては、人間性は「未だ社会主義を受け入れる段階に至っていない」という陳腐な考えのひとつが思い浮かぶであろう。平安と調和がもたらされるのは結局のところ将来においてである場合、人は人間について深く思案することができない。むしろ、それ自体における人間の本質についての瞑〔11〕想的な問いは、本質を否定してしまっている。階級のない社会を考えることは、あの前後関係の論理学そのものを、すなわち健全な人間理解およびその時代観の純粋表象を自ら棄てさってしまうに違いない。あるいは、その考えは、悪い意味で伝統主義的なもののままであろう。

私たちの決定的な哲学的差異は、決定的な仕方で、次の命題、すなわち「マルクスが、初期資本主義における非人間化について絶えず語ることなどありえなかったであろう。彼らは皆人間論を持っているのである」という命題のうちにあるはずである。それによれば、人は否定を口にするようになるために、何か

〔12〕

「肯定的なもの」を持っているに違いないのである。しかし、人が「持っている」とされるその唯一の肯定的なものは、人間の悪行における所与のものである。その所与のものを、認識は、もっぱら認識が悪行を所与の内在的な矛盾を通じて規定することで乗り越えるのである。肯定的なものは否定的なものである。そして、否定を規定している否定的なものだけが、本来的に肯定的なものである。人間が何であるかは、人間が何でないかを通じてのみ、もっぱら言われることができるのである。それに対して、肯定的なものを必然的に前もって与えられたものと見なすことは、世界を神とすることを意味する。弁証法的論理の意味において、実際、非人間化は人間の概念に先行している。そして人間の概念は、もっぱら非人間化に対する漸進的洞察において獲得されるべきである。しかし、それは、すべての「非人間的なもの」を、諸特徴の静態的な総体から取り去り、十分に貧相になったその残りを「人間」として、永遠の所有物として自らのものとするという仕方で為されるのではない。真に逆説的で弁証法的なキリスト教徒としてのバルト主義者たちは、その点においては、宗教社会主義たちよりもより真理に近いように私たちには思われるし、彼らが「狂信的」であるという指摘は、[156]バルト主義者たちを批判するには、たとえば「研究されなければならなかった人間存在に関して無知である」とされる[157]マルクス主義者に対する批判と同じくらいに論証的ではない。これこそまさに、社会主義に向けてド・マンが放った異論ではなかったか。宗教社会主義の不変的学説に対する必要不可欠な補完物は、社会に対する客観的洞察と、その洞察によってまさに異論を差し向けられている当の人間はどうあるべきかという、実践の客観的規定を示唆してくれる心理学とは言えないのではないか。あなたの理論がそれ自身の概念を措定する仕方はあまりに理念的であるにもかかわらず、その理論が、批判を通じて理論の内容が構成されるまさにその体系が創り出した人間の状態に適用される仕方は経験的である。

〔13〕

あなたは、人間の歴史性を人間学の核心的部分にすることで、指摘されている難点を逃れようとしている。しかし、それは客観的にはペテンである。そうだとすれば、人間の本質は、それが変化することだということになろう。このことが意味しているのは、そのような変化が引き起こされているが、もっぱら決まりの悪さからそのことが受け入れられない規定的で静態的なものが前提されているということか、あるいはまた、この本質は、実質的に歴史的である、ということかのどちらかである。しかしその時、それは本質としてはすでに意味を失ったものとなってしまっている。実際、誤謬の原因は、人間を限界づけており、力動化を通じて人間の本性を可変的なものにしようとしている、ある何らかの方法ではなく、むしろ、「最初のもの」をつねに捜し求めている哲学的態度である。つまり、誤謬の原因は、この最初のものとして選ばれたものにあると言ってもよいのである。また「歴史を持つ」ことは人間の存在論的特徴ではない。人間を「それ自体において」、また全世界を前もって秩序づけているようなものを獲得するのは困難なことであろう。そうではなく、歴史を持つとは、弁証法に、つまり主観－客観関係に巻き込まれていることを意味しているのである。しかし、このように歴史を認識することからも、「歴史を持つ」ことそのものからも、人間概念を導き出すことはできない。歴史を認識することと歴史を持つことは同じことではないし、歴史を決定するにしても忍従するにしても、歴史を知ることで何かが変えられるということは今日に至るまでほとんどなかった。他方、歴史を持つことは、歴史を意識することを超えて非常に遠くまで到達しており、忍従するものとしての性質そのものが歴史を持つことと深く結びついている。人間は歴史を知ることによって歴史の中にいると同時に歴史を越えるという命題は、この形式においては幻想である。「人間は、歴史を知っている限りで、歴史から自由である[158]」という主張は、少なくとも唐突なものではないが、支持されえない。世界史の経過について、そして自分自身の状況について、大変厳密な概念を持っており、それにもかかわらず、いやむしろまさにそれゆえに、没落を強いられる政治的集団は存在している。それら政治的集団がそれ以上に自分たちの意識を越えた何かを語るとしても、政治的集団は歴史から「自由」である、と主張することはできないであろう。人はこの意識から出てきている以上、それはトートロジーであろう。ショーペンハウアーの考えによると、動物たちは（「歴史を超えている」に皮肉に満ちた意味をこめてだが）その点ではよりましである。なぜなら、動物たちはそれを知らないからである。[159]否定性についての知が歴史の止揚に匹敵するという慰めは、哲学の二千年以上の請け合いであるが、それは批判的弁証法がすでに信頼を撤回してしまっていた哲学のものでもある。しかし、私はあなたに、弁証法的キリスト教徒であったパスカルの命題、すなわち「すべてのものに制約を受けている私たちであるが、苦しむことが重要である一方で、私たちがそれほどに取るに足らない存在であるのはなぜか」[160]という命題をただ思い起こしてもらいたい。そこでは、まさに例外的にヘーゲル的で不屈なものであるかのように私たちには思われる、歴史を超えてという定式以上に、知と歴史の関係が表現されているはずである。「真の歴史は記録された歴史である」[161]というあなたの命題は、まさに、私たちをヘーゲルから切り離している当のものである。彼は存立しているものに正当性を与える。それは成文化されたものであろうか。そしてある意味で「意識化された」歴史すべては、歴史年代を通じてあらゆる支配階級の歴史とは異なるものとして承認されるのであろうか。私たちは、真の歴史は記録されなかった歴史であると言いたい。それに関して私たちは、ヘーゲルが答えているように、偶然的なものと隔離されたものではなく、支配の下での計り知れぬ苦しみに、さらに忘却を付け加えるまさにその法則のことを考えたい。忘却は、支配による苦しみへの順応である。

人間とは有限な自由であるとする最終的に獲得される規定は、ここでもまた、客観的には、人間論を理念的なものに、いわば未決なものにしておくための方策である。というのも、それは、総じて何らかの意味を生み出すための、例えば人間の生物学的存在を前提にしている隠喩的表現だからである。しかし、それを認めるにはあまりにも上品すぎており、その上、あなたはこのやり方で個別科学的規定の具体化を免れると信じているのである。「である」という語は、事柄に従って何事かをそこにおいて変化させることのない、持っているという語の単なる荘重な書き換えである。現存在からのそのような遊離性――その遊離性はまさにそのようなものとして現存在に帰属しているのだが――において、無理を強いられている規定は、それが為すべきことを為すには、あまりにも脆弱である。ここで人はディオゲネスのことを考えなければならない。彼は、羽をむしり取った鶏を人間としてプラトンのアカデメイアに差し出したのであった。なぜなら、その鶏は人間に関するプラトンの定義に適合していたからである[162]。そのような「有限な自由」の中には、すべての可能的なもの、すなわち明らかに現存在するものというまさにその契機へと通じるであろうものは含まれていないか、含まれていてもただ不明瞭なままである。その契機を、存在論的要請は排除しようとしているが、それは、あなたの見解によれば、その経験的な契機はすでに人間の概念を前提にしているからである。しかし同時に、その定義はあまりにも多くのことを語ってもいる。というのも、私たちの社会のように、この自由が存在していないとしたら、自由を通じて私たちは人間を存在として規定することはできないからである。まさにこのことが、方法論の不可能性を示していることは明確である。人間構造の「記述」という考えにおいては、それゆえ概念の展開という考えにおいては、そのことが密かに認められている。そういうわけで、そのような「記述」の作業に着手するやいなや、骨組み全体がぐらつき始めるのである。

[163]もし、あなたが（一一三頁）、人間の本性は将来社会の基準であると言うのであれば、あなたはまさに自ら

の草稿に、あなたが（一二頁）ここで単なるマルクス主義的な非難として異を唱えた、まさにその制限的機能を割り当てているのである。あなたが根本においては、言うのも憚られることだが、論理的「不正」を非難しているニーチェは、人間は克服されなければならない何者かである、と少なくとも述べていた[164]。あなたのもとでは、個別的な、そしてある意味では自身のうちで安らう概念規定に対する固執が、質的飛躍を不可能にしてしまう機能を果たしている。それはシェーラーの運命を繰り返して述べているだけである。もちろん、それは方法論的にはより賢明になっており、慎重になっているが、内容的には貧弱になっている。

〔15〕

Ⅱについて

まず第一に、私たちは教会に付与されている述語、すなわち教会は「垂直的なつながり[165]」である〈むしろ「水平的営み」である[166]〉という述語に反抗している。教会は、存続への意志であったし、今もそうである。教会は職務上、真理、希望、救済を語るということは、これらの理念の生命と結びついた教会の理論的および実践的働きにはまだ為すべきことが最低限残されている、ということを証明してはいない。宗教社会主義が労働者集団と教会の間の溝を埋めるべきだとする主張は、教会がとうの昔に失ってしまった精神的な実体性を今さら正しいものと単に前提しているだけでなく、奇怪にも社会的重要性を見誤ってもいる。労働者たちと教会を和解させようとする、より高次の理論的実践的関心など存在してもいないし、この関心を、時代遅れの、未だに耐え忍ばれている礼拝の支配における以上に、社会における諸力の相互作用のなかで証明することは可能ではない。虚構を背景とすることによって、労働者と教会が繋ぎ合わされなければならないとしても、その表象は、労働者階級の「唯物論的閉塞」の表象と同様に曖昧である。私たちはこの表象を考え抜かなければならないが、引き受けなければならないわけではない。変形の由来は、それが正しい限りで、教会と結びついている秩序であって、教会に対する反抗ではない。教会に助けを求めることは、実際は、猫にかつおぶしの番をさせることであろう。労働者階級に対する教会の関心は、客観的には（あらゆる人格的な善としての意志に基づいて）、「深化」を通じて労働者階級を中立化してしまうことである。――理念と実在を関連づけることが哲学の命の根幹だとすれば、実在的なものが理念を所有物として要求するところで、この関係が捜し求められるべきではないということは、ほとんど規則的に妥当するであろう。人が教会を垂直的な統制および逆説的な歴史概念と同一視するとしたら、あなたがそれとは別に身を守ろうとして抵抗している、まさにあの、単にそこにあるだけのものを神格化することへとあからさまに転落していくであろう。

〈この段落に関して。さらに、政治的ユートピアは、神学的ユートピアすなわち神権政治と直接には合致していないという思想について〉(167) あなたの思想における新たな主題は、あなたが自らのユートピア批判において追い求めている悲劇の概念である。しかし、悲劇の概念が美学に結びついているのは理由があってのことである。それは、個々の体験と見識の狭隘性と結びついているが、歴史の全体性と関係しているわけではない――このことはよりひどいことであるが、また悲劇ほど決定的なものではない。あなたの構成は、おそらくあなたはそれについて考えることをしなかっただろうが、ヘッベルの構成と（したがって、ドイツの新カント主義と）事細かな点に至るまで一致している。しかし、彼の構成はほかならぬ演劇を中心としていた。ヘーゲル哲学の力はなくなってしまい、もはやアルス・オップ Als-Ob（かのように）のうちにしか生き続けていないので、あなたはあのブルジョワ的思惟の時代に属して

〔16〕

いるのである。ヘーゲルのような人は、全体的なものの考えに対して（根拠をもって）すでに身を引いてしまっており、弁証法を歴史的イメージの万華鏡へと引き下げている。弁証法のそれらのイメージに付着しているのは、もはや「悲劇的なもの」でしかない。しかし、ヘッベルの劇作は失敗している。そのような諦めによって、彼の戯曲のどれもが得ようとして努力している歴史そのものが、彼の手元から消え去っている。すべてが、等価物の、すなわち有限性と無限性の「悲劇的葛藤」の説明として、二つの対立する時代を通じて表象される。その際、その葛藤が古典古代の、異教的‐ゲルマン的古代世界の、あるいは伝統に制約された市民階級の解消に関係しているのかどうかはどうでもよい。彼には世界史は、舞台の上に登場しているようなものに、すなわち単なる舞台衣装になっている。私たちは、あなたの歴史理論がそれよりましというわけではないのではないかと危惧している。有限性と無限性の緊張状態から歴史的弁証法を抽象することによって、人間の歴史性に対するあらゆる執着にもかかわらず、歴史はつねに同じものに、すなわち際限のない無駄骨折りになってしまう。私たちの最近の論文[168]のなかで、私たちはこう言っている。あなたの歴史概念は、神話論に戻ってしまっている、と。有限‐無限というあの概念のペアが、それに対して主な責任を負っている。偉大なる思弁においては、これらの用語は、これらが通過し、そして具体化され止揚される場であるプロセスの諸要素として、それらの正当な場所を持っていた。ヘッベルと同様に――そして、確かに大変真剣な動機から――精神に基づいて実在をその理念的なものとして規定する可能性を誤っているあなたは、追い立てられるようにして、もはやこれらの概念を保持するしかない。そしてそれらの概念は、そのために、ヘーゲルの体系が持っていたパトス全体が差し向けられていた、まさにあの抽象性に舞い戻ってしまっている。諸事実の言明、素朴な言明として、人間に関して、それが有限であるか無限であるか、あるいはその両方であるのかと語ることは恣意的であり空虚である。そのような哲学的残留物から政治的計画への移行は、ひたすらがむしゃらになることで可能である。人間は有限であると同時に無限であるという学説をもってすれば、それこそどんな政治も基礎づけられることができる。ルター的な旧保守主義者も、ナトルプ[169]的な理想的社会民主主義者もそれに同意するであろう。具体的な政治的規定がまずもって生じるのは、この哲学的人民戦線が破棄を通告されるその場所だと、ほとんどの人は言うことができるであろう。創造的活動性のような概念は、プロテスタンティズムがずっと以前から際限なき努力を、その努力の無益さの学説と一つにしてきたのと同じように、そのような汎悲劇主義の学説とずっと以前から一致していたのである。しかし、私たちがこの手続きの不正を意識することは、より内容を薄め、教条的要素を排除した概念装置への置き換えを通じて、むりやりその存続を図ることではないであろう。まさにヘッベルこそが、あなたの言う「有限性と無限性の和解不可能性」、すなわち悲劇の原理を、絶対的なものへと、世界根拠へと自身で移すのに十分なほどブルジョア的で急進的であった。そこにおいて、彼は何かショーペンハウアー的なものを有している。しかし、あなたにおいては、無限なものについての思弁全体が、ほかならぬキリスト教と、すなわち観念論者たちのもとではその思弁によって「止揚」されるはずのキリスト教と何の支障もなく一致している。あなたの雲を摑むような態度によって、あなたは宗教を信念の内容にしてしまったように、さらにまた観念論を汎神論にしてしまった。そして今や、観念論はあまりにも非実質化されてしまっているので、結局のところ不恰好な教義と同じものになっている。ただ当然のことだが、堕罪後に与えられた神の罰が「悲劇的」なものとして示されたのだという理解は、どんなプロテスタントにも受け容れられないに違いない。と言うのは、一面では、その瞑想的な拒絶の態度は――気の毒なことに――そのような悲劇のゆえに、あなたが語る真剣さから真剣さそのものを奪っているからである。しかし、他の面では、実定的宗教は、それが幸福の秩序および救済の約束である限りで、その要求するところに従って、確かに悲劇的以上のものである。悲劇的観点とキリスト教的観点の両立不可能性は、キリスト教を回復させることの不可能性を示す指標である。

〔18〕

それに対して、有限な自由の学説は、政治的反動と大変相性がよい。あなたはユートピアを攻撃する。なぜなら「有限な自由は悲劇をその内に含んでいる[170]」からである。あなたが他の箇所で強く撥ねつけてきたものこそ、まさにこれである。制約は規範になる。マルクスがユートピア思想に対して戦いを仕掛けたのは確かである——ひょっとしたら、それは十分に戦ったという以上のものであったかもしれない。しかし、彼がユートピアに反対したのは、彼がそれを実現しようとしたからであり、究極的な目標設定の無力さに対して否定的な展望を抱いていたのは、目標はそれ自身で達成されるべきだからである。あなたにおいては、反ユートピア的現実主義は、階級社会を隠蔽するための道具になっている。「キリスト教徒たちとマルクス主義者たちは、今現在と最終的な成就の間の中間段階の思想という点で一致している」とあなたは言う[171]。あなたが一度は同意しつつマルクスを引き合いに出すまさにこの場所に、先ほど軽く触れた前後関係の問題に関連した、マルクス主義の弱点があるように思われる。少なくとも人はこう言うことができる。すなわち、今日の客観的な状況においては、完全な社会主義への必然的な過渡期に関する思想は、物質的な生産力の状態とあまりにも矛盾しているので、早くも、付随する支配の逃げ口上のように聞こえてくる、と。いずれにせよ、人は正当にもこう言うに違いない。すなわち、すでに本来的なものではもはやない大変慎重なマルクス主義者たちもまた、最初の局面を、キリスト教たちよりもずっと簡明に、イエスの誕生とパルーシアの間の時代として、すなわち大変近似値的にだが時代全体と一致している期間として思い描いている、と。しかし、もしあなたが、マルクス主義者たちに関して、「しかし実際は、移行状態は大変急速に固定され、それと結びつけられた諸関心によって変化は停止させられる[172]」と続けるとしたら、それは垂直的な忍耐よりも憂慮すべきことである。心の奥底からの遺憾の気持ちをもってロシアにおける方向転換に言及すること、そしてその後で、その時そこで起きてしまったことに対する告発をそこから引き出すことは追及されるべきことではない。祭司たちを再び起用したことは、人間本性の有限な自由に対する一つの証明であることは明白である。けれども、古きよき新カント主義者たちの場合のように世界史が移行の無限な帰結以外の何ものでもないとしたら、そして私たちが再び移行のために働くべきであるとしたら、しかし同時に、どこへ移行されるべきかで中傷するとしたら、人はもっぱらこう問うことができるだけである。すなわち、このような世界観において、社会主義という概念がそもそも創造すべきことはいったい何なのか、と。その概念はおそらく、文化がそれなしには済ますことができない「シンボル」にも属している。有限で絶望的な諸行為がもつ無限な重要性に対する「感覚」は、あなたの学説にもあるものを、つまり存続しているものの前での降伏を本気で克服することができなければならないということ、このことを想定すべきではない。「有限な行為がどれほど無限な意義を持つかを私たちが理解すること[173]」という表現は、人が葬儀の際に耳にするような単純な文句である。歴史の質的な内容に関するあらゆる関係が抹消されている。社会主義に関して言えば、犠牲に供される生贄を、人が原始的な儀式において神の高みへと持ち上げるように、その要求には社会主義を隠してしまう言葉が残っているだけである。

魂の配慮をすべき聖職者が自らの命を捧げる政治活動家をわがものとするとしたら、事態はいかがわしいものとなろう。というのも、彼は無限な意味のために死ぬのではなく、有限な目標のために死ぬからである。（そのような関連で無限性について語ることが、そもそも意味を持つとしたら、その意味はまさにここで求められるべきであろう。）人は、この最たるもの、すなわち個体化の原理を実際に見通している希望なき死を、宣教用の幼児キリスト像に代わる媒体として悪用するべきではない。『資本蓄積論』の著

〔20〕

者[174]は、もし人が彼女を同じ宗教社会主義の殉教者として独り占めしようとするならば、何を語ったのであろうか。というのも、宗教社会主義の派遣代表者たちが、すべての個々の政治的問題において、彼女に関して反対を表明し、彼らの集団からノスケの流れを汲む大臣と評議員が出てきているのだから。宗教社会主義は、彼女に関して、彼らの集団からノスケの流れを汲む大臣と評議員が出てきているのだから。宗教社会主義は、彼女に関して、彼女はまさに自分自身を理解していなかったのであり、彼女自身が思っていたよりもずっとラディカルであり、したがってずっと深遠なのである、と厚かましくも語っているのではないだろうか。この深遠の度合いはどれくらいなのか。彼女がそのようなものとして威張った瞬間、すでに彼女は醜くなってしまっているのではないか。歪曲を意識化するために、人はただリスクというあなたの概念を、あの女性と宗教社会主義に適用してみなければならないのではないだろうか。

Ⅲについて

普遍概念と同様に、逆にあなたは個体のカテゴリーを実体化している。個体のカテゴリーは、どこまでも歴史的であり、まさに今日、もっとも決定的な変化のうちに存する。人格化された集団性に対するあなたの反論は真であるが、「決断し行為するつねに個としての人格[175]」はかなり疑わしいものである。あなたは観念においては、個人に多くのものを付しているが、あたかも個人が永遠性の分割払いで満足しなければならないかのように、現実性においては、よりわずかなものしか個人に付さない方向に傾いている。差し当たり、人は、「政治は個人が創造的自由を実現する一つの場であり得る[176]」とはほとんど規定しないであろう。政治とは、文化的営みの、つまり支配をめぐって制度的になされる闘いの一つの分野であるか、その分野の一番表面にあるものである。したがって、次から次へと移り変わっていくものがあったら、そここにそのような政治が働いているのである。私たちの課題は、この分野全体に批判的に取り組むことであり、人が恋愛におけるように、あるいはスポーツにおけるように生き生きとそこで活動できるような領域として、中立的な文化においてそれを認知することではない。そのことは職業政治家の場合にとりわけ当てはまるであろう。しかしまた、人は、政治と、その政治が属している企てを終わらせるための努力を、政治のもとで理解する。しかし、そうであれば、政治は人が自身の創造性を実現する「領域」などではなく、客観的自由をめぐる闘争の本質である。領域の概念そのものは、真の政治が向けられなければならないであろうまさにあの社会の組織化に属している。しかし、政治がひとたび領域へと形成されるやいなや、かつては個人の戯れの場として規定されていた社会が、個人に敵対するものとなる。「政治的創造性への参与の意味における政治的自由が、個人ひとりひとりにとって必要不可欠であるのかどうか(177)」という私的な問題は、「職業(178)」としての政治を前提にしている。なぜなら、まさにその職業こそが、政治をそれ自体で支配していない社会と結びついているものだからである。ひとたび人が政治をそのように規定したなら、各人がこの分野において認められるのかどうかを問題化すること、そして完全に首尾一貫して、民主的権利を制約するために抜け道を開いたままにしておくことは容易である。これらの民主的権利が独占の下で、しばしばその正反対のものに転ずるということは、独占ということが、民主的権利を完全に取り上げるための正当化としてこれまでずっと好都合なものだったということである。

〔2〕　左翼的な自由主義に対する批判的モチーフが採用され、転用され、しまいにはそれが対立するものに適したものにまでなるという経緯を、移行についてのあなたの論文は繰り返し指摘している。一七ページの記述は、とりわけこうした性質を多分に含んでいる。あなたは民主主義的手続きを批判し、そしてそれを、人間の本質的な自由に含まれた政治的自己決定に対する真の要求を制度化する試みと見なしている。しか

しそうであるならいったい誰が、そのような試みの主体であるのか。世界精神か。それはあなたの超越概念と相容れない。現実において、民主主義的手続きは、歴史的な戦いの帰結である。その際その戦いは、基本的な権力関係に抗して独立すればするほど、それだけ単にイデオロギー的な特徴を持つことになった。誰がそれを試みるのかを語ることなしに、民主主義的手続きを「試み」と呼ぶこと、そしてその後で、その試みの成功もしくは失敗を議論することは、強調点をずらしてしまうことになる。なぜなら民主主義的手続きが、それが誰だか分からない人の試みを評価し、そして創造的活動性という懸念すべき概念によって補完するという仕方で、民主主義的手続きに、直接性を通じてそれとは区別される「諸形式」を対置することが可能となるからである。その点でそれは、現実の歴史的弁証法とその衝迫を無視するという状態になる。作業場、ツンフト、そして村落の運営の直接性は、ブルジョワ的民主主義の匿名性よりも良質なものではなく、むしろ粗末なものである。驚きをもって人が確認するのは、よい直接性の事例と同じ水準において、血縁集団と大家族会議に並んで、「(革命的)細胞集団」もまた列挙されていることである。もし人が寛容にも革命家までも創造性のうちに組み入れるならば、形式的社会主義にあまりも多くのものを前もって与えすぎているのである。特殊民主的な手続きの過度の強調は民主主義の終わりを意味するであろうという命題[179]は、理論上は正しいが、直接性の賞賛と結びつくことで、そしてあなたのもとではその賞賛が存在している場である全体的布置においては、新たなエリート理論のプレリュードのように聞こえてくる。これでは私たちはファシズムと戦うことができない。それゆえに理論の革新的部分においてその命題に同意することができないのである。

同様の危険を、私たちは、平等概念に関するあなたの批判のうちに認めている。創造的自由を通じた自由の定義は回りくどい。それが不適切であることを意識するためには、人はドイツ的な創造的自由に基づいて語りさえすればよい。自らを表現しようとする青年運動の体操少女たちの精神的な生活空間に基づく諸概念が、その実態がアメリカの南部諸州においては大変押しつけがましいものとして経験されたかもしれない平等の概念を定式化するために援用される。批判的モチーフは、護教論的モチーフへと歪められている。私たちは平等に対する可能的なものを語り、そしてその際、画一主義の下に隠蔽されているもののことを考えた。しかし、あなたにおいては、現に存在している不平等を偽装して黙認するという事態になる。平等と正義の批判は、「あらゆる方面で成功するための機会を、すべての人に与えることを要求してはいない」と。[180] それは、ブルジョワ的カテゴリーに無邪気にも囚われてしまっている。というのも、すでにマンハイム[181]がそれに基づいて多くのことを語った機会の概念は、それにもかかわらず、競争社会と、その社会における「出世」に分かち難く結びついているからである。

社会主義は、こうした事態を不適切な方向へとさらに拡大するのではなく、まさに廃止するのであろうが、しかし、まずもってそれは当然のことながら、ある非宗教的な社会主義者が今日では人気のなくなった書物のなかで書いているように、残存している国家の機能が掃除婦によって担われ得ることを意味している。[182] 物質的に言えば、こうである。平等の理念に関する私たちの批判は、充腹の状態と関係している。充腹の状態においては、すべての人が食すビーフステーキを数え上げることは抑圧的であるかもしれない。なぜなら、そうでなくともすべての人が、望むだけ多くのものを食べることができるからである。かなりの人がおそらくはそのような状態においては、さらに肉を食することを断るのである。そこまで行かなくとも、依然として、身近なものに訴えかけた言説は部分的には正しい。機会の平等を要求しなくとも、授業料の廃止、相続税の値上げで社会主義は論じ尽くされてしまう。その際、独占は、大変よいものとなろう。

〔23〕

あなたが一八ページにおいて同調している確実性に対する憎悪は、後期市民階級による見せかけの市民追放の諸断片の一つである。その憎悪は、カタストロフィーに対するあの信念と大いに関係している。ベヴァリッジ・プラン[183]よりも爆弾の方がよりその特徴を表現している、世界における安全性に対する恐怖の発見は、差し迫っている社会主義の可能性に対する密かな不安を漏らし始めている。少し前では、世界にはすべての人に対してキャビアは十分にはないと言われていた。今では、潜在的には十分にあるので、こう断言してよいであろう。十分にあるのなら、ただそれだけの理由で、人々はキャビアを食べなくなる、と。社会主義においてもそうなるようなことが言われているが、人間が病気になる限りで、そして死ななければならない限りで、そして他の生命を収奪する限りで、不確実性はなお十分に存在することであろう。あなたは、ハックスリーの『すばらしき新世界』を引き合いに出している[184]。私たちはかなり以前から、この著作とヤスパースの『現代の精神的状況[185]』について（いわば哲学的論評を添えて）何かを書くことを計画していた[186]。ハックスリーは誰よりも賢い男で、他の追随を許さないほどに現在的状況の輪郭を、それが否定的ユートピアのイメージに収斂するまでに引き伸ばした。それにもかかわらず、その基本的傾向は誤っている。彼は、末人を説くまさにニーチェのように、真理の中で「泥棒を捕まえろ[187]」と叫んでいる[188]。彼は、社会主義もしくは漠然とした未来社会に、完璧な支配に基づいている特質を認めて非難している。ともかく彼は支配の存続を認めているのであり——自分のイメージを社会主義から区別してもいる。その際、彼は、とりわけ人間たちをも条件づけているあのエリートの手のうちに裁量権を与えている。もし、彼が国家資本主義を、さらに共産主義を「イデオロギー」と見なし、魅力的なレーニナのことを意味させるならば、それは国家資本主義のイメージであり、ハックスリーの洞察に有利な証言をしてくれる。他方で、独占主義に対するハックスリー的な批判は、独占主義にいとも簡単に自己を捧げさせる、あの隠された意味における個人主義的批判である。人は、暗黙の過去の賞賛 laudatio temporis acti の独占を守ることを、うんざりするほど強いられることがしばしばである。あの主要な場面で、レーニナは、「正しき」人間であるはずの「野蛮人」を誘惑することを試みる。その際、意図せずして、彼女はより同情的な人物に、そして野蛮人はピューリタン的に信心家ぶっている人のように思われる。『すばらしい新世界』において悪いものとされるのは、確実性ではなく、人間自身に植えつけられ、確実性の幻影を作り上げるある種の支配である。なぜなら、その支配は、一見したところ、もはや権力装置を必要としないからである（しかしながら実際は、ハックスリーにおいても、これは背後に潜んでいるのであるが）。これこそニーチェの言葉における「牧人はいなくて、いるのは畜群だけ[189]」のもっとも内的な意味である。群れの動物たちが成功するのは、それらが牧人を持たないからではなく、それらが牧人そのものを、すなわち一般的な聖職者の特質を内面化することにあますところなく成功したからである。それらの有限な自由は、実際、「破られた」のである。

　安全性に関して事情がつねにこうであるように、良質の実存的不安を、悪質で、ひたすら資本主義的な不安から、また理念から分けることは不可能である。それこそまさに――取るに足らないモデルに従って、恒久的に、そしてただ移ろい行くだけの――恣意的な切断であり、そのために、私たちはこのような人間論を大変に誤ったものと見なすのである。ハイデガー的な意味におけるいわゆる実存的不安は、きわめて近代的な何かなのである。その不安は、ポーやキルケゴールやボードレールにおける以上に、より早熟した形で証言されているわけではないことを、人は示すことができるだろう。その不安は、人間たちが、もはや自分たちには逃げ道が残されていないと理解するような全面的社会化を反映しているように見える。不安はア・プリオリになる。なぜなら、その不安は、社会の閉じられたシステムのなかで、あらゆる個別的状況へと前もって秩序づけられているからである。それは、絶対的な「被投性」の感覚へと移し変えられる。戦争や失業を前にしての単に経験的な不安と、そして実存的とされる不安とは、その本質に従えば同等のものであるが、スコラ的な分類によって見るのであれば、それはお互いを分裂させるものである。不安の諸々の層[190]という表現は、自分で自分に不都合なことを証言している。「層をもった不安」を持てとでも言うのだろうか。

あなたがラディカルになるのは、ブルジョワ的な個人主義に対する批判においてである。あなたは、まさにそこで保守的になるよう誘惑している。というのも、まさにあなたが歪曲として有罪を宣告したブルジョア的個人の躍動こそ、個人が個人主義的社会において、その社会にどれほど無駄であろうと抵抗する際のあの躍動でもあるのだから。人が形而上学的な孤独に、あるいは共同体の具体的な要求に対する貴族的な無関心[191]に反発して持ち出す集団的な空想物、それがまさにあのすばらしき新世界であるが、あなたはそれとは関わろうとはしない。あなたが罵っているものが代表しているのは、一般的な悪事のもとでの傍観であり、普遍的な引き受け行為とは反対のものである。それは、共同体の統治形態のなかでの勤勉さ以上に、真理とは関わりがない。社会主義が集団主義的な「生活形態」をもたらすかどうかは疑わしいことである。今日は生産活動は個人主義的に、生活は集団主義的になっている。社会主義においては生産活動は集団主義的になるので、あの不快で、不可避的に抑圧的な集団性はそこではもはや必要ではなくなる。私たちはあなたほどには、「多くの偉大な伝統の破壊」、すなわち別の言葉で言えば、非人間化そのものの理由を、その点でだけ社会主義と結びつけ、そこにこそ原因があるかのように主張し、社会主義を否定するつもりはない。むしろ私たちは、社会主義がまさにあの伝統を実現し、そして特殊な形態の「群集」と同様に今日の集団的な人間を破壊してくれることを、社会主義に期待するほどに十分にブルジョワ的なの

〔25〕

〔26〕

である。その際、私たちは、あなたが拒絶している個人が、まさに社会の圧力によって登場したということを絶対に見誤ってはならないと考えている。たとえそうであっても、この社会において、個人はよりよい社会を保証するものなのである。

それゆえ、私たちは、あなたがレーヴェ[192]から受け継いだ常識的な画一主義に対する控えめな賞賛に与することもできない。私たちはそれに恐ろしい兆候を見て取っている。国家社会主義は、もっぱらこの画一主義を、幾分か大急ぎで、そしてそこにこそ重点を置いて作り上げようとしたのであった。それは、その画一主義が、なお大陸ではすっかり普及しているとは言えなかったからである。あなたはそれを以下の通り認めている。しかし、国家社会主義が社会の名のもとに、所与の状況を超えて指し示すもの――あなたならそう呼ぶであろう――を個人に対して、あらためて意識的に否定している間は、あなたは、その精神が、まずもって反個人主義的な功績を持っていることを認めるべきではなかったのだ。言い換えれば、個人と社会の関係は徹底して弁証法的なのである。あなたは、あるものを他のものを通して規定する代わりに、諸々の対立を中心へとかき集める綜合という確実な手段によって、弁証法から自身を遠ざけてしまっている。というのも、そのようにして、集団主義的な社会に統合されるべき個人性は成立するからである。足跡は私を怖がらせる vestigia terrent。どうかあなたの隠れたる神が、あらゆる統合から私たちを守ってくれますように。重要なのは、個人と社会が和解することではなく、社会の解放をもって、社会の構成員たる個々人が解放されることなのである。「労働者個人」が将来の真の人間であるという考えに、私たちは戦慄している。社会主義は、社会的に必要不可欠な労働を最小限に押さえこまなければならない。労働を人間の尺度とする考え方、これは資本主義の原理である。

一九四四年二月一六日、ロサンゼルスにて

第3章

エーリヒ・フロムとパウル・ティリッヒ

「……私たちが長い間会えないでいることを大変寂しく思っています」
——未見のエーリヒ・フロム＝パウル・ティリッヒ往復書簡及び関連書簡の解説と翻訳(1)

竹渕香織＋深井智朗編著

解説——エーリヒ・フロムとパウル・ティリッヒ

はじめに

エーリヒ・フロムとパウル・ティリッヒとの間には、フランクフルト時代に出会い、共にアメリカに亡命し、そしてアメリカの市民権を得て、亡くなるまで途切れることのない交流が続いたことはよく知られている。特にアメリカでエーリヒ・フロムが「宗教と心理学」の問題を取り扱い得る社会心理学者として、またパウル・ティリッヒが「宗教と心理学」の問題を取り扱い得る神学者として知られるようになった時に、ひとは両者の共通点のみならず、相違点に注目するようになり、両者がそれぞれの著作や書評などで相手に送る批判や評価にも関心を持つようになった。[2]

しかし両者についての知的伝記は、両者の関係をそれほど明瞭に語ってくれているわけではない。そのために両者の関係についてはさまざまな憶測に基づく説明がなされている。よく知られたゲルハルト・P・ナップのフロム伝では「ふたりは親しい関係には進まなかった。預言者同志は、往々にして相手の内輪に入っては寛げないものなのである[3]」と二人の関係を説明している。しかしその際ナップはそのように判断した論拠を示しているわけではない。ナップの指摘は、両者のアメリカ亡命後の状況を説明した文章であるが、たとえば今回紹介する第一番目の資料が示していることは、むしろ両者の親密な知的交流がアメリカ時代に続いていたことを示している。この案内状からも明らかな通り、ティリッヒとフロムは一九四一年以来ティリッヒのアパートで毎月行われていた「コロンビア・ユニオン哲学グループ」のメンバーであり、またティリッヒが主催していた「ニューヨーク心理学グループ」のメンバーでもあった。前者の案内状の一枚がフロムの遺品の中に残されていた。毎月個人宅で行われていた研究会に出席していた両者が「相手の内輪に入って寛げない」状態であったとは判断しがたい。

さらに今回翻訳した三番目と四番目の手紙にあるように、フロムは妻の病気のために戦後一九四九年にメキシコに移住したが[4]、そこからフロムがティリッヒに送った手紙がハーヴァード大学アンドーヴァー神学図書館のティリッヒ文書の中に存在している。フロムはティリッヒの病気を心配し、またティリッヒの仕事を気遣い、さらには「長い間会うことができないことを寂しく思っている」と書いている。事実フロムはそのメキシコで彼が勤めた大学にティリッヒを招いて、講演をしてもらっているし、ティリッヒが一九六〇年に日本を訪問した際に書いた長文の「日本旅行についての非公式レポート」はフロムの遺品の中にも見出される。このように両者の関係は消して親しくないものではなく、むしろ一般的に見て思想的な対立はあったとしても、毎月ティリッヒの自宅での研究会に参加し、客員教授として代理講義を依頼し、相互に病気を労わりあう関係はむしろ親密なものであったのではないだろうか。このような関係の上に、アメリカ時代にそれぞれの著作において、相互に意識し合う議論や相互の批判が成立しているのである。[5]

本論はこれまでの両者の関係を論じる際の情報の欠落をいくらかでも補うためになされる、現在公開可能で、またこれまで未公開であった両者の間で交わされた書簡類、及び関連する書簡の翻訳と解説である。今後フロムとティリッヒの思想の比較研究が心理学の側と神学の側とで実証的に進められるであろう。本論はそのための資料のひとつとして、関係者の資料公開了解のもとに、公にされる。まずは、アメリカで両者がそれぞれの著作や論文を意識して、批判や討論を公にするようになるまでの両者の関係を概観し、その後に、両者の知的交流を裏付ける資料となる書簡類の翻訳を掲載した。

1　フランクフルト時代以前のフロムとティリッヒ

ティリッヒとフロムとが最初に出会ったのはフランクフルト時代であるが、両者の直接的ではなく思想的な出会い、あるいは何らかの関節的な接触の予感が、ベルリン時代についてのさまざまな証言の中に点在している。

一九〇〇年にフランクフルトに生まれたフロムは一九二三年から二九年までベルリンやハイデルベルクで学生時代を過ごしているが、ティリッヒがベルリンで私講師として過ごしたのは一九一九年から二四年である。この時代の資料は何もなく、ただひとつティリッヒの一九六二年の回顧的な文章の中にこの時代に触れたものがあるが、両者の具体的な交流が明らかになるものではない[6]。

フロムは正統派ユダヤ教徒の家庭に生まれ、法学や経済学を学んだ後、専門分野を修正しハイデルベルクのアルフレート・ヴェーバーのもとで博士論文を完成している。これは「ユダヤ教の戒律——ディアスポラ・ユダヤ教の社会学[7]」というもので、一九八九年になってはじめて出版された。これは方法論的には文化社会学的な研究で、ハシディズムの擁護であったと言ってよいであろう。

博士論文を完成させた後のフロムは、ラビであったラビンコフのもとでヘブライ語原典の研究を進め、さらにはフランツ・ローゼンツヴァイクがフランクフルトで責任を持っていた「自由ユダヤ学院」で学んでいる。これは一九二〇年から二五年頃まで彼のユダヤ人としてのアイデンティティー形成に強く影響を与えたシオニズム運動からの転換を意味している。彼はさらにこの時代、後に妻となるフリーダ・ライヒマンと出会い、彼女の影響のもとで精神分析学を学び、さらにはマルクス主義に導かれた。その後彼が精神分析医としての訓練を受けた「ベルリン精神分析研究・診療所」はまさにマルクス主義と精神分析との結合を目指すものであったので、ユダヤ自由学院でフロムを教えていたショーレムは、フロムとベルリンで会った時に彼が熱狂的なトロツキストになっていた、と証言しているほどである[8]。

フロムはフランクフルト時代以前にすでにショーレムやローゼンツヴァイクと知り合いになったのだが、彼らを介してティリッヒの思想に触れた[9]。ティリッヒは一九六二年に書いた「回覧書簡」（Rundbrief）のなかで、ベルリン時代にその名を知るようになったユダヤ人として、フロムとアドルフ・レーヴェをあげている[10]。どちらとも後にフランクフルト社会研究所と関係を持つようになったわけである。しかしティリッヒはその回覧書簡のなかでは心理学者としてのフロムについて触れているのではなく、マルクス主義の問題を論じるコンテクストでその名を出している。またレーヴェとティリッヒとの関係が一九二〇年にべルリン大学で結成されたベルリン・グループ、通称「カイロス・クライス」と称する宗教社会主義のクライスによってはじまったことは資料的にも明らかであるが、フロムとの関係は具体的にどのようなものであったのかは記されていない。

それゆえにこの時代の両者の関係は、相互に影響を与え合うというようなものでもなく、フロムがティリッヒの講義に出席したことがなかったことからすれば[11]、直接的な知的交流をベルリン時代に求めることは困難であろう。宗派的な伝統からさえ自由になったフロント世代のユダヤ人たちがティリッヒを高く評価していたことは周知の事実である。たとえばローゼンツヴァイクは、一九二〇年七月に、パウル・ティリッヒの論文集を従兄弟のハンス・エーレンベルクから譲り受けた時、当時の恋人であったオイゲン・ローゼンストックの妻マルガリータ・ローゼンストック＝ホイシーに送った手紙のなかで、「ベルリンの私講師にティリッヒという人がいます。この人はまさに将来のある人物、わが世代の兄弟です。……私が『救済の星』でやったことを彼は体系化しています。……彼の思想は述語の上に浮いている感じがしますが、他方で、真の言語という大地にしっかりと足を置いている感じがします」と述べ、さらには「ティリッヒこそ、私の『救済の星』での発言について何かコメントしてもらいたい唯一の大学人です。私を理解できるひとはおそらく彼をおいていないでしょう」とまで述べている。もしローゼンツヴァイクとフロムとの関係がフロムのベルリン時代に遡るのであれば、ティリッヒへの評価がフロムに伝わっていないということも逆に考えにくいことである。しかしそれはそれ以上のことではない。それゆえにフロムはティリッヒを評価する同世代のユダヤ人知識人の中にいたと考えるのは妥当であるが、ゴタード・ブースのように両者の関係をベルリン時代にあると具体的な証言なしに断定する必要はないであろう[12]。

2　フランクフルト時代のフロムとティリッヒ

以上のような理由から、両者が初めて直接的に、内容のある出会いを経験するのはフランクフルト時代であり、その場所がフランクフルト社会研究所であったことは明らかであろう。しかし実はこの時代の両者の直接的な交流を示す資料も決して多くはない。両者がフランクフルト大学及び社会研究所にまったく同時期に在職していたのに、両者の直接的な関係を示す資料が少ないことは不思議なことである。

パウル・ティリッヒがドレスデンからフランクフルトに移ったのは一九二九年のことである。ティリッヒは、一九二五年にはリヒャルト・クローナーの勧めでドレスデン工科大学の宗教と社会哲学の正教授に就任した。ドレスデンという大都市に魅力を感じてはいたものの、総合大学ではないドレスデンで、神学者が哲学を教えることに限界を感じていたティリッヒは、カント派の論理学者ハンス・コルネリウスの後任としてフランクフルト大学の哲学ならびに社会教育学の正教授に就任している。

彼はここでは大学の教授陣のなかで唯一の神学者であり、「世俗的な環境で哲学を教える神学者」という一般的には考えられないような立場にあった。しかしそれは彼の学問的な性格をよく表しているし、この時代「神学」という学問がドイツ社会において担っていた役割をよく示している、何よりも彼自身にとって「やりがい」のある仕事であったに違いない。彼は「神学者の中で哲学者、哲学者の中の神学者」と呼ばれ、また口悪い人々からはユダヤ人の多いフランクフルトの哲学部でキリスト教神学者が哲学を教えるのであるから、彼は「ユダヤ人たちの中のパウロ（Paul は聖書のパウロのドイツ語名である）」とさえ呼ばれた。

ティリッヒがフランクフルトに招かれた理由は、当時のドイツのプロテスタント神学が置かれていた学問的な状況に基づくものである。神学はその時代もっとも多くの学生を持つ分野のひとつであった。それは神学部が聖職者のみならず、公立学校で必修であった宗教教育のための教師を養成していたからである。またこの時代、神学は教会や特定の宗教的な思想の中に閉じこもるようなものではなく、国民教会制度が伝統的に確立されており、公立学校で宗派に基づく宗教教育が必修であり、神学部が公立大学に存在し、神学部の卒業生は、聖職者や宗教教育の専門家になるだけではなく、かなりの人数が官吏となって地方行政にかかわっていたのである。このような神学部の置かれた社会状況が神学者たちをキリスト教内部だけに留め置くのではなく、神学者としてキリスト教会の外の社会で仕事をすることを可能にしていたのである。そして彼自身、決して神学を捨てたり、神学の伝統的な体系を壊すことはせず、ただ神学的な概念を、今日の知的状況のなかで説明することに長けていた。それがティリッヒと他の学問分野の人々とを結びつけることに役立ったのである。

他方でエーリヒ・フロムがベルリンからフランクフルトに戻り、フランクフルト社会研究所の建物の中に開設されたフランクフルト精神分析研究所の所員になったのも、ティリッヒがフランクフルトの着任したのと同じ一九二九年であった。フロムがフランクフルトに呼ばれたのは、おそらく精神分析研究所の初代所長となったカール・ランダウアーがフロムに精神分析学の手ほどきをした一人だったからであろう。その後フロムは精神分析研究所の廃止が決まった一九三二年(実際の廃止は翌年の一九三三年であった)になって、正式に社会研究所の社会心理学部門の責任者として異動している。

この人事にもティリッヒが関与している。社会研究所とフランクフルト大学の人事は複雑な契約によって成り立っていた。研究所は一九二三年二月三日、プロイセン州文部省と社会研究協会(Gesellschaft für

Sozialforschung）との契約のもとに正式に発足している。この契約によれば、研究所の母体となる社会研究協会は、大学のために、経済・社会学部に正教授のポストをひとつ設置するための基金を提供する。それに対して大学は研究所との協議の上で招聘することになるこの教授を研究所の所長兼任とすることを認めた。それによって研究所は大学からは相対的に独立しているが、しかしアカデミックな機関としての地位を確立することができたのである。

一九三二年にクルト・リーツラーとティリッヒ、そしてフリードリヒ・ポロックとの協議によって、社会研究所の所長にマックス・ホルクハイマーが推薦された時、社会研究所は財政上は新しい負担を負うことになったが、新たな発展をとげることにもなった。ホルクハイマーの教授資格は哲学なので、経済・社会学部の教授として招聘することはできなかったために、社会研究所は大学と追加契約を行い、哲学部にも講座設置のための基金を提供することになった。その際ホルクハイマーが大学の教授を兼任するということで、正式に社会研究所の所員（生涯年金の権利を含む）となったのがエーリヒ・フロムであり、フランクフルト社会研究所がこの人事に際し大学側に提出した推薦、及び報告書類に、大学を代表してサインをしたのは学部長としてのパウル・ティリッヒであった。

この人事はフロムの人生を大きく変えたと言っても過言ではない。もちろんフロムは、精神分析研究所の所員時代から、非公式に同じ建物の中にある社会研究所の研究に参加していたが、今やフロムはホルクハイマー体制のもとで新しく再構築されようとしていたこの研究所のグランドデザインの設計に関わるようになったのである。

学位取得後のフロムが精神分析への関心を強く持つようになり、それが同時にマルクス主義への関心と重なっていたことはよく知られていることである。その背後には彼の最初の妻となったフリーダ・ライヒマンからの影響があったこともよく知られている。フロムがフロイト派の雑誌と見なされている『イマーゴ』に掲載した彼の安息日論には明らかにタブーの起源というフロイト的な分析方法が駆使されているし、それが労働問題と結びつけられている。

フランクフルト社会研究所の初期批判理論の構造設計を試みたホルクハイマーが、そのグランドデザインを任せたひとりがフロムであった。フランクフルト社会研究所の初期批判理論の形成には精神分析とマルクスの思想とが重要な役割を果たしているが、その後のアドルノやマルクーゼとフロムとのこの点をめぐっての対立や論争を考えるならば、この段階でフロムが果たした役割は今日あらためて検討してみなければならないであろう。そしてこの点こそティリッヒとフロムとを思想的に結びつけていた点でもあった。

さてフロムは精神分析研究所から社会研究所に正式に移動してから、彼の提案したグランドデザインに基づいた研究を矢継ぎ早に展開している。一九三二年に新しい編集方針のもとに改名、再出版された『社会研究雑誌』に「分析的社会心理学の方法と課題について――精神分析と史的唯物論」という有名な論文を掲載している。また研究所の実質的なスポンサーであったヴァイルが主導し、実質的にはフロムが担当した「ドイツ労働者の意識調査」は、政治的イデオロギーとパーソナリティーとの関連についての大規模な実証研究で、理論仮説とアンケート調査の分析によるものであった。

この時代のフロムとティリッヒとを結びつけているのは、フランクフルト社会研究所という「場所」と、マルクスの思想と精神分析とを結びつけるという批判理論の「方法」であろう。

「場所」については、ティリッヒがフランクフルトで主催していた、「小さな集まり」(Kränzchen)が重要であろう。これはティリッヒがどの時代にも行っていた今日の言葉で言えば学際的討論会で、この会合の通常の回覧状の送付先はホルクハイマー、アドルノ、レオ・レーヴェンタール、ポロックであったが、討論の要旨を記録したメモによれば[13]、不定期の参加者の中には、心理学者としてはフロムとマックス・ヴェルトハイマーが、社会学者としてはマルクーゼとカール・マンハイムなどがいた。

「方法」についてはマルクス主義と心理学との結合が重要であろう。この点ではフランクフルト学派のマルクス解釈とも関係しているのであるが、ヴァイマール期のマルクス主義とは、第一次世界大戦前のいわゆる「教条的マルクス主義的の正統的諸潮流の解体[14]」のプロセスのなかで、「西欧型マルクス主義」、「パラ・マルクス主義」、「マルクス主義的ヒューマニズム」として知られ、マーティン・ジェイによれば、「西側でも東側でもすぐさまマルクス主義の遺産の公的管理人によってすぐさま破門を宣言された」ものである。

フランクフルト学派が公式にそのように受け取っていたかどうかは別として、ティリッヒとフロムが共に受け取ったマルクス主義は二〇年代後半におけるマルクスの初期草稿の発見に基づくマルクス主義、とりわけ人間学であったと言ってよいであろう。

ティリッヒがベルリン時代に参加した「カイロス・クライス」はギュンター・デーンとカール・メニッケの指導のもとに成立したクライスで、ティリッヒの他にアドルフ・レーヴェ、エドゥアルト・ハイマン、アレクサンダー・リュストウ、アーノルト・ヴォルファースなどがいた。これはジークムント・シュルツの労働者支援運動への共鳴から始まったもので、教会内における多様な労働者問題についての研究会であった。

彼らの多くは、第一次大戦前に、ヴィルヘルム期という権威主義的な「父の時代」に反発した「フロント世代」であり、その政治的・思想的な破壊を目指していたが、それを果たすことはできず、第一次世界大戦によってそれらが完全に破壊されてしまったことを認識していた。そして封建制や皇帝のもとでの政治、あるいはラインラントの資本主義や社会階層の厳格な区別などが復興することに対して批判的であった。そのために、政治的保守主義や社会の伝統を隠れ蓑にして「責任ある社会的・政治的行動をとろうとしないドイツ・ルター派教会を強く批判する」ようになったのである。また他方であまりにも単純化され、ユートピア化されたマルクス主義やボルシェヴィキの唱えるプロレタリア独裁の不可避性などの主張にも同調しなかったし、神の国の地上での建設を説く宗教社会主義にも賛成しなかった。彼らがマルクス主義から影響を受けたとすれば、それはマルクス主義をひとつの歴史哲学として解釈し、現代の批判理論として用いるということであった。カール・メニッケの編集によって一九二六年まで刊行された『宗教社会主義雑誌』はこのグループがベルリンの政治学研究所を通して発行していたものである。

この時代ティリッヒが念頭においていたのは、グスタフ・ランダウアーのロマン主義的・アナーキズム的社会主義、あるいは分権・契約的なアナーキズム（föderalistische Anarchismus）であったと言ってよいであろう。ランダウアーはブーバーにも深い影響を与えた人物であるが、ドイツ・ロマン主義と初期フランス社会主義との結合を考えていたティリッヒは「われわれが崇拝するのは国家ではなく精神である」というランダウアーの考えに共鳴したのであろう。

フロムもまたこのランダウアーの影響をマルティン・ブーバーを通して受けている。それは特に一九二〇年代以降フロムが当時のフランクフルト学舎（Frankfurt Lehrhaus）でブーバーやローゼンツヴァイクと交流を持つようになって以来のことである。しかしフロムがランダウアーから受けた影響が、ティリッヒと同じパースペクティヴであったかどうかは疑問である。なぜならフロムのマルクス主義は、社会批判や世代論、あるいは歴史哲学的革命論ではなく、人間論であり、フロムは社会分析の出発点としての哲学的人間学の必要性を後に考えるようになったからである。

またティリッヒはこの時代、ベルリン時代から関心を持ち続けていた精神分析や心理学への興味を拡大してゆく。とりわけティリッヒは再婚したハンナの妹マリー＝ルイーゼ・ヴェルナーが精神分析家であったこともあり、大きな影響を受けている。ヴェルナーはティリッヒに「デモーニッシュなものの創造性」という考えを提供し、ティリッヒは彼の哲学上の師でもあったフリッツ・メディクスとともにシェリングの解釈を通して、「神それ自体の中に含まれる非合理的な可能性としてのデモーニッシュなもの」という考え方を展開するようになった。

もっともこの時代のティリッヒの心理学への関心とフロムのそれとが単純に重なるということはできない。フロイトの影響を受けたフロムと、アデマール・ゲルプやマックス・ヴェルトハイマーと共同研究会を定期的に行いゲシュタルト心理学の影響を強く受けたティリッヒとでは問題意識が食い違っていた可能性が大いにある。しかしフロムや社会研究所のマルクス主義と精神分析との結合という構想をティリッヒは理解することができたし、ティリッヒは事実大学におけるフランクフルト研究所の擁護者であり、ホルクハイマーやアドルノとの密接な交流はこの時代、そして一九三〇年代に社会研究所がスイスに、そして最終的にはアメリカに亡命してからも続いているのである。ところがここでも二人の交流についての伝記的な情報は沈黙している。

3　アメリカ時代のティリッヒとフロム

今日両者の知的交流の内容が公式の記録として確認できるのは、両者のアメリカ亡命時代以後のことである。ティリッヒは一九三三年四月にナチスによって停職処分となり、一一月にはアメリカに亡命し、コロンビア大学とユニオン神学校に迎えられ、その後はハーヴァード大学とシカゴ大学を経て、最後にはニューヨークの新社会学研究院で教える招聘を受け、しかしその約束を果たせずに亡くなっている。ティリッヒは英語で思索し講演することに生涯苦労したが、ドイツで構築した思想をアメリカの知的マーケットで上手に商品化したドイツからの亡命知識人としては稀に見る成功をおさめたひとりであった。その際彼がドイツからアメリカに持ち込んだ思想的商品こそ心理学であった。そしてそれはフロムとの新しい対話を引き出すことになったのである。

他方フロムは、一九三四年にジュネーヴを経て、アメリカに亡命し、コロンビア大学で教える傍ら、精神分析医として開業している。英語の優れた能力を持っていたフロムもアメリカで成功を得、その書物はドイツ時代からは予想できないほどの注目を集め、広く読まれるようになった。ただし彼は有名になったマルクーゼとの論争や、アドルノとの決裂に表れ出ているように、アメリカではフランクフルト学派の人々とは疎遠になり（しかしフロムはアメリカに亡命後も正式な社会研究所の所員として報酬を受け取り、年金を受け取る権利も持っていた）、思想的にも個人的にも関係は断絶し、社会研究所からは正式に離脱した。しかしそのフロムが生涯交流を持ち続けたのがティリッヒであった。

すでに述べた通り、ティリッヒとフロムの交流関係を示す資料は、アメリカ亡命後明らかに増加している。その理由のひとつは、亡命知識人たちの交流が限られた範囲でなされていたこと、あるいはニューヨークの知識人たちのネットワークが密であったことなどに求められるかもしれない。そのことを示す第一の資料が、今回紹介する資料に収録された第一の書簡である。それはティリッヒの自宅で一九四〇年以後四六年頃まで毎月行われていた月例集会の案内である。それはつねにティリッヒのアパートで開催され、食事を用意し、連絡・調整役をしていたのはティリッヒの妻、ハンナ・ティリッヒであった。この会にはフロムの他に、カレン・ホーナイ、ルース・ベネディクト、医師でティリッヒがユニオンの学生たちを紹介していたゴタード・ブース、シウォード・ヒルトナー、ウェイン・オーツ、ロロ・メイ、デイヴィッド・E・ロバーツ、フランシス・ウィッケスなどが参加していた。

またティリッヒはドイツ系の精神分析医や心理学者たちがケース・ワーカーとして働くことができるように、さまざまなネットワークを駆使していたが、そのために心理学や医学の分野では特にフロムと密接な協力をしていた形跡がある。本論に収録した七番目の手紙はその資料でもある。

さらにその後もティリッヒは一九四九年以後、メキシコに移住し、メキシコ国立自治大学で精神分析学を教え、また精神分析医の育成に携わるようになったフロムとも交流を続けている。フロムはフンクによれば「一九五一年からメキシコ国立自治大学の医学部定員外教授としての地位を得て、〈メキシコ精神分析研究グループ〉の養成ができるようになった。このコースは一九五六年まで続いた。そしてフロムは同時に教育分析家として、理論と臨床のゼミナールの指導者として、また指導分析家として、必要とされた」のである。フロムは一九六五年までこの地位にあり、引退している。その間に妻は亡くなり、再婚している。一九五七年から六一年まではミシガン州立大学で、一九六二年以後はニューヨーク大学の教授も兼任していた。

フロムはこの多忙な教育の仕事を「何もかも自分でやってしまわないために、……ニューヨークから時折応援を得た」[15]。その中には「フロムがフランクフルト時代から知っていた神学者のパウル・ティリッヒがいた」のである。W・パウクはこの学問的支援のことを「ある時ともにメキシコで休暇を過ごした」と記しているが、事情はそうではないであろう。そしてこの事実は両者は学問的に、あるいは教育において相互に助け合うことができる関係にあったということを示しているのであろう。

さらに今回掲載した第三から第五までの手紙は、レター・ヘッドが示しているように、フロムがメキシコから送った手紙であり、そこからはティリッヒ夫妻とフロム夫妻とが家族ぐるみの付き合いをしていたことが理解できる。フロムはティリッヒの病気を気遣い、ティリッヒのドイツ語全集の出版を喜んでいるのである。このような両者のアメリカでの関係をさらに裏付けるのは、ティリッヒの長男で、後に精神分析医となり、ハワイ大学で教えたルネ・ティリッヒの証言であろう(16)。

第三の資料は、今回収録した関連書簡、すなわちティリッヒにフロムの著作を解説するように依頼する出版編集者の手紙と、それに対するティリッヒの応答であろう。そのことはフロムの著作に対するコメントをティリッヒが書くことが意味を持っていると考える編集者の存在を示しており、文面から読み取れることはティリッヒがそれを書く必然性ということであろう。両者はそれぞれの思想内容、とりわけ精神分析に関する諸問題、宗教と精神分析との関係、さらには批判理論としての精神分析についての意見において比較されたり、また相互に参照することが意味のある存在として、また相互に引用し、批判し合う学者として一般にも、そして何よりも相互にそのように考える関係にあったということであろう。それゆえに、最後に、このような書簡が生まれた背後にある、両者の思想的な関係の見取り図を示しておきたいと思う。それはティリッヒの仕事におけるフロム、フロムの仕事におけるティリッヒについてである。

ヴィルヘルム・パウクはアメリカ時代のティリッヒについて次のように書いている。「一九五〇年代になると、アメリカでは実存的心理分析(現存在分析)が脚光を浴び、キルケゴールの不安の概念やフロイトの「リビドー」(根源的欲求)の概念が見直されるようになった。長い間育んできたフロイトへの関心が甦り、ティリッヒの関心は社会主義から魂の癒しへと移行し、カレン・ホーナイ、エーリヒ・フロム、ロロ・メイと親交を結んだ(17)」。これは事実の半面しか語っていないであろう。ティリッヒは社会主義の問題から精神分析に移行したのではなく、ドイツ時代からアメリカ亡命後まで、精神分析と社会主義的な問題意識との結合に関心を持っており、その点でドイツ時代以来フロムと問題意識を共有していたのであって、アメリカ亡命後に、精神分析への興味を持ちフロムと「親交を結んだ」のではないのである。

4 ティリッヒにおけるフロム

さてティリッヒがフロムの仕事の内容に具体的に言及し、あるいは引用、批判をしているテキストということになれば、実はそれはフランクフルト時代に遡る。ティリッヒがその著作のなかでフロムに触れている個所は相互的な愛に関する言及意外はほとんどない、などということはない。具体的には一九三三年にポツダムで出版された『社会主義的決断』のなかで、フロムの『社会研究雑誌』に掲載された「分析的社会心理学の方法と課題について」という論文を引用して[18]、精神分析と社会主義との結合の問題、精神分析の政治的領域への適用という問題に触れている[19]。

この引用とフロムの方法論の検討は重要な課題であり、ティリッヒが考えている社会主義、あるいは社会批判、そしてティリッヒの歴史哲学におけるフロムの影響や批判点をそこに見ることができる。またそれはティリッヒが社会研究所の批判理論とどの程度の親近性を持ち、また異なっていたのかを知るためにも重要なことである。そしてまたティリッヒとフロムとの学問的交流関係が、単なる心理分析の問題ではなく、実は最初から批判理論と歴史哲学という点においてなされていたことを明らかにしている。この問題群をめぐって、一九三〇年代にティリッヒとフロム、そしてブーバーとショーレムとが同じ舞台に立っているのである。

『社会主義的決断』はその内容のゆえにティリッヒがフランクフルト大学での教授職を奪われ、アメリカへと亡命せざるを得なくなる状況を生み出した理由とされた書物であり、出版直後に発禁となった。ティリッヒはこの書物のなかで、社会主義がブルジョア的人間観を取り入れたことで、ドイツ社会主義がエロス的なものや献身的精神を評価することができなくなっており、その結果これらのものを大衆の中に形成することができるシンボリックで強力な人格をもった人物を持つことができなくなり、それが逆に大衆の強い不満を生み出している原因になっていると述べている。それは「社会主義がブルジョア的人間観を取り入れて、人間の像から「中間」概念を排除したことにより、それがカリスマ的人格の過小評価、別の言葉で言えば、理性的形式とか理性的立場とは完全に違って、その存在力と精神活動力でもって大衆に確信の力を与えるような人格を、あまり高く評価しないという事態が起こる」ためだとティリッヒは分析しているのである。

この検討においてティリッヒはヘンドリック・デ・マン〔アンリ・ド・マン〕の社会心理学を引用し、この問題について実証主義的な人間心理学や社会心理学を用いることは妥当ではないと述べている。そして「社会主義が人間観において解決しがたい内的矛盾をはらむという事実は、それが誤った心理学を採用したからではなく、つねに心理学が方法論的に人間を操作の対象として前提し」、人間の中に見出されるシンボルや総統（フューラー）への憧れ、また起源神話的なものへの憧れについての分析を回避しているからであるとティリッヒは言うのである。ティリッヒはそしてこの問題がフロムの方法論にも見出されるという。そしてフロムの「分析的社会心理学の方法と課題について」は、「心理分析を経済的物質主義の道具に変えてしまっている。もっとも理想的な動機をも、リビドーの現世的「核」に「引き下げよう」とする彼の意図は、ブルジョア心理分析であり、社会主義のそれではない」とさえ言うのである。

しかし他方でティリッヒはこのように今日のドイツ社会主義の不徹底な人間観を批判しながらも、この不適切な社会主義の人間観の認識が、「多方面でマルクス主義と精神分析学の協力関係を生み出している」のだと述べて、「前に引用した『社会研究雑誌』に掲載されたエーリヒ・フロムの論文やベルンフェルトの論旨を参照して欲しい」と述べ、フロムの仕事が目指していることそれ自体については評価を与えているのである。

その後、ティリッヒの著作における主なフロムからの引用はアメリカ亡命後に書かれたものの中に見出される。それらは四つに大別されるであろう。第一に、心理学と神学との関連、あるいは心理学の神学への適用についての議論、さらには心理学の神学に対する意義などの諸論文の中に見出されるもの。第二に彼の主著『組織神学』第一巻、第二巻での引用。そして第三には「愛の問題」及び「自己愛」や「自己受容」をめぐる問題で、『存在への勇気』や『愛・力・正義』で論じられている諸問題である。最後に第四はティリッヒによるフロムの著作の書評で、これはフロムの『精神分析と宗教』、そして『正気の社会』、さらには本論の最後の手紙に見られるように、フロムの『戦争の心理的要因』に対するコメントのようなものである。

第一の心理学と神学との関係に関する議論は、フロムとの対話に限らず、ティリッヒがアメリカの神学市場でもっとも注目された主題のひとつである。ティリッヒはドイツ時代に、ヴィルヘルム期の社会を批判するために援用することを学んだ精神分析学や心理学の知識を、アメリカという移民社会における個人の実存的な問題へとすばやく仕立て直し、ひとつの成功を得たのであった。そこではフロムとの対話のみが重要な役割を果たしているとは言いがたいが、フロムはつねに参照されている。

心理学と神学との関係に関する論文におけるフロムについての言及であるが、一九四四年に書かれた

「現代思想における疎外と和解」という論文[20]、同年にコロンビア大学でなされた「宗教と健康との関係」というセミナーの記録[21]、一九五一年にベルリンのドイツ政治学専門大学で行われた「諸国民の生におけるユートピアの哲学的意義」[22]という講演、一九五二年にハーヴァード大学でなされた「自立性と啓示」という講演[23]、一九五五年に出版された『信仰と自由』誌の九巻二五号に掲載された「心理分析、実存主義、そして神学」のなかに[24]、フロムの名前を見出すことができる。しかしいずれもフロムの諸説を分析したり、批判するものではなく、ごく一般的にフロムの概念を引用したものである。

第二の主著『組織神学』におけるフロムへの言及はさらに限定的なものであり、愛やエロスの問題を論じた部分でフロムは引用されている。第一巻では、愛の概念の定義においてフロムの「共生的な愛」という概念が紹介されている。第二巻では、キリスト論が扱われているが、ここでティリッヒはキリスト論を人間の実存の問題に対する答えとして論じており、フロムは人間の実存状態の分析のなかで二度、さらに本質から落ちた状態としての実存よりの回復、あるいは解放についての議論において一度引用されているが、フロムの概念がティリッヒのキリスト論や救済論に決定的な影響を与えているということはない。

第三と第四とは深く関係している。ティリッヒは一九五二年に出版した『存在への勇気』のなかで、フロムが一九四七年に出版した『人間における自由』における自己愛の問題を引用して、「自己愛や利己主義」という用語の使用について疑念を呈している。さらにティリッヒは一九五五年の『正気の社会』の書評でも、フロムの自己愛という概念の使用について批判しており、フロムはその批判に一九五六年の『愛するということ』のなかで応えている。

これらの一連の議論のなかで問題となったのは「愛」の定義と「自己愛」の解釈である。ティリッヒは長い間フロムの「自己愛」という概念に疑問を感じており、「自己愛」は概念ではなく、シンボルであると述べ、ティリッヒはこの概念使用への批判を繰り返した。

ティリッヒは一九五五年の『正気の社会』におけるフロムの愛の定義を評価し、それをフロムのもっとも偉大な功績のひとつであるとさえ述べている。フロムによれば、愛とは自分自身の他のものからの分離と、自分自身の統合であり、その状態を保ったままで、自分以外の他の誰か、あるいは何かと結びつくことである。しかしティリッヒは他方でこのフロムの定義に対して、愛が自己以外のものとの結合であるというのであれば、なぜ自己に対する愛、「自己愛」という言葉が可能であるのか、とフロムに問うのである。


もともとティリッヒは『存在への勇気』でも、スピノザを例にあげて「自己愛」という言葉の使用の問題点を指摘しているが、その議論もふまえてのことなのであろう、ティリッヒはフロムの愛の概念と自己愛の概念の曖昧さを問題にしたのである。ティリッヒによればそれはネガティヴに言うならば「利己主義」といえばよいのであるし、正確に言うならば、それは「自己受容」と言うべきだというのである。

ティリッヒは愛には愛する主体と愛される客体が必要であり、それが分離されているということが前提とされているが、それが自己の中に、あるいは自己意識の中でも可能か、と問うているのである。しかしフロムはそれに対して心理学的な考え方の根本前提として、人間にとって他者というのは、他の人や他のものを意味するだけではなく、対象となる自己や自分自身の感情や態度も対象としての他者であると考えているのである。フロムはこのことを前提として、「愛とは自分自身の分離と、自分自身の結合を保ったままの状態で、自分以外の誰か、あるいは何かと結びつくこと」だと主張したのである。

そうであるなら両者の間の根本的な相違は、自己（self）の分離の理解である。ティリッヒもフロムも、愛というのは分離されたものの統一への衝動であるというところまでは一致している。そして自己と自己との分離についてもそうである。しかしティリッヒは、自己というのは「分離不可能」なものであり、孤立した核なのであり、それだからこそ自己は「個人」と呼ばれるのである。「個人」はまさにin-dividualであるから、分割できないというのがティリッヒの考えであった。そうであれば自己の中で起こっていることは、「自己収斂」(self-centred)なのであって、元来分割不可能なものが、自己において分離している自己と再結合することとなのだとティリッヒは考える。それゆえにここで起こっていることは、「自己受容」というべきなのであり、それは本質から文字通り落ちている「実存」の状態にあるものの「再本質化」なのである。

それに対してフロムは、自己が愛の対象になると考える。フロムは愛を二段階に分けるが、第一には愛とは特定の他者や対象ではなく、世界に対する人間の関係を規定する態度のことであり、人間の能動的力であり、これは人間として、誰かや何かを愛するということに先立つものである。第二の愛はこの第一の愛が特定の人間を対象として獲得することであり、この場合には他者のみならず、自己を愛するということも可能になると言う。この両者の「自己愛」についての微妙な解釈の違いは晩年に至るまで解決されず、フロムはこの問いに、『愛するということ』で応えようとしたにもかかわらず、この議論は繰り返しなされることになった。

もうひとつ注目しておかねばならないことは、『正気の社会』や今回本論に収録した『戦争の心理的要因』の書評に見られるように、ティリッヒはアメリカ時代におけるフロムとの知的交流の中で、精神分析の方法や自己愛の分析について議論していただけではなく、フランクフルト時代以来続いていた、社会と歴史の分析における心理学の意義についての議論も一貫して続けられていたということである。

『正気の社会』の書評でのフロム批判のもうひとつのポイントは「疎外」の問題である。ティリッヒは次のように述べている。「フロムの言う疎外は、人間の発展のために必要なものであり、それゆえに発展の過程で克服されるものである。「正気の社会」において疎外は克服される。しかし神学は歴史のなかでそのような社会を待望するものたちをユートピア主義と呼ぶのである。そしてフロムの『正気の社会』の記述も、そのような呼び名によって裁かれる」という。

ティリッヒは、ユートピア主義を生み出す社会の不安は心理学的な説明が可能で、精神分析的な見方の社会への適用によってこの病的状況の除去は可能になるというフロムの考えを批判する。それゆえに資本主義社会における消費の疎外されたプロセスに関するフロムの記述をティリッヒは理解できても、それを受け入れることはできないのである。それは実はティリッヒが一九三三年の『社会主義的決断』ですでに述べていたことでもある。

またフロムは人間の健康や健全性を社会の、あるいは共同体の健康の問題と結びつけて考えているが、ティリッヒはこのようなフロムの考え方を問題にしている。ティリッヒが問題にしているのは、フロムは彼が「正気の社会」と呼ぶ社会が実現し、それに人が適応するならば、その人は疎外を克服し、精神的な健康を獲得することができるという考え方である。ここには第一に「正気の社会」を歴史の中に作り出せるというフロムの楽観主義から来る欠落があると言う。ティリッヒによれば、フロムの考えは「断片的にしか克服され得ない歴史的実存の曖昧さを見過ごしており、さらに共同体の指導者の健康なしには、どのような社会的な健康も不可能であるということを見過ごしている」という。それゆえにティリッヒはフロムの考えについて、「神学であるならば、歴史の中にそのような社会を期待する者を、ユートピア主義者と呼ぶであろう」といったのである。

さらにティリッヒが問題にしているのは、個人の健康や精神分析の方法を社会的な領域にどのように適用できるのか、という問題であろう。個人の健康と正気の社会の形成の関係が不明瞭であり、たとえばフロムは正気の社会というユートピア主義的な理想を提示するが、それは結局「ゴールを示すが、そこに至る道は示さない」という大きな構造上の欠点がある、とティリッヒは見ている。それゆえにティリッヒはフロムの「戦争の心理的要因」という論文の批評のなかで次のように述べたのである。「戦争の原因や核戦争の特徴は絶対的だというような主張は、ある精神病理学の誤用によって戦争を説明しようとする試みを否定します。その誤用が人間の普遍的な素質を極端に表現したものだと解釈したとしてもです。人間の闘争本能は、自滅的で加虐的な素質の中に確かに存在しています。（フロム博士は、これらを人間に生来の本質的特徴として備わっているものではないと明らかに否定していますが。）そして、そのような素質を、戦争状態を実現させる目的で用いることができるのです。しかし、もしそれらが戦争を引き起こす責任を作るのだとしたら、それは原因と機会の混同だと言うべきでしょう」。

このように見るならば、ティリッヒにおけるフロムとの対話や議論には、一方でアメリカ時代における精神分析の領域での議論があり、他方で、フランクフルト時代から続いた批判理論におけるマルクスと精神分析学との結合の問題や、社会と歴史哲学における心理分析の適用と妥当性、またその射程についての議論が見出される。すなわちティリッヒとフロムとの関係はフランクフルト時代からアメリカ亡命後までほとんど途切れることなく主題の上でも継続していたことがわかる。また本論で紹介する往復書簡及び関連書簡はこの両者の交流が思想的・主題的なものであったと同時に、個人的・実存的であったことを想起させ、また部分的に実証することができる内容を含んでいると言ってよいであろう。

5　フロムにおけるティリッヒ

晩年には自らを「無神論の神秘主義者[25]」と称している通り、ラビの家系に生まれ、ユダヤ教徒としての教育を受け、その伝統的価値に生涯親しんでいたにもかかわらず、フロムは神への信仰を持たない無神論者であった。また「一生を通じて、フロムはレッテルを貼られることを頑なに拒んだ。彼が専門家集団や政治団体と密接な関わりあいをもつことはまれだったし、持ったとしてもたいていは短期のものだった[26]」とあるように、彼の人生を概観しても長く親交をもったグループや個人は少ない。そのようななかで、知的活動を行ったほぼ全時期において公私にわたる付き合いを持ったのが神学者ティリッヒであった。

フロムの立場から見て、両者の関係が非常に深い信頼によるものであることは、本書に収録した七番目の手紙から窺い伺い知ることができる。七番目の手紙では、ティリッヒがフロムの論文のために書いた書評の題名がこの段階では「戦争の心理的要因」であったことがわかる。しかし、ティリッヒはこのタイトルに問題を感じ、「フロム博士の論文に対する、私の基本的な批評は「戦争の心理的要因」というタイトルそれ自体に向けられる」と述べている。そしてこのフロムの論文は、後に「人類の中の戦争」に改題されて出版されたのである[27]。この改題がティリッヒの指摘とまるで無関係であるとは考えられず、両者の間には、表面的な交流のみならず、知的交流においても深い信頼関係があったと言ってよいだろう。それゆえにフロムの立場からみたティリッヒとの知的交流を今一度整理してみたい。

「そもそも思想家の仕事を年代別に区分することは誤解を招く恐れがあるが」と前置きした上で、ダニエル・バーストンはフロムを同時代人の間で位置づけ、また彼の研究の文脈をたどる目的で、フロムの仕事の年代区分を行っている。[28] バーストンによれば、文体と主題の変化とフロムの著作に対する読者の反応を基に、初期の仕事を「フロイト－マルクス主義期」（一九二九～三五年）、「宗教的・神学的主題への関心が高まる時期」（一九三六～六〇年）を中期とし、最後の時期を「ある種のフロイト回帰と、フロイトの理論の転調の試みから始まり、学問的価値からすればまったく不必要な繰り返しを行った時期」（一九六〇～八〇年）としている。前章において、ドイツ時代、つまりフロムの初期の仕事から両者の関係が始まったことが説明されているが、フロムとティリッヒとの関係がもっとも密であったのは、アメリカ時代からメキシコ時代、つまりフロムの仕事の中期であったと言ってよい。

両者の関係の事実的側面については前章に詳しいので、ここでは二人が実際に会って活発な議論を行った場となったニューヨーク心理学グループの活動と、そのグループで、ティリッヒとフロムが特に討論したテーマについて焦点をあててみたい。

フロムとティリッヒが直接議論をしたニューヨーク心理学グループは、神学と心理学の関係について議論をする目的でさまざまな分野の専門家が集まった研究会である。一九四一年から四五年の約四年間にわたり、合計二九回のミーティングが開かれた。毎月一回、金曜の夜に、持ち回りというかたちでメンバーの自宅を会場にしていた。ミーティングの形式は一人がプレゼンテーションを行い、それについて議論を加えていくというものであった。メンバーはフロムとティリッヒの他にロロ・メイ、スワード・ヒルトナー、デイヴィッド・ロバーツ、ルース・ベネディクト、カール・ロジャースの他数名が参加。この会は、当時一線で活躍していたメンバーが参加していたにもかかわらず、その活動についてはあまり知られていないが、実は速記者によって議論がほぼ完全に記録されている。これまで出版されたことはなかったが、クーパーによって特にティリッヒと、非公式ではあるがグループのリーダー的役割であったフロムに焦点をあてた部分が明らかにされている。[29] フロムとティリッヒは、このグループの中心メンバーであり、時に二人の討議が白熱したためにミーティングを終えることが困難なこともあったという。

実際の議論の内容であるが、一年ごとにテーマを決める形で四つの主題を扱っている。一年目は「信仰の心理について」、二年目は「愛の心理について」、三年目は「良心と倫理の心理について」、四年目は「救済の心理について」であり、記録によれば特に一年目と二年目のテーマにおいてはティリッヒとフロムが中心になり議論を進めている。[30]

特にフロムは一年目のミーティングに一度も欠席することなく、他のメンバーの誰よりもさまざまな情報や議論の材料をグループに提供した。ティリッヒもまた、フロムとは違った側面から多くのコメントをしている。この年、フロムは『自由からの逃走』を出版したばかりで、この本の内容を反映したコメントを繰り返している。フロムにとって、権威主義者という単語が言葉のなかで最も卑しむべきものであることをティリッヒは重視している。フロムにとって、権威主義者という単語が言葉のなかで最も卑しむべきものであることをティリッヒは重視している。またここで議論された人間の特性について、ティリッヒは、これはフロムの言う「人間の可能性」を明らかに超えたものであり、その究極の領域は必ずしも人間の攻撃性と関連しているわけではなく、人間はその特性に「属している」にもかかわらず、それから遠ざけられてもいると述べている。さらに興味深いのは、「信仰の心理」について議論をするなかで、フロムがティリッヒに対してあなたの議論は「神学的な言葉に忠実ではない」と指摘し、ティリッヒに西洋の伝統と矛盾しない、神の「存在論」や神の「脱人格化」についてまとめるよう求めていることである。

二年目には、その年に刊行されたフロムの『愛するということ』をテキストにしてミーティングが進められた。議論のポイントは、人間から人間への愛と人間から神、神から人間への愛は同じか、人間と人間との間の愛は確認できるが、神から人間への愛は証明できず、果たして両者の愛は同じ性質のものと言えるかという点、「自己愛」という言葉の適否について、の二点であった。

自己愛については、それまでも議論されてきたが、にもかかわらず両者が生存中には解決できなかったテーマである。著書や書評など活字となった両者のやりとりに加え、このミーティングでの直接的な議論を考察することは、両者の意見の一致や、最後までお互いの主張を受け入れることができなかった相違点をより詳細に知る手がかりになるのではあるまいか。

テキストとなった『愛するということ』の脚注で、フロムはティリッヒの批判に以下のように答えている。[31]「パウル・ティリッヒは『パストラルサイコロジー』誌一九五五年、九月号で拙著『正気の社会』を書評した際に、「自己愛」などという曖昧な言葉を使うのはやめて、「自然な自己肯定」とか「逆説的な自己受容」といった表現を用いたらどうかと提案した。この提案の趣旨はよくわかるが、次のような理由で賛成しかねる。「自己愛」という用語のほうが、自己愛に含まれる逆説的な要素がよくあらわれている。自分自身を含め、あらゆる対象にたいする愛がありうるのだという事実をよく表している。また、ここでもちいているような意味での「自己愛」という言葉には歴史があるということも忘れてはならない。「汝のごとく汝の隣人を愛せ」という聖書の命令は自己愛について語っているし（以下略）」。

しかし、このミーティングにおいてもティリッヒはフロムの「自己愛」という言葉の使い方にさらに疑問を投げかけるのである。このテーマの議論が進むにつれグループでのフロムの存在感が増していき、フロムは彼の最初のプレゼンテーションで、フロイト的なナルシシズムとしての自己愛を強く否定した。フロイトは、自己を愛するとナルシシズムに陥り、他者を愛する愛は残らないとしているからである。つまり自己愛が増えると他者への愛が減るというように、両者は互いに排他的であるという理論である。逆に、フロムは自己を愛することは、他者を愛する前提となるものであることを強調し、自己愛を利己愛（利己主義）と混同することから自己愛の誤った解釈が生ずる、と説明している。

これに対しティリッヒは、フロイトとは違い、自己を愛すると他者を愛することができないという点についてはさほど憂慮しておらず、端的に「自己を愛することは不可能である」と考えているのである。自己愛を比喩的に使う場合、自己愛よりも自己肯定や自己受容という言葉を使うほうがよいと主張している。その理由のひとつに、愛はつねに忘我または自己超越を伴う性質を持っているが、自己愛はこのような超越をもたらさないことを挙げている。

フロムの愛についての定義をティリッヒは基本的に認めている。愛の定義における両者の互いへの影響を確認するのは困難であるが、フロムの「愛とは自分自身の分離と自分自身の統合を保ったままの状態で、自分以外の誰かないし何かと結びつくこと」、そしてティリッヒの「愛とは分離されたものを統一へと駆り立てる衝動である」という定義にそれほど大きな齟齬はない。しかし、愛が自己以外との結びつきであるとするならば、なぜ「自己（に対する）愛」と言うことができるのか、とティリッヒは指摘し、フロムの愛と自己愛の定義の関係に理論的な矛盾があるとしている。それではフロムの考える「自己愛」の対象とは何であろうか。『愛するということ』のなかでフロムは、利己的な人間は実際は自分を愛せない、「真の自己」を愛していないと書き、「真の自己」を愛することを「自己愛」と定義している。では「真の自己」とは何であろうか。

従来の精神分析の理論では、リビドーのベクトルを「自己愛から対象愛」へと転換することによって社会性や道徳心を獲得し、自我を成長させることができると考えられていたが、フロムは明らかにこの点を否定し、自己も他者も同時に人間の愛の対象となりうると明言している。フロイト的に言うならば、ナルシシズムに陶酔しきっている状態は他者へ愛のベクトルが向くことはなく、それは病理的な自己肥大を起こすような幼稚な精神状態である。その後、精神分析学は「自己愛を幼稚」「対象愛を成熟」と優劣をつけることはできず、自己愛の継続的な充足（フロムによるところの「真の自己」による健全な自己愛）は、人間の健全な発達や精神的安定に不可欠であると考えるようになった。今日、健全な自己愛とは、対象化した自己と、自我の統合によって育まれるとされていることから考えると、フロムの言う「自己愛」は、ティリッヒの言う「自己受容」「自己肯定」が行われた先に獲得できるものと言えるのではないだろうか。

ティリッヒとフロムが、本論に収録した個人的な手紙のやりとりからもわかるように、お互いの健康を思いやったり、出版を喜んだりする関係を持ち続ける間柄に至ったのは、文字通り顔を突き合わせて時間も気にせず議論を戦わせることができたこのニューヨーク心理学グループでの真剣な討論が大きな意味を持っていたに違いない。「無神論者」であるフロムが、実は強い信仰心と宗教や神への興味を持ち続けたこと、晩年のティリッヒの興味や思想が心理学や精神分析学に重なる領域に向いたことなどを考えるならば、両者の互いへの影響は決して小さいものではなかったと推測できよう。特に両者の直接的な交流を追うと、彼らの人間理解への強い探究心と妥協しない姿勢が垣間見え、思想や学術的見解の差異を超えて、お互いを尊敬しあう関係を構築していたことが明らかになる。

6　書簡について

ティリッヒとフロムとの間の現存する書簡はそれほど多くはなく、またこれまでほとんど知られていないし、公にされてもいない。伝記も書いた著名なフロム研究者であるライナー・フンクもまた情報を持っていないということであった。竹渕の調査によれば、ティリッヒの資料を保存するハーヴァード大学のアンドーヴァー神学図書館に所蔵されているフロムとティリッヒの間の書簡は、本論に収録されたもののみであった。

第一の手紙は、エーリヒ・フロムが所蔵していたパウル・ティリッヒからの連絡書簡で、一九四二年三月五日付である。これはティリッヒの自宅で定期的に行われていた研究会の案内の一部である。

第二の手紙は、ヘレン・L・ノイマンからパウル・ティリッヒへの手紙で、一九四三年五月六日付である。全国亡命者支援協会とは、アメリカに亡命したドイツ人たちの支援組織で、ドイツでの職業、とりわけ知的キャリアをアメリカで生かすために、相互にそのキャリアを保証し合う仕組みである。ティリッヒはフロムの紹介で、アルフレッド・シードマン博士についての履歴情報を書いたのであった。その礼状である。

第三の手紙は、パウル・ケーギの書物の出版の可能性をティリッヒに問うフロムの手紙で、一九五四年四月三日にメキシコからニューヨークのティリッヒに送られたものである。両者の親密な関係を明らかにする内容である。

第四と第五の手紙は、メキシコ時代のフロムからティリッヒへの手紙で、完全に個人的な内容である。日付は、前者が一九六一年一二月二六日付で、後者は一九六二年一月二三日付である。

第六と第七の手紙は、フロムの『戦争の心理的要因』の編集者からのティリッヒへの手紙とティリッヒからの返事である。クリスチャンセンはフロムの論文に、ティリッヒの批判的応答を求めたが、ティリッヒはそれに快く答え、その短い批判的評論を附した手紙を送ったのであった。日付は前者が一九六三年一月一七日付で、後者は同年二月一六日付である。

第一から第五までの書簡はハーヴァード大学アンドーヴァー神学図書館の「ティリッヒ文書」に、第五と第六とはニューヨーク公共図書館に保存されている。

エーリヒ・フロム＝パウル・ティリッヒ往復書簡及び関連書簡の翻訳

(1) エーリヒ・フロムが所蔵していたパウル・ティリッヒからの連絡書簡
一九四二年三月五日［英文］

お知らせ

コロンビア〔大学〕・ユニオン〔神学校〕哲学グループの皆様

次回の会合は、三月一一日水曜日午後＊＊時から、クレアモント通り九九番地のティリッヒ教授のアパートで開催されます。J・ランドール教授が「宗教的状況の形而上学的癒し」[32]という論文を朗読してくださることになっています。

出席できない方は、どうぞ〔ハンナ・〕ティリッヒ夫人までお知らせください。

パウル・ティリッヒ

一九四二年三月五日

＊　＊　＊

(2) ヘレン・L・ノイマンからパウル・ティリッヒへの手紙　一九四三年五月六日［英文］

一九四三年五月六日

全国亡命者支援協会
中央通り一三九
ニューヨーク市

パウル・ティリッヒ博士
ユニオン神学校
ブロードウェイ一二〇番通り
ニューヨーク、NY

ティリッヒ博士へ
専門的研究分野に関して、あなたからの内容証明が必要であったアルフレッド・シードマン博士についての情報をお寄せくださり、心より感謝申し上げます。
彼は一九三八年から合衆国におりますが、彼が心理学の研究者としてどのようなことができるのか、また彼が関心を持っている関連分野がなんであるのか、ということについては、私たちはほとんど何も具体的な資料を持ち合わせておりませんでした。

もし私たちが〔あなたの推薦によって〕、最終的には彼が経済的に自立できるような仕事を、規程に従ってシードマン博士に提供することで彼を支援できれば、それは彼の喜びでありましょう。

あなたの〔シードマン博士〕に対するご支援が私たちに確信を与えてくれたのであり、私たちの活動を支援してくださったのです。もちろんあなたが私たちのためになしてくださったすべての報告について、私たちは守秘義務を順守いたします。

敬具
ヘレン・L・ニューマン
人事課

HLN／mf

＊　＊　＊

(3)　エーリヒ・フロムからパウル・ティリッヒへの手紙　一九五四年四月三日〔独文〕

エーリヒ・フロム
アナトール・フランス通り　七一
メキシコ　五　D・F

一九五四年四月三日

パウル・ティリッヒ博士
ユニオン神学校
ブロードウェー、ニュー・ヨーク

パウル・ティリッヒへ

私はこの手紙と同時にパウル・ケーギの『聖書』(Die Bibel)[33]という書物を次のような理由から〔別便で〕郵送します。それはパウル・ケーギの義理の娘が私に、この書物をアメリカ合衆国で翻訳し、出版することは可能かどうか尋ねてきたからです。私にはそれを判断することはできません。それで私はまずこの点についてあなたの立場から判断していただき、それを受け入れたいと思います。

ぜひ一度この書物に目を通していただき、数行でけっこうですので、あなたの考えをお書きいただけますか。

あなたとご夫人と共に過ごした夜は、〔私の妻である〕アニスと私にとって本当に嬉しい時間でした。そして私はこのような機会がめったにないことを思い起こし、大変残念に感じているのです。ですから私はぜひあなたがメキシコでの休暇を決断して下さるようにと願っているしだいです。[34]

あなたに、私の妻と共に心からのご挨拶をもって

エーリヒ・フロム
〔直筆〕

＊　＊　＊

(4)　**エーリヒ・フロムからパウル・ティリッヒへの手紙　一九六一年一二月二六日［英文］**

エーリヒ・フロム
ゴンザレス通り一五番地
メキシコ市　一二　D・F
電話番号　二三—〇四—一九

一九六一年一二月二六日

パウル・ティリッヒ博士
チャウンシー通り一六
ケンブリッジ八　マサチューセッツ

パウル・ティリッヒ
あなたの体調が優れず、憩室炎をわずらっておられるということを、ジム〔ジェームズ〕・アダムスよりたった今聞きました。

私自身、その憩室炎に時々みまわれるので、それがどのように不快で、そして局部的症状とは別に、気持ちを滅入らせ、とても疲れさせるものであるかよく分かっています。

あなたの早い快復を願っています。またあなたとハンナに、アニスと私から心より新年の挨拶を送ります。[35]

敬具

エーリヒ・フロム

＊　＊　＊

(5) エーリヒ・フロムからパウル・ティリッヒへの手紙　一九六二年一月二三日［独文］

エーリヒ・フロム
ゴンザレス通り一五番地
メキシコ市　一二　D・F
電話番号　二三―〇四―一九

一九六二年一月二三日

パウル・ティリッヒ博士

ハーヴァード大学神学専門大学院
フランシス通り四五
ケンブリッジ三八　マサチューセッツ

パウルス、
あなたからの回覧文をいま受け取りました。どうもありがとう。明日出発するので、今はごく短くお返事します。あなたの本の完成と、あなたの他の多くの計画に対して、[36] 心からの幸運を祈ります。
私たちが長い間会えないでいることを大変寂しく思っています。そう遠くない将来にお会いできる機会が来ることを願っています。
私と妻から、心を込めて。

友へ
エーリヒ・フロム

＊　＊　＊

(6) ゴードン・クリスチャンセンからパウル・ティリッヒへの手紙
一九六三年一月一七日［英文］

一九六三年一月一七日

パウル・ティリッヒ博士
ハーヴァード神学専門大学院
ケンブリッジ三八　マサチューセッツ

ティリッヒ博士

今回、同封したエーリヒ・フロム博士の『戦争の心理的要因』に対してあなたにコメントを書いて頂きたくこの手紙を書いています。アメリカン・フレンズ・サービス・コミッティーは、この論文を「核抑止を越えて」というシリーズのひとつとして出版しようと計画しています。この研究は、核抑止を通して安全を模索する国家政策に、希望ある新しい批評と提案をすることを意図しています。

同封のパンフレットには、この研究シリーズにおいて私たちが専門家グループによる小さな会合を持ち、それらの論文について著者と自由で実際的な議論を行ってきたことが記されています。議論は記録され、その要点はこの論文のあとがきとして出版されています。このシリーズの最新の出版物のコピー、ワスコー氏（平和研究所）の『故意ではない戦争』を同封します。論評はこのパンフレットの三六ページから掲載されています。

フロム博士の論文については、数人に論評を書いてもらい、それによって構成を変えることもあり、またそれらの論評に対するフロム博士の返答も紹介するつもりです。先に書かれた論文とともに、これらの論評は中心となる論文の付録として出版するつもりです。このように依頼されたフロム博士の論文の批評者は、ラインホールド・ニーバー教授、トーマス・マートン牧師、ジェローム・フランク博士、ピティリム・ソロキン博士、ジュールズ・マッサーマン博士、ブルーノ・ベテルハイム博士、そしてロイ・メーニンガー博士です。

出版のスケジュールにより、あなたのコメントを一九六三年二月一五日までに受け取る必要があります。このスケジュールは、他の関係者の論評とそれらに対するフロム博士からの返答をあなたにお送りし、短くコメントを書いて頂き、そして出版前にあなたに最終的な承認をして頂くためのものです。

この論文だけでなく、我々の出版物についてもあなたの見解と論評を頂けることを切に願っています。フロム博士によるこの論文の発行は非常に重要なことで、必ずや多くの議論を引き起こすことになると確信しています。またこの議論にあなたがご参加くださることが、我々の研究シリーズの価値を非常に高めることになると確信しています。

敬具

ゴードン・クリスチャンセン

平和教育部門代表

GC：jp

同封物　2

＊　＊　＊

(7) パウル・ティリッヒからゴードン・クリスチャンセンへの手紙

一九六三年二月一六日［英文］

一九六三年二月一六日

ゴードン　クリスチャンセン様
平和教育研究部門代表
アメリカン・フレンズ・サービス・コミッティー
ノースフィフティーン通り一六〇
フィラデルフィア二　ペンシルベニア

クリスチャンセン様

フロム博士の論文に対する、私の基本的な批評は「戦争の心理的要因」というタイトルそれ自体に向けられるものです。戦争は歴史を担う者たちとその原動力という力の構造同士の出会いによって引き起こされるものです。これらの衝突はある包括的（支配的な）調和のない、すなわち一定の権力構造が共通した柱を見つけない限り不可避なことです。そして、これが歴史的可能性の内部のものであるかはまだ解明されていません。核戦争は、このような大きな調和を生み出すことができないことから、本来の戦争とは意味合いが違います。核戦争は歴史的な動きの中心におかれた人々を滅ぼしてしまいます。それゆえに、戦争という状態になったとしても、公開、非公開にかかわらずそれに関わるすべての人が同意することで、それを使用することをやめるという〔これまでの戦争とは違った判断をする〕ことが可能なのです。そして、そのような戦争を始めたくない、戦争はいらない、さらなる大惨事はいらないという倫理的要求をそれは生み出します。戦争の原因や核戦争の特徴は絶対的だというような主張は、ある精神病理学の誤用によって戦争を説明しようとする試みを否定します。その誤用が人間の普遍的な素質を極端に表現したものだと解釈したとしてもです。人間の闘争本能は、自滅的で加虐的な素質の中に確かに存在しています。（フロム博士は、これらを人間に生来の本質的特徴として備わっているものではないと明らかに否定していますが。）そして、そのような素質を、戦争状態を実現させる目的で用いることができるのです。しかし、もしそれらが戦争を引き起こす責任を作るのだとしたら、それは原因と機会の混同だと言うべきでしょう。

敬具

パウル・ティリッヒ

第4章　ヘルベルト・マルクーゼとパウル・ティリッヒ(1)

ジョン・F・ケネディーに関する論争
――パウル・ティリッヒとヘルベルト・マルクーゼ間の短い往復書簡

アルフ・クリストファーセン＋
フリードリヒ・ヴィルヘルム・グラーフ編
宮崎直美＋深井智朗訳

1　亡命後のティリッヒとマルクーゼ

1

一九六〇年一一月八日、ジョン・F・ケネディーはリチャード・M・ニクソンとの選挙戦で勝利を収め、アメリカ合衆国第三五代大統領に選出された。パウル・ティリッヒもまた、ワシントンで行われた彼の就任式に参加することが許された一五〇人の招待客の一人であった。一九六一年一月一三日にティリッヒに届いた大統領とその妻ジャクリーヌからの電報には、「来るわれわれの政権の間に、われわれは、作家、芸術家、作曲家、哲学者、科学者、そして文化団体の指導的地位にある人々との、生産的な関係を構築したいと願っております」[2]と書かれていた。アメリカ合衆国の文化の市場でのティリッヒの意義が認められて、ティリッヒは合衆国の首都で行われたこの式典に招かれたのである。さらに数ヶ月後の同年九月に、ケネディーはこのハーヴァード大学教授に対して、新たに良き協力を得たいとあらためて希望を表明した。「妻と私は、中央政府がアメリカにおいて芸術活動のために行うことへ、将来あなたがなしてくださるであろう貢献や提唱に特別に興味をもっております」[3]。

ティリッヒは、就任式への招待状を受け取った時、学問的評価、そして公的な評価においても絶調期にあった。それゆえにティリッヒも大統領に対して、「より活動的に文筆家、哲学者、そして神学者として政治的世論の形成に」関与したいと伝えたのであった。さらに、「私がこの一二年に渡って抱いていた感覚、つまりこのような活動はいかなる政治的な効果も持たないという」見方は、いまや「まったく一掃されてしまいました」とも書いている[4]。

実は一九四〇年代末に、ティリッヒは自身の政治活動を深い失望のうちに中断してしまっていた。というのも、彼は連合国によってドイツが打ち破られた後の変革に対する彼自身の綱領的な考えが、合衆国の政治的に影響力のあるエリートたちに受け入れられないという経験をしていたからであった。「民主的ドイツのための協議会」(Cuncil for a Democratic Germany)の議長としての自らの仕事は挫折に終わったと彼は見なしていた。そして政治的な活動の代わりに、その第一巻を一九五一年に刊行した彼の神学的な主著『組織神学』の執筆に情熱を傾けるようになったのだった。

ティリッヒのなかで新たに目覚めた政治的高揚を証明するような出来事が起こった。世間の注目を集めることになった討論会にティリッヒが出席したのは、一九六一年一〇月のこと、つまり世界が間一髪で核の破局を逃れることになった、あのキューバ危機のちょうど一年前のことであった。ルーズヴェルト元大統領夫人エレノアは、「人類の展望」というタイトルのもとで時事問題と教育問題に関する一連のテレビ討論を行った。それはさらに国務省でも一九六一年一〇月一六日に行われた。[5] 彼女は、まず合衆国外務大臣ディーン・ラスクにインタビューし、その後にティリッヒと他の三人の優秀な政治専門家と討論した。さらに大統領の軍事特別顧問ヘンリー・キッシンジャー、『マンチェスター・ガーディアン』のワシントン特派員であるマックス・フリードマン、そして『ニューヨーク・タイムズ』のワシントン支局長のジェームズ・レストンが登場した。そこで彼らはまずどのようにして、通常兵器で、西側諸国に対するソビエトによる軍事活動に対応できるのか、という問題を論じた。というのも、「一九五八年一一月二七日のフルシチョフの最後通牒」によって解決された「ベルリン危機」はいまだ記憶に新しい出来事だったからである。NATOの戦略的計画として、有事に備えて、戦術的核兵器の配備が検討されていた時期であった。さらに、それとは反対に、ちょうど平和運動に熱心な宗教諸団体が、核兵器の事前配備にきわめて厳しく反対したのもこの時期であった。さてティリッヒはこのテレビ討論に登場し、次のように問うたのであった。「核兵器は本当に配備されるべきなのでしょうか、あるいは配備されるべきではないのでしょうか。純粋に倫理的見地から考えてみれば、私たちは核兵器を配備すべきではありません。私たちは、自分たちの核兵器を、ロシアがまず最初にこの兵器を用いるという、このただひとつの前提のもとでのみ利用することができるのです」[6]。ティリッヒの発言は討論会に出席していた他の参加者たちの激しい批判にさらされることになった。とりわけ国務大臣ラスクは、ティリッヒに対して、そのような考えは、西側諸国の立場を弱めることだけに貢献する、事態を見誤った、現実離れした見方だと非難した。さらにキッシンジャーもまた以下のように述べている。「もし私たちが最初から、決して核兵器を配備しないという義務を負うならば、私たちは攻撃によってヨーロッパを失うことに甘んじなければならなくなるということをつねに心配しなければならないだけでなく、私はそのことを恐れているのですが、私たちはそのような攻撃をまさに自ら招くことになってしまうでしょう」[7]。

ルーズヴェルトの番組放送の九日後、レストンは『ニューヨーク・タイムズ』紙で、「ドイツについての討論で中立のケネディー」という見出しのもと、ティリッヒの発言を激しく非難した[8]。ティリッヒの見解は、複雑な倫理的葛藤を見誤っており、大統領もまたこの葛藤の中にあった、というのである。キッシンジャーと同様に、レストンは「道徳の混乱」という副題が示している通り、次のように述べている。「もしティリッヒ博士の熱烈な嘆願がこの政府と国に広く受け入れられたならば、ロシア人たちが彼らの通常兵力をドイツを征服するために使い、さらには北海にも進軍することは火を見るより明らかでしょう」。現在の状況は、それを単なる「政治的結論なき、哲学の練習問題」として扱うには、深刻過ぎるであろう。「大臣たちは倫理的理由をあげて敗北を受け入れるかもしれないが、政治的指導者たちは大臣たちの助言に従うことで糾弾されることになるであろう」。

起こり得る核兵器配備に関する議論は、政治的に広範囲にわたって討議されたばかりではなく、狭義の神学的・哲学的コンテクストにおいても議論されることになった。一九六一年一一月にラインホールド・ニーバーやジョン・C・ベネットによってニューヨークで刊行が開始された『クリスチャニティー・アンド・クライシス』は、核武装問題におけるプロテスタントの立場を模索するための舞台として貢献することになった。二人の中心的編集者と並んで、特にティリッヒもこの雑誌で発言を続けた。「核のジレンマ」についてのティリッヒの七つのテーゼは、その後も何度も増刷され、さらにはマリア・ラインによっててドイツ語に翻訳され、一九六二年五月には『ドイツ牧師新聞』で盛んに論じられていた、国家防衛の準備と軍事的防衛戦略をめぐるドイツでの討論を刺激することになった。ティリッヒがこのテーゼの冒頭で読者に理解を促しているのは、自分のテーゼはもともとはエレノア・ルーズヴェルトとのテレビ討論のために準備していたのだということである。また核兵器で行われる戦争というのは、「何の倫理的正当化も見出し」得ないものだということがここでも繰り返されている。ティリッヒは明らかに核の威嚇的な使用の立場にある。それはどういうことであるかといえば、核武装は正当化されるが、しかしそれは「潜在的な敵に、敵が最初に核兵器を使用したら、自国においても、ちょうど敵国で起こると同じような酷い破壊が起こるであろう」ということを示すことである。そして確かなのは次のことだとも述べている。「確かに核兵器は背後に存在すべきだが、しかし社会・倫理的命令についての私たちの知は、私たちをまず何よりも核兵器を使用することから守らなければならない[9]」。「文化的自由のためのアメリカ委員会」の『パルチザン・レヴュー』という雑誌のなかで、ティリッヒは一九六二年の春、再び原則的には、核の先制攻撃を断念した核武装を支持した。そのことは一時的に共産主義の軍隊の軍事的優位を甘受せざるを得ないが、そこで「完全に明らか」なことは、同じ手段で核の攻撃に対抗措置が取られるということなのである。「したがって、核武装は全般的な核武装解除がない限り、必要なのである[10]」。

2

ティリッヒと並んでヘルベルト・マルクーゼも、ドイツからアメリカへ亡命した難民の共同体の一員であった。一九五五年になって、彼は一九五四年九月にスイスでの事故で命を落とした法律家であり社会学者であったフランツ・ノイマンの未亡人、インゲボルグ・ヴェルナーと結婚した[11]。ティリッヒとマルクーゼはすでにフランクフルト・アム・マインでドイツがまだ比較的平穏であった時代から親しい交流を続けていた。

もともとマルクーゼは、マルティン・ハイデガーのもとで『ヘーゲル存在論と歴史性の理論』によって教授資格を得ようとしていたが、両者の間によこたわる調停しがたい見解の相違のゆえにそれを実行に移すことができなかった。その後、この若い哲学者は、フランクフルトの社会研究所に移り、そこでマックス・ホルクハイマーの研究仲間となる。一九三三年にはいったんジュネーヴへ逃れ、それから一年後にはニューヨークへと「亡命する」研究所の後を追うことになった[12]。

一九二九年の春のこと、ドレスデンからフランクフルトへ移ったティリッヒは、すぐにホルクハイマー、ティリッヒのもとでの教授資格取得志願者であるアドルノ、そして他の研究者たちと親しくなったが、その関係はその後社会研究所に対する公的な関係にまで及び、彼らとの交際は急激に緊密なものとなった。ヘルベルト・マルクーゼもそのひとりであり、両者はとりわけ親密な付き合いになり、この付き合いは亡命の間中、変わることなく続いたのである。

ティリッヒとマルクーゼは、二人とも一九四〇年になってアメリカ国籍を取得している。ティリッヒの方は、最初は相当に困難の多かったいわゆる移行転換期を経て、ユニオン神学校の哲学的神学の教授として地歩を固め、一九五五年にはハーヴァードの「全学部共通教授」としての招聘に応じ、年金付きの退職をした後も、一九六二年七月一日までシカゴ大学の「ニューヴィーン神学教授」に就任した。他方でマルクーゼは、ワシントンで戦争情報局情報部での仕事を見つけるまで、一九四二年までは亡命後の社会研究所に所属していた。ドイツにおける政治的動向を戦略事務局を基点として追跡し、一九四五年には国務省の情報調査に引き抜かれている。その後学術局の分析官たちと同様に、コロンビア大学（一九五〇〜五二年）、ハーヴァード大学（一九五二〜五四年）、そしてブランダイス大学（一九五四〜六四年）と関係を持ち、そこで教えることになった。そして一九六四年にはサンディエゴで社会哲学の教授になった。

ブランダイスとハーヴァードは、そう遠く離れてはいなかったために、ティリッヒとマルクーゼはしばしば会うことができた。両者はそれほど親しかったが、しかし度々会ったとしても、両者の間にはじめからはっきりと刻み込まれた距離や断絶を互いに解消することはできなかった。ハーヴァードでのティリッヒの助手であったヴァルター・ライプレヒトは、ユートピアの状況をめぐる問題についての、激しい、「深夜に達する議論」に至った、ケンブリッジのティリッヒ家での両者の会話を覚えている。マルクーゼは、「根本においては懐疑主義者であるにもかかわらず、ユートピアを排除することなく、大衆を扇動するための手段として」肯定した。他方でティリッヒも、ユートピアについては注意を払わねばならないと指摘し、「典型的なユートピア的な要素を、コミュニズムのみならずアメリカの進歩信仰の中にも」見出していた。「ティリッヒはまた文化的ユートピアと政治的ユートピアの間の諸連関についても指摘し、まさに当時のアメリカで広がっていたような、あの恐ろしい十字軍的思想を指摘した」のであった。ティリッヒは、アメリカの自己理解の内にある「国家的でメシア的な」[13]要素に、潜在的な政治的脅威を見ていたのである。ティリッヒのその時代の社会状況への視線は、ライプレヒトが述べるように、明らかに、狭い意味でのイデオロギー的観点とは一線を画しており、その結果、まさにケネディーの政治影響のもとで、彼の文化批判は独自の影響力を持つようになっていった。[14]ライプレヒトの記録では日付が明らかではないが、それは以下に編集・紹介された往復書簡と同様に、ティリッヒとマルクーゼの間の潜在的対立の跡を伝えている。そして両者のすれ違いは、しばしば感情を爆発させたハンナ・ティリッヒが議論に参加することで、両者の対立に拍車をかけることになり、余計に激化することとなった。ハンナによる夫についての実に癖のある伝記『折にふれて（*From Time to Time*）』のなかで、ハンナ・ティリッヒ自身が、ハーヴァード時代のマルクーゼとの出会いについて次のように述べている。

私たちは再びヘルベルト・マルクーゼと彼の妻に会いました。彼はブランダイス大学の教授で、［…］スーザン・ソンタグと共に私たちは楽しい夕食の時間をもちました。私はヘルベルトが好きでしたし、つねに活発で、彼とパウルとの間で交わされる議論を聞くのは楽しいことでしたし、しばしば彼を支持してもいました。彼はパウルのことが好きで、いつも電話をしては「近いうちに君に会うのが楽しみだ」と言っていました。彼の妻は私を平和運動のデモへ連れて行きました。そのデモの間に、エーリヒ・フロムが演説をし、ジョーン・バエズが歌っていました。フロムは演説中に卵をなげつけられていました。しかし私にはすべてのことが退屈でした。ですから私はその後平和運動のデモには参加しなくなりました。幸いにも、パウルは平和主義者ではありませんでした。マルクーゼ夫妻はケネディーが当選した選挙の後に、私たちの家に夕食にやってきて、私とマルクーゼの妻は、アメリカ合衆国に対する忠誠について激しい議論をすることになりました。アメリカ合衆国は私たちを亡命者として受け入れ、そしてそこから私たちはあらゆる便宜と助けを受けていました。にもかかわらず彼女は今やこの政府の信望をこきおろして得意がっているのです。私たちが声を張り上げて議論している間、その場に居合わせた男性二人は静観したままでした。結局私たちは怒りのうちに別れたのでした。その晩、パウルでさえ彼女の立場を理解し得なかったのです。私にとって、彼女の立場は破壊に対する陰鬱な欲望に過ぎないと思われました。ヘルベルトと私は抱き合い、キスをしましたが、彼女とはそうしませんでした。パウルとマルクーゼは悲しみました。パウルは彼らに手紙を書き、私を除いて、何とか私たちの関係を修復しようと努めていました。(15)

ところで奇妙なことに、マルクーゼとティリッヒの作品の内に、ほとんど相互の関連は見出せない。両者の関係は、むしろ個人的な接触、つまり二人を相互に結びつけた直接的な議論のうちにあったと言うべきであろう。それにもかかわらずティリッヒは一九四一年に刊行された『社会研究雑誌／哲学と社会科学の研究（Zeitschrift für Sozialforschung/Studies in Philosophy and Social Science）』の第九巻、すなわち最終巻で、マルクーゼによる長編の論文「理性と革命――ヘーゲルと社会理論の興隆」を取り上げ、書評を書いており、そこに両者の思想史的立場とその連関とを見てとることができる。[16] ここでマルクーゼは、ヘーゲルの弁証法に由来する社会を変革する力を、アメリカの社会的コンテクストへと接続可能にする試みを企てたのであり、「社会理論」の興隆の系譜をファシズムと国家社会主義の発生に至るまで描いてみせた。ティリッヒはマルクーゼの論文を評価し、その主旨に賛同している。なぜならその内容が、ヘーゲルの時代であるすでに没落した社会と今日との部分的な共通性を前提に、諸問題を明らかにしていたからである。マルクーゼの著作は、ティリッヒも同様であるが、ヘーゲル哲学とその社会的・政治的意義の概論を、マックス・ホルクハイマーの精神における「批判理論」の重要な洞察、さらには社会研究所が提唱する「社会・歴史的批判の方法（method of socio-historical criticism）」とを結合したものである。[17] しかし、決定的な点でティリッヒはマルクーゼから一線を画していた。なぜなら、「批判的社会理論でさえその批判が根差している「究極的なもの」を避けえないのであり、理性そのものがそこに根差しているから」である。この点でティリッヒは、ヘーゲルの宗教哲学とホルクハイマーの美学をフェードアウトさせてはならないと考えたのである。「そうでないなら、批判そのものは実証主義的で偶然的なものになってしまうからである」[18]。

他方で一九六四年五月二二日、ドイツ連邦共和国で、次第に議会外左派の理論的指導者にまで登りつめたヘルベルト・マルクーゼは、フランクフルト・アム・マインにおいて、アメリカ研究に関するドイツ協会の年次会議で、「ドイツ人亡命者のアメリカの精神生活への影響――哲学と社会学」というテーマで講演した。そのなかで、マルクーゼはティリッヒのことも話題にあげて、ティリッヒの著作を「極端な実証主義」の対極にあると指摘している。そしてティリッヒの哲学は「神なき神学」、あるいは「神が単に存在論的原理としてのみ登場する神学」であると特徴づけた。ティリッヒは、彼の実存主義的神学によって、現在の「非合理的な潮流」のもとでは、群を抜いて「もっとも力のある、もっとも影響力のある立場」を代表していると言う。多くの点でそれは決定的に重要な影響力を及ぼしている。ティリッヒの話はつねに生き生きと作用しており、「硬直した神学の語彙」を避けている。[19] しかし、彼はとりわけ具体的此岸を、意味を付与する永遠と結びつけ、そして政治的立場の中にさえ場所を見出す「ともかくもまだまともなプロテスタンティズム」[20]、つまり「大衆社会と大衆民主主義の真ん中で、自律的、個人主義的決断と責任という理念やイデオロギーを保持している個人主義」[21]を代表していると述べている。

2　ティリッヒとマルクーゼの往復書簡

以下において、これまでパウル・ティリッヒとマルクーゼ夫妻の間で、おそらく長きにわたって、確実に交わされてきたであろうお互いの書簡のうち三通の手紙だけを紹介する。さらに、それを補足するために、マルクーゼ夫妻がハンナ・ティリッヒに宛てた弔意をあらわす手紙を編集した。ティリッヒの二通の手紙は、フランクフルト・アム・マインにある市立・大学図書館（Stadt- und Universitätsbibliothek）のヘルベルト・マルクーゼ文書に保存されている。ヘルベルト・マルクーゼとインゲ・マルクーゼからの二通の手紙は、アンドーヴァー・ハーヴァード神学図書館に保管されている「ティリッヒの遺稿」の中にある。[22]ここで公表される文通は、ティリッヒ研究、そしてマルクーゼ研究のなかで、これまで知られていなかったものだと編者たちは考えている。[23]

書簡1　パウル・ティリッヒからヘルベルト・マルクーゼとインゲボルグ・マルクーゼに宛てた手紙
ニューヨーク、ロングアイランド、イーストハンプトン、一九六二年一二月二一日[24]

ニューヨーク、ロングアイランド、イーストハンプトン、ウッズ通り八四
一九六二年年一二月二一日
期限付き住所
シカゴ大学スウィフトホール　イリノイ州、シカゴ三七

ヘルベルトとインゲボルグへ
先日の夜、つまりケンブリッジでの出来事以来私が恐れていたことを今確認しています。すなわち、私の住所変更の知らせに対しても君たちが沈黙していること、また私たちの共通の知人に対してヘルベルトが折に触れて批判的な発言をしていることが何よりの証拠です。つまり、ケネディーへの君たちの非常に厳しい批判に対して、ハンナが情熱的に反応したことを、決定的な断絶として君たちが理解したのだと私は思っています。ハンナのこの種の爆発を、私のように四〇年も彼女を知っている者は、彼女がどれほど

ラディカルであるかを知っているからこそ理解することができます。しかし、この種の節度を超えたポジティヴな議論の態度は、実はお互いに何もポジティヴなものを残さないことも知っているのです。けれども、彼女はこのポジティヴなものをただ良い意味でのラディカルさとしてのみ自覚しています。彼女は、君たちがこのことを断絶として理解していたのだということを今日まで信じておらず、そして私に、あの後でヘルベルトと良い語らいを持てたわ、と（あの爆発の後で！）言っているのです。私は、彼女を知らない人が、このことをとても理解し得ないであろうということを、これまでの多くの事例から知っています。しかし、それはやはりそのようにしか言うことができないのであって、君たちは私のことをこの点では信じるべきです。

　もちろん、何かより深いものがあの晩の公然たる対立の背後にあります。君たちの側には、すべての所与のものを将来のポジティヴなもののために否定する意志があります。そして、私たちの側には、所与のもののなかに、その両極性にもかかわらず、ポジティヴなものとネガティヴなものの混合を見る用意があります。たとえ君たちが、ひどくアメリカやブルジョワ精神に順応していると私を非難しても、この対立は、私たちの討論全体の中でのことです。私は間違っているのかもしれません——そして、たしかに私は、ひょっとすると間違いを見出すかもしれませんが、私の意識の中ではそれは何ひとつ間違いではないのです。そのことの証拠として、私は、国務省におけるテレビ討論(25)と、フランクフルトの聖パウロ教会での講演(26)のような例を示すことができるでしょう。

　私たちが、個人的なことに基づいた対立を、今まで非常に実り豊かな即物的（ザッハリッヒ）討論へと戻すことができるならば、それは私にとって（ここ数年来の精神的な出来事のなかで）大きな喜びでしょう。その上、私は君たちのことが好きなのですから。

友情という永久の感情を込めて
君たちのパウルス・T

＊　＊　＊

書簡２　ヘルベルト・マルクーゼとインゲボルグ・マルクーゼからティリッヒに宛てた手紙。マサチューセッツ州ニュートン市。一九六二年一二月二八日。(27)

マサチューセッツ州ニュートン市五八
マグノリア通り二六番
一九六二年一二月二八日

パウルス、

君から手紙をもらうのは、やはり何よりも喜ばしいことです。私は喜んで、個人的なことに基づいた討論（これは実際、相当に激しかったです）を、即物的なことへ還元する君の提案に応じたいと思います。君は私たちに対して、私たちの「すべての所与のものを将来のポジティヴなもののために否定する」意志を非難しています。しかしそれは本当なのでしょうか。所与であり、ポジティヴであるというのは、私た

H＋I・マルクーゼ

ちにとっては、意志に対して所与の状況のなかで保障されている人間、諸力、諸理念のことです。これらは私たちにとって、今日（ただ「将来」のみならず）においてこそ人間にふさわしいものであり、また希望（所与のものでもある！）でもあるのです。これらは私たちの周りに存在し、そして私たちが完全にそれらと一致していないときでさえ、私たちはそれらを肯定するのです。それゆえに、私たちはスチュアート・ヒューズ[28]（神が革命家でないことを知っている！）に肩入れしてきたのです。それゆえに、私たちは、反米委員会で、他者によって裏切られ、そして汚された「価値」と真実とを証言しようとする男女を尊敬するのです。それゆえに、私たちは、増大する危機のもとで、アメリカ政治の核の狂気に対して抵抗する人を尊敬するのです。それゆえに、私たちは、浪費と破壊によって途方もない規模で私服を肥やす社会の大罪、つまり人間を愚鈍にし、残忍にし、そして人間に、人間の生にまさに日常的な危険をもたらす核兵器による死に対して心構えをさせようとする社会の大罪を弾劾する人を尊敬するのです。そして、毎日（また日曜毎に）、クリスマス島とイースター島に爆弾を落とす（ときおり私には、自分たちが本当に比類ない真のキリスト者であると思えるのです！）一方で、日曜毎、そして祝日毎に教会へ行き、その途上で写真を取ってもらう、「自由な世界」のあらゆる擁護者を、私たちは心の底から憎んでいるのです。私は知っています。これがソビエト連邦の罪であるということを。今日のコミュニズムは、私にとってマルクスとも、自由社会とも確かにほとんど結びついてはいないのです。けれども、そのコミュニズムがコミュニズムであるということ自体が、大部分は私たちの罪なのです。たとえば今日、ただ誰かが問題提起しただけのことを実行してしまう、〔米ソの〕両支配体制のどちらかが世界に挑発的な攻撃をするのではないかというイメージに基づいて軍事力を動員し、それを組織化し、全地球規模で核兵器を配備し、ナチスの司令官を再び動員するようなことがそれにあたります。さらにこんなこともあります。両体制のどちらが自己保存のために「防衛経済学（defense economy）」を必要としているのでしょうか。そしてどちらが軍事費の削減を必要としているのでしょうか。

パウルス。私は弁証法的思考をとても真剣に受け取っています。私は、君たちが実証主義的に「所与のもの」を、ケネディー政権が所与のものと見なしているものと同一視しているのを恐れているのです。私はその点に加担したくないのです。それが私にとって、所与のものでさえ（すなわちもっとも所与なるもの）、この社会を否定する可能性だからです。所与のものが、全体主義的に動員されるなかで、破壊と没落のために人間を組織することによって、貧困と困窮に直面して、浪費、破壊、そして従順を生の条件にすることによって、恥知らずにも従属諸国における自由の名において、腐敗した冷酷な独裁者を立てることによって、所与のものは、土地を解放でき、そして存在を人間らしくするすべてのことを、システマティックに否定することに従事するのです。私たちは、ただ否定だけを否定するのです。――そうなのです。私たちはここでまだ喜ぶことができるし、私たちが望むことを私たちは繰り返し述べることができます。これは本当でしょうか。君たちは、君たちに起こることを見るとき、しばしばひどく不快にはならないのでしょうか。私は、考えていることを本当に言うことができているのでしょうか。もっとも親密な交友関係においては然りです。唯一の、本当に異論を唱える新聞やラジオ放送などが存在するのでしょうか。ただごくわずかの知識人が読んで聞くだけの小さな諸集団や諸雑誌は存在します。神はこれらを祝福するのですよね。でも本当にそうなのでしょうか。まっとうでない社会そのもののなかで、善きものがまっとうでなくなるという弁証法的（そして正しい）原理を引き合いに出すのであれば、私は議論全体を非常に短縮してしまうことができるはずです。しかし真理は全体なのです。そして、全体が悪の原理のもとにあるとき（私はマニ教徒です！）、悪の原理はひとつひとつすべての部分に、そしてあらゆる部分に伝わるのです。私は赦しを請いますが、しかし「ポジティヴなものとネガティヴなものの混合を見る」という君の主張は、私に「ポジティヴなものの強調」を思い起こさせるのです。このことが意味するのは、「悪いもの」の原理のもとで、ポジティヴなものがネガティヴなものに屈服することです。――すなわち人々が恐ろしいことに慣れるように教え、助け、そして最後には善いものと悪いものの致命的な混合（この混合において、善いものそのものは否定され、無力になる）ということです。――つまり、善いものが悪いものに良心を与え、自分自身に良心を与えるため、善いものどもが悪いものの従僕となる混合のことです。さらに言うならば、君はこの良心を鉄のカーテンの背後のあらゆるものよりもしっかり持っています。そして私たちには余裕があります。つまり私たちは他の人々が軍隊によって守らねばならない忠誠と協調をドルで買うことができるのです。このことは、私たちを良くするのでしょうか。罪は、権力を持ち、支配している人にあります。私が少しでも「個人的なこと」へと戻ってしまっていたら許してください。私を非常に悲しませたものは、ニューヨーク・タイムズの短い記事でした。この記事は〔ユニオン〕神学校で君が講演した内容を伝えていました。[29] 君はハーヴァード・ビジネス・スクールの人たちに話をしたようですが、（ニューヨーク・タイムズによれば）君は「彼らのすばらしい敬虔さと自分たちの問題を克服するための努力に感銘を受けました」と言っていました。正直に言って、私には、ビジネス・コミュニティーにあてはめられる「敬虔」という言葉に対しては漠然とですが、ある含意を感じてしまうのです。[30]

ビジネス・コミュニティーの「諸問題」とは、利益の適切な配分の問題です――他のすべてがこれに従属させられざるを得ないものです。私にとって、敬虔と利益は調和しないものです――私はキリスト教的過ぎるでしょうか。私は、ハーヴァード・ビジネス・スクールで「敬虔」を備える人間がいたということ、そして君が彼らから感銘を受けたということを一瞬たりとも疑ってはいません。けれども、彼らはビジネス・コミュニティー、おそらくビック・ビジネスの構成員に育て上げられているのであり、そしてそこでは、法則とは利益のことなのです。利益とは、自分自身の利益でないならば、どんな哀れみも知らないですし、どんな精神も知りません。このことは（そして誰が君以上にこれをよく知っているでしょうか）いささか多くの敬虔によって修正されうる性格上の欠損ではなく、人間を規定する——あるいは人間性を捨ててしまうような社会の法則なのです。

ただこのような社会を克服する働きだけが、今日所与のものに対して信義を守るポジティヴなものです——なぜなら「与えられる」のは（いよいよもって）否定され、嘲笑される諸可能性でもあるからです。私たちは、君のことを、この諸可能性を真剣に受け取り、そしてこの諸可能性を保証するわずかな可能性のうちのひとつだと思いました——それゆえにこのような手紙を書いたのです。

また、それゆえあの晩はとても心が痛みました。

友情をもって

ヘルベルト

インゲ

そして完全に非即物的に、私はあなたに、愛するパウルスに、喜ばしい新年を願っています。

＊　＊　＊

書簡3　パウル・ティリッヒからヘルベルト・マルクーゼとインゲボルグ・マルクーゼに宛てた手紙。イリノイ州シカゴ、一九六三年一月二五日。(31)

シカゴ大学
イリノイ州シカゴ三七
神学校
スウィフトホール

一九六三年一月二五日

ヘルベルトとインゲへ
君たちの手紙は、ヘルベルトの即物的な批判とインゲの「非即物的な」新年の挨拶を含んでおり、私にとって大きな喜びでした。私は長いこと疎外感に苦しんでいました。そして、いつかハンナもこの和解に含まれてほしいと思っています。まずは彼女の気性を、そして次に彼女のアメリカに対する大きな愛情を理解してくれる時にはじめて（彼女の母親はアメリカ人でした）、彼女を理解し得ると思うのです。
さて、私はただいくつかの論点に基づいて本題に入りたいと思います。
(1) ある点では、君が最初のページで核の狂気に対する戦士として記述している人々のうちの一人に、私を数えることができるでしょう。一九六一年一一月、病気になる直前に、私は国務省において、完全に一人でレストン、キッシンジャー、フリードマン、そしてルーズヴェルト夫人と対立し、そして間接的にこの討論を開催したディーン・ラスクとも対立しました。私としては、私たちは、どのような状況下でも、たとえロシアがヨーロッパ半分を侵略したとしても、最初の兵器として核兵器を使用することが許されないのだという立場を支持したのです。ルーズヴェルト夫人は、後になって私が正しかったと認めましたが——ことによると正当にも、ことによると不当にも——しかし、私たちがそれを述べるのは許されないのです。さもなければ私たちはロシアの攻撃を誘発することになってしまいますから、と付け加えたのに対し、レストンは、後にニューヨーク・タイムズのある記事のなかで私のことを酷評したのです。[32] その後の私のすべての思考過程は、『クリスチャニティー・アンド・クライシス』においても公開されました。[33] およそ二年前には、私は国際連合に中国を受け入れるための宣言にサインをしました。[34]

しかし私は、私のこのような考え方は、アメリカの公衆を〔一九〕三〇年代には支配し、その影響がニーバーやルーズヴェルトのなかに、そしてとりわけヒトラーの出現によって打ち破られたさまざまな集団のなかにその方法を見出せるような平和主義者と同じだとは考えていません。もちろん私は片寄った核平和主義者でもありえません。私たちは核武装に着手すべきではありませんが、しかし他の人々が核武装に着手するならば、私たちは最低限同等の核武装をもたざるを得ないのです。

(2) さらにその後で君はアメリカの順応主義について書いています。この点についても私はハーヴァードの学位授与式等の折にスピーチをしています。私は依然として、講義において、究極の非順応主義の表現としてプロテスタント原理を解釈することを試みているのです。

(3) 私はあらゆる生の過程を「両極性」、すなわちポジティヴなものとネガティヴなものの混合という観点のもとで見ている（生物学的生の過程、心理学的生の過程などにおいても）のです。そしてこの「両極性」という観点は、私が組織神学の第三巻の原稿で展開した基本信条です。

(4) 私の「昼食後のスピーチ」の発言は、雑誌で正確に再現されていないし、それはとっさの発言であり、的確に述べられてもいませんでした。私はこの議論のなかで、この関連において、「ビジネスの世界」について話したのではありませんでした。そうではなくて、私は、自分が証言しうるように、君が抱えているのと同じ倫理的諸問題を非常に真剣に受け止め、そして構造的に腐敗した状況へと治癒力をもたらすような道を求める二、三の代表的人物について話したまでです。私は、私や他の多くの人々の試みと同じように、似たように腐敗した教会の状況や教育の状況のなかで行動することが不可欠であり、重要なことだと考えているのです。そして「両極性」という原則の基盤の上で、私はビジネスの世界においてただネガティヴなだけのものを、神学的傲慢と思うようになったのです。しかし、この定式化は、それが雑誌のなかで伝えられたように、当然の衝突を呼び覚ましうるのだということを、私は君に対して認めています。

(5) 私たちは「所与のもの」という言葉について、容易に理解し得ると私は信じています。当然、ネガティヴなものはポジティヴなもののように与えられていますが、私の手紙との関連で言えば、それを所与のものとして指し示すことは、私の信仰においては抵抗を意味します。また何かを実現する可能性を早々と完全に不可解にするだろうものは、現実に対してはどのような種類の治癒力でもないのだと考えています。

再び、感謝と挨拶を、
君たちのパウルス
パウル・ティリッヒ

＊　＊　＊

書簡4　ヘルベルト・マルクーゼとインゲボルグ・マルクーゼからハンナ・ティリッヒに宛てた手紙。カリフォルニア州、ラホヤ、一九六五年一〇月二九日。(35)

サンディエゴ、カリフォルニア大学哲学部
ヘルベルト・マルクーゼ

カリフォルニア州　九二〇三八
ラホヤ
クリフリッジ通り　八八三一
一九六五年一〇月二九日

親愛なるハンナ

パウルスの死の知らせは、私たちに深い衝撃を与えました。最近私たちが疎遠であったことすべて（私たちは疎遠になり得るだけではなく、共に補いあう関係であるわけですが）にもかかわらず、私たちはしばしばパウルスのことを考えていましたし、また私たちを再び和解させる何かが起こることを望んでいました。今や遅すぎるのですが――そして、私たちはもはやそれを信じることもできないのです。

心から、
ヘルベルトとインゲ

監修者あとがき

一九九二年から九六年までのドイツ滞在中に、二つのパウル・ティリッヒの読み方に出会った。それは対立しているようであり、また相互補完的でもあるように思えた。ひとつは私の指導教授で、博士論文の審査もしてくれたグンター・ヴェンツ教授の読み方で、テクストの厳密な解釈に終始するもので、ティリッヒに影響を与えたドイツ・ルター派の神学者たちとシェリングの思想を考慮しつつ、「神学的にも政治的にもルター派の神学者としてのティリッヒ」の立場を強調するものであった。それは日本でもある程度なされているものであるが、厳密さや思想史的視野が日本のそれとは比べものにならなかった。毎週行われていた演習に参加しながら、知らないということは恐ろしいことであるが、その方が幸せなのかもしれないとさえ思ってしまった。

もうひとつの読み方はミュンヒェン・クライスの指導者でもあるフリードリヒ・ヴィルヘルム・グラーフ教授の読み方で、彼らの「神学史」（Theologiegeschichte）と呼ばれるその方法は、近代ドイツ神学史を同時代の社会史、政治史、経済史との関連の中で読み解こうとする方法である。彼らは近代ドイツ社会において神学的テクストとドイツ・ルター派の政治神学が果たした役割を強く意識しつつ、テクストと政治的・文化的諸動向とを切り離さずに読み解こうとしていた。ティリッヒの思想もヴィルヘルム期からヴァイマール期への政治的転換、世代論、この時代の神学の政治化と政治の宗教化の動きと切り離さずに読むべきだと教えられた。

それは日本で出会ったティリッヒの読み方とはかなり違っており、さらに彼らが語るティリッヒの思想や人物像も、それまで日本の教室で聞き、書物で読んでいるものとはまったく違ったもののようにさえ思えた。またグラーフによれば、ティリッヒを読む際に重要なことは、ティリッヒが生前に、彼の思想が死後どのように読まれるかを自ら指定し、コントロールした思想家だということである。その思想的戦いの現場がティリッヒのドイツ語版全集であった。今日、全集編集のためにティリッヒと出版社、そして編集者や翻訳者たちの間で交わされた書簡の多くはハーヴァード大学のティリッヒ関連文書等に保存されているので読むことができるが、ティリッヒはドイツ時代の最後、亡命から第二次大戦の終戦までに書いたどの文書を全集に入れるかで、編集者たちと激論を交わしている。明らかにティリッヒは、後世の読者にひとつのイメージを印象づけるための作業を行っている。彼は明らかに、ナチズムによってドイツを追われ、さまざまな努力や苦労を経てアメリカで成功をつかみ、戦後ドイツの復興のために支援を惜しまなかった神学者、という自己イメージに基づいてそれを編集し、都合の悪い文章は全集に収録せず、逆に必要な文章はどれほど小さなものでも収録するように要求し、英語の場合には自ら翻訳し、編集者に送った。おそらくこれと似たような事態はマルティン・ハイデガーにも見られる。それゆえにグラーフたちは、ティリッヒ自身が指定した読み方にあまりにもとらわれすぎては彼の思想は正しく理解できない、というのである。そしてテクストに表現された思想内容だけでティリッヒを読み解く解釈は、死後の思想の読まれ方を規定するために自伝的な文章をいくつも書いたティリッヒの思想の研究では、そういうテクストの読み方に巻き込まれてしまうのであるから、ティリッヒの作戦にはまった、大変偏った、危険な読み方になってしまうというのである。

このようなグラーフの考えに影響を受けた若い助手や博士候補生たちが、もう一度ティリッヒのテクストを社会史なコンテクストに改めて置き直し、彼が自らのテクストの外に追いやったテクストを発見し、再解釈することで読み直すことを試みるようになった。アルフ・クリストファーセンはそのひとりで、私たちはグラーフの正規の演習が終わった後などに、また夏の長い休みなどを使ってティリッヒに関する資料を探し、読み直し、議論し、その成果を公にするようになった。その中で私たちがこれまで注目したのは、ティリッヒとナチズムとの関係、亡命知識人としてのティリッヒ、フランクフルト学派とティリッヒとの関係などであった。

本書はそのような研究や対話から生まれたもので、ティリッヒとフランクフルト学派、とりわけホルクハイマー、アドルノ、フロム、そしてマルクーゼとの関係を扱っている。これまでの研究成果はドイツで公にされてきたのであるが、今回は日本でもよく知られ、読まれているいわゆるフランクフルト学派と呼ばれた人々とティリッヒとの、あまり知られていない関係を明らかにするものである。それを紹介することは、日本のティリッヒ研究のみならず、フランクフルト学派やこの時代の思想史の研究にとっても意味があることではないかと考えた。

ホルクハイマーとアドルノについては、このミュンヒェン・クライスの人々が始めた『近代神学史雑誌』に掲載されたE・シュトルム教授の調査と研究の報告を翻訳して収録させていただいた。そこにはこれまであまり知られていないホルクハイマーやアドルノとティリッヒとの個人的な交流のみならず、思想史的な交流の姿が描きだされている。彼らの間でなされた対話は大変厳しいものであり、これほどの批判を相互になした上でどうしてなお友情が続いたのかと思えるようなことがしばしばであるが、他方でホルクハイマーやアドルノがティリッヒの神学思想のみならず、この時代の神学に大変詳しく、またそれを的確に評論し、批判していることにこそ驚かされる。これは日本におけるフランクフルト学派の研究に明らかに欠けている点である。マルクーゼについてはグラーフとクリストファーセンの研究を翻訳し、フロムについては竹渕と深井の研究を収録した。フロムの研究は、逆に日本語からドイツ語に翻訳されることになっている。本来はもうひとつ、文学社会学者として知られるフランクフルト学派のレオ・レーヴェンタールとティリッヒの往復書簡約七〇通も入手し、深井とクリストファーセンが協力して編集を終えていたのであるが、これは著作権保持者の許可が得られず、日本語でもドイツ語でも出版することができず、今回は収録することができなかった。

本書の編集、そして出版刊行にあたっては、ミュンヒェン大学とバイエルン・アカデミーによる神学史研究プロジェクトの参加者、また『近代神学史雑誌』の編集者であるフリードリヒ・ヴィルヘルム・グラーフ教授、アルフ・クリストファーセン博士と、この雑誌の版元であるベルリンのデ・クロイター社にお世話になった。グラーフ教授からは翻訳や版権に関する許可を頂き、また原論文に関するさまざまな疑問に丁寧に答えていただいた。グラーフ教授は本書が刊行される頃、ミュンヒェン大学を定年退職するために、最終講義を行うことになっている。また日本で同趣旨の研究を行うことに協力して下さり、さらには本書では翻訳まで担当してくださったかつての聖学院大学総合研究所の同僚の先生方、また研究会や大学院の演習に参加して下さった方々にも御礼申し上げたい。そして本書の刊行に際してさまざまな有益で適切なアドヴァイスを下さった法政大学出版局の郷間雅俊氏にも深く感謝したいと思う。

二〇一三年一二月二四日

深井智朗

＊本書の刊行にあたっては金城学院大学父母会特別研究助成費からの支援を受けた。

人名索引

ア 行

アーレント　Hannah Arendt　3-8, 11, 30, 33, 36, 38, 146, (6)-(7), (10), (16)
アウグスティヌス　Augustin　95, 100, 179
アクィナス　Thomas von Aquin　83-84, 94-95
アダムス　James Luther Adams　34-37, 259, (11)
アドルノ　Theodor Adorno　6-7, 9-10, 13-14, 20-21, 27, 30, 33, 35, 39-41, 43-46, 60-62, 64-66, 68-69, 71-75, 87, 90, 116, 118, 126, 131, 133, **143-224**, 233, 236-37, 272, (11)-(14), (17), (21)-(26)
アリストテレス　Aristoteles　127, 183
アルトハウス　Paul Althaus　47
アルブレヒト　Renate Albrecht　160, (21)
ヴァイル　Felix Weil　16-18, 105, 233, (15)
ヴァイル　Hermann Weil　16, 18, (9)
ヴァルシャウスキー　Stefan Warschawski　31
ヴァン・デューセン　Henry Van Dusen　73
ウィーク　Fred Wieck　36-37, (11)
ウィットフォーゲル　Karl Wittfogel　13, 20, 22
ヴェーバー　Alfred Weber　228
ヴェーバー　Max Weber　12
ヴェルトハイマー　Georg Wünsch　6, 10, 147, 234, 236
ヴェルナー　Marie-Louise Werner　236
ヴェルナー　Ingeborg Werner　271
ヴォルファース　Arnold Wolfers　10, 147, 234
ヴュンシュ　Georg Wünsch　(25)
エヴェレット　Jack Everett　38
エーベルト　Friedrich Ebert　14
エラート　Werner Elert　47
エリアーデ　Mircea Eliade　38, 143
オッカム　Wilhelm von Ockham　95, 108
オッペンハイマー　Franz Oppenheimer　(17)
オッペンハイム夫人　Gabriele Oppenheim-Errera　61

カ 行

カント　Immanuel Kant　14, 50, 137-38, 154, 200, 204, 215, 230
キタガワ　Joseph Kitagawa　38, 143-44
キッシンジャー　Henry Kissinger　269-70, 284
キルケゴール　Søren Kierkegaard　14, 39-40, 69, 73, 96, 145, 149-57, 161, 221, 239, (14), (18)-(20)
キルヒナー　Otto Kirchner　20
クーパー　Terry Cooper　249
クリスチャンセン　Gordon Christiansen　254, 261, 263-64
グリメ　Adolf Grimme　(22)
グリューンベルク　Carl Grünberg　13, 17-19

クリンゲルフェファー　Wolfgang Klingelhöfer　21
グレトゥイゼン　Bernhard Groethuysen　97
クローナー　Richard Kroner　10, 25, 230, (8)
グロスマン　Henryk Grossman　13, 20
グンペルツ　Julian Gumperz　13
ケーギ　Paul Kaegi　254, 258
ゲーテ　Johann Wolfgang von Goethe　131, 156, 178
ケーラー　Martin Kähler　41
ゲッベルス　Joseph Goebbels　109
ケネディー　John F. Kennedy　267-68, 270, 273-74, 277, 281, (30)
ゲルプ　Adhemar Gelb　236
ゲルラッハ　Kurt Albert Gerlach　13, 17
ゴーガルテン　Friedrich Gogarten　47
コフィン　Henry Sloane Coffin　30-31, 34
ゴルトシュタイン　Kurt Goldstein　10, 147, 161-62, (22)
コルネリウス　Hans Cornelius　14, 17, 26, 40, 49, 133, 160, 200, 230

サ 行

ザール　Hans Sahl　92, (13)
シードマン　Alfred Seedman　254, 256-57
シヴェルブッシュ　Wolfgang Schivelbusch　12, 15, 39, (9)
ジェイ　Martin Jay　19, 21, 234, (9)
シェーラー　Max Scheler　14, 49, 60, 63, 133, 210
ジェファーソン　Thomas Jefferson　83
シェリング　Friedrich von Schelling　22-23, 47, 236
シャハテル　Ernest Schachtel　21
シュタウディンガー　Hans Staudinger　10, (8)
シュタムラー　Eberhard Stammler　48
シュッツ　Alfred Schütz　(17), (31)
シュテルン　Günther Stern　6-8, (7)
シュトライヒャー　Julius Streicher　109
シュペングラー　Oswald Spengler　73
シュミット　Alfred Schmidt　13
シュライアーマッハー　Friedrich Schleiermacher　23, 40
ショーペンハウアー　Arthur Schopenhauer　50, 208, 213
ショーレム　Gershom Scholem　14, 41, 228, 240
スピノザ　Spinoza　244
ゼーベルガー　Elisabeth Seeberger　10, (8)
ゾーン・レーテル　Alfred Sohn-Rethel　162
ゾルゲ　Richard Sorge　13
ソンタグ　Susan Sontag　274

タ 行

ツォフ　Otto Zoff　10
ティーデマン　Rolf Tiedemann　(21)
ティリッヒ　Hannah Tillich　237, 273-74, 276
ティリッヒ　René Tillich　239
デーン　Gunther Dehn　234
デューイ　John Dewey　31
デューリング　Eugen Dühring　(27)
テルトゥリアヌス　Tertullian　96
テンニース　Ferdinand Tönnies　(16)
ドゥンス・スコトゥス　Duns Scotus　94-95, 108
ド・マン　Hendrik de Man　195, 206, 241, (24)
トレルチ　Ernst Troeltsch　47
トンプソン　DorothyThompson　91

ナ 行

ナップ　Gerhard Knápp　226, (28)-(29)
ナトルプ　Paul Natorp　213, (26)
ニーチェ　Friedrich Nietzsche　65, 122, 128, 172, 178, 200, 203, 210, 220-21
ニーバー　Reinhold Niebuhr　30-32, 73, 90-91, 113, 262, 270, 285, (15)-(16), (24)-(25)
ニクソン　Richard Nixon　267
ノイマン　Franz Neumann　13, 20, 22, 271
ノイマン　Helen L. Neumann　254, 256

ハ 行

バーストン　Daniel Burston　248-49
ハーバーマス　Jürgen Habermas　13
バール　Egon Bahr　(31)
ハイデガー　Martin Heidegger　3-6, 42, 68, 70, 149, 153, 155, 161-62, 202, 221, 272, (6), (17)
ハイマン　Eduard Heimann　10, 44-46, 76-77, 146-47, 234, (8), (11)
パウク　Wilhelm Pauck　16, 34, 145, 238-239, (7), (30)-(32)
パウク　Marion Pauck　145, (7), (30)
ハックスリー　Aldous Huxley　220-21
バトラー　Nicholas Murray Butler　20, 53
パノフスキー　Erwin Panovsky　159
バルト　Karl Barth　24, 46, 70, 72, 174, 206
ハルナック　Adolf von Harnack　26, 27, 47
ビーバー　Margaret Beaver　31
ヒューズ　Henry Stuart Hughes　(32)
ヒルシュ　Emanuel Hirsch　47
ヒルトナー　Seward Hiltner　238, 249
ファリス　Erdmuhthe Tillich-Farris (14), (21)
フィヒテ　Johann Gottlieb Fichte　112
フィンレー　Moses I. Finley　21
ブース　Gotthard Booth　229, 238, (29)
ブーバー　Martin Buber　235, 240
フォイエルバッハ　Ludwig Feuerbach 24
フォン・ヴェートマン＝ホルヴェーク　Theodor von Bethmann Hollweg　14
フッサール　Edmund Husserl　40, 43, 202
プラトン　Platon　27, 61, 72, 195, 209
フランチェスコ　Franz von Assisi　97, 101
フリードマン　Max Freedman　269, 284
ブリッヒャー　Heinrich Blücher　8
フルシチョフ　Nikita Chruschtschow 269
ブルトマン　Rudolf Bultmann　47
ブルンナー　Emil Brunner　47
ブレヒト　Bertolt Brecht　10, 85, 91, 92
フレンケル　Hilde Frenkel　4-8, 36
フロイト　Sigmund Freud　19, 233, 236, 239, 249, 251-52
ブロッホ　Ernst Bloch　45-46, 79-81, 83-85, (11)
フロム　Erich Fromm　9, 13, 20, 22, 30, 33, 42-44, 146, 191, **225-265**, 274, (28)-(30)
フンク　Rainer Funk　(28)
フンボルト　Wilhelm von Humboldt 168
ベヴァリッジ　William Henry Beveridge 220, (27)
ヘーゲル　G. W. F. Hegel　47, 61, 76, 93, 96, 135, 152, 154-56, 167, 200-04, 208, 211-12, 272, 275, (20)
ヘーリッシュ　Jochen Hörisch　13
ヘッヒベルク　Alexander Höchberg

145
ヘッベル　Friedrich Hebbel　211-13
ベネット　John Benett　270
ベネディクト　Ruth Benedict　238, 249
ベルク　Alban Berg　40
ヘルダー　Johann Gottfried von Herder　112
ヘルツォーク　Herta Herzog　21
ベンヤミン　Walter Benjamin　13-14, 20, 41, 87-88, 146, (9), (12)
ボイムカー　Clemens Baeumker　108
ポー　Edger Poe　221
ボードレール　Charles Baudelaire　221
ホーナイ　Karen Horney　238-39
ホーニヒスハイム　Paul Honigsheim　21
ホネット　Axel Honneth　13
ホルクハイマー　Max Horkheimer　6, 8, 10, 12-13, 17-21, 27, 30, 33, 35, 39, 43-46, 49-57, 59-60, 66, 69, 73, 75, **87-141**, 146-48, 160-64, 194, 232-33, 236, 272, 275, (8), (11)-(16), (21)-(22)
ボルケナウ　Franz Borkenau　13
ボルツ　Norbert Bolz　13
ポロック　Pollock, Friedrich　9, 13, 16-19, 21, 42, 66, 90, 93, 104-05, 115, 117, 146, 160, 232-33, (14)

マ 行

マイヤー　Gerhard Mayer　21
マッシング　Paul Massing　21
マルクーゼ　Herbert Marcuse　13, 20, 22, 30, 33, 42-44, 105, 146, 233-34, 237, **267-288**, (15), (30), (32)-(33)
マルクス　Karl Marx　19, 123, 173-74, 192, 204-05, 214, 233-34, 247, 280, (25)
マルシュ　Wolf-Dieter Marsch　46, 60-76, 79-85
マン　Thomas Mann　10, 40, 91, (8)
マン　Heinrich Mann　10
マンハイム　Karl Mannheim　9, 12, 42, 66, 146, 160, 204, 219, 234, (17), (26)
ミュンツァー　Thomas Müntzer　83-84
メイ　Rollo May　238-39, 249
メニッケ　Carl Mennicke　9, 66, 146, 160, 234-35
モリン　Alexander J. Morrin　36

ヤ 行

ヤスパース　Karl Jaspers　7, 70, 161, 220, (7), (27)
ヤング＝ブルーエル　Elisabeth Young-Bruehl　3
ヨナス　Hans Jonas　11

ラ 行

ラートマン　August Rathmann　159-60, (20)-(21)
ライヒマン　Frieda Reichmann　228, 232
ライプニッツ　Gottfried Wilhelm Leibniz　63, 69, 160-61
ライプレヒト　Walter Leibrecht　273
ライン　Gerhardt Rhine　46, 49-60, (11)
ラスク　Dean Rusk　269, 285
ラバン　Paul Lavan　21
ラビンコフ　Salman Baruch Rabinkow　228
ラムニー　Joy Ramny　21
ラング　Olga Lang　21
ランダウアー　Karl Landauer　231
ランダウアー　Gustav Landauer　235
ランドール　James Randall　255
リーツラー　Kurt Riezler　8, 14, 16, 18, 43, 66, 134, 146, 160, 232, (9), (17)
リップ　Julius Lipp　31
リュストウ　Alexander Rüstow　234
リンカーン　Abraham Lincoln　83
ルーズヴェルト　Eleanor Roosevelt

269, 271, (30)
ルートヴィッヒ　Emil Ludwig　92, 114, (16)
ルカーチ　Georg Lukács　205, (19)
ルター　Martin Luther　22, 29-30, 35, 40, 47, 95-96, 98-99, 101, 108-09, 120, 135, 146, 164, 177, 182, 213, 235
レーヴィット　Karl Löwith　10, (8)
レーヴェ　Adolf Löwe　8, 10, 19, 22, 42, 44, 66, 90, 115-18, 121-25, 127-30, 146-47, 160, 223, 228, 233-34, (16), (22)
レーヴェンタール　Leo Löwenthal　13, 19, 22, 146, 233
レーニン　Wladimir Iljitsch Lenin　19, 123
レストン　James Reston　269-70, 284-85
レックレ　Franz Röckle　6, 18
ローゼンストック　Eugen Rosenstock-Huessy　41, 229
ローゼンツヴァイク　Franz Rosenzweig　41, 228-29, 235
ロバーツ　David Roberts　238, 249
ロヨラ　Ignatius von Loyola　97, 110

注

序章
パウル・ティリッヒとフランクフルト学派という主題をめぐって

(1) Vgl. Elisabeth Young-Bruehl, *Hannah Arendt: For Love of the World*, Yale University Press 1982 (エリザベス・ヤング＝ブルーエル『ハンナ・アーレント伝』荒川幾男他訳，晶文社，1999 年，330 頁以下).
(2) 同前，邦訳 330 頁以下。
(3) Martin Heidegger an Hannah Arendt [undatiert], in: *Hannah Arendt/Martin Heidegger. Briefe 1925 bis 1975 und andere Zeugnisse*. Aus den Nachlässen, hg. v. Ursula Ludz, Frankfurt am Main (Vittorio Klostermann) 1998, 80 (邦訳『アーレント＝ハイデガー往復書簡 1925–1975』大島かおり・木田元共訳，みすず書房，2003 年，62 頁). この本の女性編集者ルッツはこの詩を，そしてさらに四つの詩を 1950 年 2 月のものとしている。これに関しては注釈の中で次のように言われている。「ここにまとめて載せた五篇の詩はアレント遺稿中に保存されていて，それぞれが単独の紙 (A5 判) に手書きでしたためられている。さらに写しもとってあり (アレントがつくったものだろう)，どの詩にも「1950 年 2 月」という日付が付されている。ハイデガーはこれらをアレントに個別に (一括ではなく) 贈ったらしく，手紙に添えるか，あるいは 1950 年 3 月に彼女が四日間，二度目の訪問をしたさいに (もしくは旅の途中で三度目にちょっと寄ったさいに) 手渡すかしたらしい」。
(4) Martin Heidegger an Hannah Arendt, 27. Feb 1950, in: *Hannah Arendt/Martin Heidegger. Briefe 1925 bis 1975 und andere Zeugnisse*, 80 (『アーレント＝ハイデガー往復書簡　1925–1975』大島かおり・木田元訳，みすず書房，2003 年，64 頁).
(5) Ibid. 285f.　邦訳 249 頁以下。
(6) Paul Tillich an Hannah Arendt, s.l., d. 24. Juli 1950. Alf Christophersen und Claudia Schulz, Chronologie eines Eklats. Hannah Arendt und Paul Tillich, in: *Zeitschrift für Neuere Theologiegeschichte/Journal for the History of Modern Theologie*, 9 (2002), 98–130 (アルフ・クリストファーセン編著『アーレントとティリッヒ』深井智朗他訳，法政大学出版局，2008 年，91 頁). Vgl. Hannah Arendt/Mary McCarthy. Im Vertrauen. *Briefwechsel 1949–1975*, hg. Und mit einer Einfüh-

rung von Carol Brightman. Aus dem Amerikanischen von Ursula und Hans Moll, Zürich, 1995, 96.

(7) Wilhelm Pauck and Marion Pauck, *Paul Tillich. His Life and Thought*. Vol. 1: *Life*, New York 1976, 164（ヴィルヘルム＆マリオン・パウク『パウル・ティリッヒ 1 生涯』田丸徳善訳，ヨルダン社，212 頁以下）.

(8) ギュンター・シュテルンは 1929 年，ハンブルクとフランクフルトのカント協会において，「人間の世界無理解性」(Die Weltfremdheit des Menschen) という講演を行った。それは彼の教授資格論文試験に相当するもので，1934–35 年，そして 1936–37 年にパリで二つの論文として出版された。Günther Anders (Stern), Une Interprétation de l'a posteriori, in *Recherches Philosophiques IV*, 1934/1935, 65–80（この論文は，関係的二次文献において，しばしば誤って „Une Interprétation de l'apriori“という表題で記載されている）, Pathologie de la liberté. Essai sur la non-identification, in: *Recherches Philosophiques VI*, 1936/1937, 22–54. Vgl. ferner: Elisabeth Young-Bruehl, *Hannah Arendt. Leben, Werk und Zeit*. Aus dem Amerikanischen von Hans Günter Holl, Frankfurt am Main (Fischer Taschenbuch Verlag) 1991, 130–133（前掲『ハンナ・アーレント伝』，126–137 頁）; Bernward Baule/Bettina von Schlippe, Hannah Arendt- Stationen ihres Lebens, in: *Hannah Arendt und die Berliner Republik. Fragen an das vereinigte Deutschland*, hg. v. Bernward Baule, Berlin (Aufbau-Verlag) 1996, 24. ——ギュンター・シュテルンの大学教授資格取得に対する厄介な諸問題については次の論文も参照のこと。Jan Strümpel, Vita Günther Anders, in: *Günther Anders, Text + Kritik*, H. 115, 1992, 86f. さらに Elke Schubert がギュンター・アンダースを自己証言と写真記録とによって描き出している , Reinbek bei Hamburg (Rowohlt) 1992, 27f. を参照のこと。

(9) *Hannah Arendt—Karl Jaspers. Briefwechsel 1926–1969*, hg. v. Lotte Köhler/Hans Saner, München/Zürich (Piper) 1985, 49–50 (L. ケーラー／H. ザーナー編『アーレント＝ヤスパース往復書簡 1926–1969　1』大島かおり訳，みすず書房，2004，15 頁）．ハンナ・アレントは 1928 年にカール・ヤスパースのもとでアウグスティヌスについての研究で博士号を取得している。その論文は，ヤスパースによって創られた「哲学研究叢書」において公にされた。Hannah Arendt, *Der Liebesbegriff bei Augustin. Versuch einer philosophischen Interpretation*, Philosophische Forschungen 9, Berlin (Julius Springer), 1929.

(10) アーレントがアメリカで英語を習い職を得るためにティリッヒが各方面に宛てた手紙や推薦状が残されている。そのいくつかはクリストファーセンの前掲書に紹介されている。

(11) この点については Ott Zoff, *Tagebücher aus der Emigration*, Heidelberg 1968, 15. Januar 1943 及び「自助会」についての個人蔵の手紙（おそらくは Toni Stolper 宛てのもので，1936 年 11 月 25 日付）による。手紙の引用はパウク

前掲書によった。

(12) Wilhelm Pauck and Marion Pauck, *Paul Tillich. His Life and Thought*. Vol. 1: *Life*, 164 (前掲『パウル・ティリッヒ　1 生涯』, 149頁).

(13) Alf Christophersen, *Kairos. Protestantische Zeitdeutungskämpfe in der Weimarer Republik*, Tübingen 2008, 215.

(14) この点については Hannah Tillich, *From Time to Time*, New York 1973, 85ff.

(15) Ibid. 92.

(16) 1947年6月12日付のハイマンからホルクハイマーに宛てた手紙。Paul Tillich Archives: Andover-Harvard Theological Library in Harvard University, Call No.: bMS 649, 804.

(17) Wilhelm Pauck and Marion Pauck, *Paul Tillich. His Life and Thought*. Vol. 1: *Life*, 164 (前掲『パウル・ティリッヒ　1 生涯』, 192頁).

(18) 1934年12月7日にエリザベート・ゼーベルガーに宛てたティリッヒの手紙。Paul Tillich Archives: Andover-Harvard Theological Library in Harvard University, Call No.: bMS 649, 804.

(19) レーヴィットは, 日本での事実上の亡命生活も危険になりアメリカに移住することができたのはティリッヒのおかげであると述べている。Vgl. Karl Löwith, *Mein Leben in Deutschland vor und nach 1933: Ein Bericht*, Stuttgart 1986.

(20) シュタウディンガーは妻のエルゼと共に後に「自助会」の活動を助けることになった。彼はニューヨークの新社会研究所で政治学の教授となったが, もともとはドイツ政府の高官であった。

(21) クローナーはティリッヒをドレスデン工科大学の教授に招聘して以来深い友情で結ばれていたが, ニューヨークではティリッヒに大いに助けられた。彼らの交流については Selbstbehauptung des Geistes. Richard Kroner und Paul Tillich – die Korrespondenz, mit einer Einleitung hg. Alf Christophersen und Friedrich Wilhelm Graf, in: *Journal for the Modern Theology/ Zeitschrift für Neuere Theologiegeschichte*, 18 (2011), 281–339 を参照のこと。

(22) この点については拙論「二人の亡命知識人の運命――トーマス・マンとパウル・ティリヒの間で交わされた四つの書簡をめぐって」『思想』2013年9月号 (岩波書店) を参照のこと。

(23) Wolfgang Schivelbuch, *Intellektuellendämmerung. Zur Lage der Frankfurt Intelligenz in den zwanziger Jahren*, Frankfurt 1982 (『知識人の黄昏』初見基訳, 法政大学出版局, 1990年, 12頁).

(24) Vgl. Rolf Wiggershaus, *Die Frankfurter Schule*, München+Wien 1994.

(25) フランクフルト学派の歴史については Martin Jay, *Permanent Exiles. Essays on the Intellecctual Migration from Germany to America*, Columbia Univeristy Press, New York 1986 が今日な重要であろう。本研究においては Rolf Wiggershaus, *Die Frankfurter Schule: Geschichte. Theoretische Entwicklung. Politische*

Bedeutung, Berlin 2001 München; Monika Boll und Raphael Gross, *Die Frankfurter Schule und Frankfurt: Eine Rückkehr nach Deutschland*, Göttingen 2009; Rolf Kosiek, *Die Frankfurter Schule und ihre zersetzenden Auswirkungen*, Tübingen 2005 を参照した。

(26) Vgl. *Institut für Sozialforschung an der Johann Wolfgang Goethe-Universität Frankfurt am Main*. 1952.

(27) Vgl. Notker Hammerstein, *Die Johann Wolfgang Goethe-Universität Frankfurt am Main*, 1989, Wilhelm and Marion Pauck, *Paul Tillich. His Life and Thought*. Vol. 1: *Life*, 1976（前掲『パウル・ティリッヒ　1 生涯』, 139 頁以下).

(28) それは 1925 年 5 月 20 日～25 日頃の手紙である。Walter Benjamin, *Briefe*, hg. und mit Anmerkungen versehen von Gerschom Scholem und Theodor W. Adorno, Bd. I, Frankfurt a. M. 1966. 『ヴァルター・ベンヤミン著作集 14　書簡 I』晶文社, 212 頁。

(29) クルト・リーツラーの学問行政については Bernd F. Schulte, *Die Verfälschung der Riezler Tagebücher. Ein Beitrag zur Wissenschaftsgeschichte der 50iger und 60iger Jahre*. Bern/ Frankfurt/ New York 1985 を参照のこと。

(30) Wolfgang Schivelbuch, *Intellektuellendämmerung. Zur Lage der Frankfurt Intelligenz in den zwanziger Jahren*（前掲『知識人の黄昏』, 12 頁以下).

(31) Wilhelm and Marion Pauck, *Paul Tillich. His Life and Thought*. Vol. 1: *Life*, 1976（前掲『パウル・ティリッヒ　1 生涯』, 139 頁以下）, Notker Hammerstein, *Die Johann Wolfgang Goethe-Universität Frankfurt am Main*, 1989, 9f.

(32) ヴァイルについては Carl-Erich Vollgraf (hg.), Erfolgreiche Kooperation. Das Frankfurter Institut für Sozialforschung und das Moskauer Marx-Engels-Institut. (1924–1928). Korrespondenz von Felix Weil, Carl Grünberg u. a. mit David Borisovic Rjazanov, Ernst Czóbel u. a. aus dem Russischen Staatlichen Archiv für Sozial- und Politikgeschichte Moskau. Argument-Verlag, Berlin u. a. 2000 を参照のこと。

(33) このあたりの事情については, Martin Jay, *The Dialectical Imagination. A History of the Frankfurter School and the Institut of Social Research. 1923–1950*（M. ジェイ『弁証法的想像力』みすず書房, 1975 年, 1–56 頁, とりわけ 6 頁）を参照のこと。

(34) Ibid. 35; *Institut für Sozialforschung an der Johann Wolfgang Goethe-Universität Frankfurt am Main*. 1952, 72.

(35) Ibid. 42.

(36) Ibid. 56.

(37) Ibid. 55.

(38) このあたりの情報については Wolfgang Schivelbuch, *Intellektuellendämmerung. Zur Lage der Frankfurt Intelligenz in den zwanziger Jahren*（前掲『知識人の黄昏』, 12 頁以下）が大変詳しい。

(39) Notker Hammerstein, *Die Johann Wolfgang Goethe-Universität Frankfurt am Main*, 89f.

(40) 亡命後のフランクフルト学派については Thomas Wheatland, *The Frankfurt School in Exile*, University of Minnesota Press, Minneapolis 2009 が詳しい。

(41) これは *Institut für Sozialforschung an der Johann Wolfgang Goethe-Universität Frankfurt am Main*. 1952 より引用した。

(42) ティリッヒの生涯については Wilhelm and Marion Pauck, *Paul Tillich. His Life and Thought*. Vol. 1: *Life*, 1976（前掲『パウル・ティリッヒ　1 生涯』）を参照のこと。

(43) Paul Tillich, Ergänzungs- und Nachlaßbände zu den *Gesammelte Werke*, Bd. III, Stuttgart 1973, 41.

(44) ちなみにベルリンで行われたこの焚書はラジオで全国に向けて中継放送され，そこでナチスの宣伝大臣ゲッペルスが行った講演が生放送された。

(45) Henry Sloane Coffin, *A Half Century of Union Theological Seminary, 1896–1945*, New York, 1954, 134f.

(46) Charles Weiner, A New Site for the Seminary: The Refugees and American Physics in the Thirties, in: Donald Fleming and Bernard Bailyn, eds., *The Intellectual Migration: Europe and America, 1930–1960*, Harvard University Press, 1969.

(47) a.a.O.

(48) パウル・ティリッヒが亡命後，彼を引き受けたユニオン神学校はブロードウェーのアッパータウンに位置しており，東側にはブロードウェーを隔ててコロンビア大学が，北側にはかつてのジュリアード音楽院が，バーナード女子大学があった。

(49) Vgl. Martin Jay, *Permanent Exiles. Essays on the Intellectual Migration from Germany to America*.

(50) このあたりの事情については A. クリストファーセン＋ C. シュルゼ『アーレントとティリッヒ』（法政大学出版局）の第 3 部に収録した解説論文を参照のこと。

(51) Wilhelm and Marion Pauck, *Paul Tillich. His Life and Thought*. Vol. 1: *Life*, 1976（前掲『パウル・ティリッヒ　1 生涯』，191 頁）.

(52) Alf Christophersen/ Friedrich Wilhelm Graf, "Scherben ihrer Bilder, verloren Klänge ihrer Stimmen…". Die Korrespondenz zwischen Paul Tillich und Dolf Sterberger, in: *Journal for the History of Modern Theology/ Zeitschrift für Neuere Theologiegeschichte*, 16 (2009), 75–111, bes. 93.

(53) Wilhelm and Marion Pauck, *Paul Tillich. His Life and Thought*. Vol. 1: *Life*, 1976（前掲『パウル・ティリッヒ　1 生涯』，213 頁以下）.

(54) Paul Tillich, *The Interpretation of History*, New York: Charles Scribner's Sons, 1936).

(55) 前掲『パウル・ティリッヒ 1 生涯』，214 頁。

(56) 同前。

(57) ティリッヒは，この頃，演習や講演会で彼の思想についての質問について十分に英語で答えることができないと，その答えをアダムスにまわしていた。すると多くの場合アダムスがティリッヒの著作から適当な個所を引用して，答えることができたのである。

(58) 1946 年 3 月 9 日付のアダムスからティリッヒ宛の手紙，Paul Tillich Archives: Andover-Harvard Theological Library in Harvard University, Call No.: bMS 649, 804.

(59) 1946 年 5 月 11 日付のホルクハイマーからティリッヒへの手紙，Paul Tillich Archives: 804.

(60) 前掲『パウル・ティリッヒ 1 生涯』，214 頁参照。

(61) 1947 年 1 月 8 日付のウィークからティリッヒへの手紙，Box 812.

(62) 1947 年 3 月 2 日付ウィークからティリッヒとアダムスへの手紙，812.

付 録

パウル・ティリッヒの思い出

(1) これは 1966 年 8 月 21 日にシュトゥットガルトの南ドイツ・ラジオから放送された番組で，その全文は Erinnerung an Paul Tillich. In Gesprächen mit Prof. Dr. Max Horkheimer, Prof. Dr. Theodor W. Adorno, Prof. Dr. Eduard Heimann, Prof. Dr. Ernst Bloch und Prof. Dr. Wolf-Dieter Marsch. in: *Werk und Wirken Paul Tillichs. Ein Gedenkbuch. Mit der letzten Rede von Paul Tillich und Beiträgen von: Theodor W. Adorno*, u.a., Stuttgart 1967, 11–46 に掲載されている。司会をつとめたヴォルフ＝ディーター・マルシュは 1928 年生まれ，この当時ヴッパータールにある教会立神学大学の組織神学の教授であった。また編集をしたゲルハルト・ラインは，1936 年生まれの南ドイツ・ラジオのディレクターで，宗教や哲学関係の番組の制作と積極的に取り組んでいたことで知られている。なお当時の録音をあらためて聞いてみると，明らかにエドゥアルト・ハイマンの部分も録音で，別の日に録音され，編集されたものと思われる。それゆえにシュトゥットガルトの放送局で録音のために立ち会ったのはアドルノとブロッホのみだったと思われる。

第 1 章
マックス・ホルクハイマーとティリッヒ

(1) これは Erdmann Sturm, Paul Tillich und Max Horkheimer im Dialog, in: *Zeitschrift für Neuere theologiegeschichte/ Journal for the History of Modern Theology* 1, 1994, 275–304 に掲載されたものである。

(2) Walter Benjamin zum Gedächtnis, New York/Los Angeles (Institut für Sozialforschung) 1942, 17–59. 複写されたタイプ原稿。編集者もしくは共同執筆者はマックス・ホルクハイマーとテオドール・ヴィーゼングルント・アドルノである。ヴァルター・ベンヤミンの最後の仕事，彼のテーゼ「歴史の概念について」が記念号の諸論稿の前におかれている。そこではおそらくゲルショム・ショーレムから着想を得た「歴史の天使」やユダヤ人にとって脱魔術化された未来（そこでは未来のどの瞬間も，メシアがそれを潜り抜けてやってくる可能性のある，小さな門だったのだ）に関する彼の意見が見られる。この号は論文「理性と自己保存」のほかにもさらに次の諸論稿を含んでいる。George/Hofmannsthal (Briefwechsel, 1939/40), Autoritärer Staat (1940) ならびにヴァルター・ベンヤミンの文献目録。論文「理性と自己保存」の英語版は，社会研究所が編集した雑誌『哲学と社会科学研究』(vol. IX, 1941, 366–388) において『理性の終焉』というタイトルで出版された。ドイツ語版は次のものである。Max Horkheimer, *Gesammelte Schriften* [= *GS*], Bd. 5, hg. von Gunzelin Schmid Noerr, Frankfurt am Main 1987, 320–350.

(3) Horkheimer an Leo Löwenthal am 11. 2. 1942. 次の研究書から引用した。Rolf Wiggershaus, *Die Frankfurter Schule. Geschichte. Theoretische Entwicklung. Politische Bedeutung*, München/Wien 1986, 334.

(4) Wiggershaus, 334.

(5) Wiggershaus, 350.

(6) Horkheimer, *GS* 5, 332.

(7) Horkheimer, *GS* 5, 337.

(8) Horkheimer, *GS* 5, 334.

(9) Horkheimer, *GS* 5, 337.

(10) Horkheimer, *GS* 5, 350. 英語版では次のようになっている。「自己破壊へといたる理性の進歩は終わらなければならない。野蛮主義あるいは自由以外に何も残されていない」(388)。

(11) Tillich, unten S. 286.

(12) Tillich, unten S. 281.

(13) Tillich, unten S. 286.

(14) Tillich, unten S. 286.

(15) Horkheimer, unten S. 289.

(16) Vgl. Anm. 55.
(17) Horkheimer, unten S. 294.
(18) Horkheimer, unten S. 293.
(19) 次のティリッヒの論文ならびに諸研究を参照されたい。Kairos und Logos. Eine Untersuchung zur Metaphysik des Erkennens, in: Paul Tillich (Hg.), *Kairos. Zur Geisteslage und Geisteswendung*, Darmstadt 1926, 23–75; John J. Carey (ed.), *Kairos and Logos. Studies in the Roots and Implications of Tillich's Theology*, Cambridge, Mass., 1978.
(20) この対話サークル（「クレンツヒェン」）はすでにフランクフルトに存在していた（Wiggershaus, 112 を参照されたい）。
(21) 「民主主義的ドイツ協議会」は 1944 年 4 月 17 日に設立された。その議長はティリッヒであった。Paul Tillich, *Gesammelte Werke* [= GW], hg. von Renate Albrecht, Bd. 13, Stuttgart 1972, 312–323 を参照されたい。くわえて次の研究も参照されたい。Karl O. Paetel, Zum Problem einer deutschen Exilregierung, in: VjhZG 4, 1956, 286–301; Joachim Radkau, *Die deutsche Emigration in den USA. Ihr Einfluß auf die amerikanische Europapolitik 1933–1945* (*Studien zur modernen Geschichte*, Band 2), Düsseldorf 1971, 193–213; Karin Schäfer, *Die Theologie des Politischen bei Paul Tillich unter besonderer Berücksichtigung der Zeit von 1933 bis 1945*, Frankfurt am Main 1988, 238–258.
(22) Tillich, GW 13, 319.
(23) Tillich, GW 13, 316.
(24) Tillich, GW 13, 317.
(25) Tillich, GW 13, 318.
(26) Vgl. Anm. 57.
(27) Hans Sahl, *Das Exil im Exil. Memoiren eines Moralisten II*, Darmstadt, 1990, 150. そこでもまたザールの異議に対するティリッヒの答えは次のようなものである。「もしあなたが私が利用されていると考えるならば，あなたは間違っています。私は自分がやっていることを十分よく知っています。われわれは今日，フランス革命が勃発するちょっと前の当時のフランスの貴族制と似たような状況にあります。われわれはわれわれをその状況の自由にさせたり，あるいは二回目の亡命をすることができます。でもどこへ。さらにその判断はすでに下されており，歴史はわれわれに反して決断されたのです」(151)。
(28) Radkau, 203 を参照されたい。
(29) Unten S. 296.
(30) 「われわれが自分たちのまえにおいたのは」，1944 年 5 月にホルクハイマーとアドルノがその弁証法本の序文で書いているが，「実のところほかでもないなぜ人類は真に人間的な状態に踏み入って行く代わりに，一種の新しい野蛮状態へ落ち込んでいくのかという認識であった」(Max Horkheimer/

Theodor W. Adorno, *Dielektik der Aufklärung. Philosophische Fragmente*, Frankfurt am Main 1988, 1)。

(31) Unten S. 297.

(32) Unten S. 297.

(33) Unten S. 298.

(34) Unten S. 299.

(35) Unten S. 297.

(36) テクストⅠとⅡのオリジナルのタイプ原稿は次のもののうちにある。Paul-Tillich-Archiv der Andover-Harvard Theological Library der Harvard Divinity School in Cambridge, Mass. テクストⅢは次のもののうちにある。Paul-Tillich-Archiv der Deutschen Paul Tillich-Gesellschaft in der UB Marburg. テクストⅡからはすでにいくつかの文章が Wiggershaus, 355f で引用されている。オリジナルのタイプ原稿の頁数は角形括弧 [ ] のなかにある。――好意的な出版の許可に対して私は両公文書館ならびにエルトムーテ・ファリス（旧姓ティリッヒ）博士にお礼を申し上げる。

(37) 18 頁が正しい。*GS* 5, 321.

(38) *GS* 5, 331.

(39) タイプ原稿は Handlung。

(40) Bernhard Groethuysen, *Die Entstehung der bürgerlichen Welt- und Lebensanschauung in Frankreich*, 2. Bde., Halle an der Saale 1927–1930.

(41) *GS* 5, 331.

(42) *GS* 5, 341.

(43) *GS* 5, 331（タイプ原稿では 35）.

(44) ここで続く二つの文章はタイプ原稿では間違って 6 頁に現われる。両文章を現在の箇所に置くという，原稿におけるティリッヒの正確な指示は書き写しのさいに誤解されたのである。

(45) タイプ原稿では die。

(46) 手紙の差出人の住所は次のものである。13524 D'Este Drive, Pacific Palisades, California. 日付は 12. August 1942.

(47) 頁の指示はホルクハイマーに送付された原稿に関係するだろう（タイプ原稿 S. 8; oben S. 286）。

(48) フリードリヒ・ポロック（1894–1970） フランクフルトにおける社会研究所の共同創設者であり指導者。1933 年にジュネーヴとパリで，1934 年にニューヨークで活動を続け，1950 年にフランクフルトで活動を再開し，その地で 1950 年から国民経済学の教授を務めた。

(49) テオドール・ヴィーゼングルント・アドルノ（1903–1969） 1931 年に彼はフランクフルトの哲学部においてティリッヒとホルクハイマーのもとで論文「キルケゴールにおける美的なものの構成」によって大学教授の資格を得た

(印刷されたのが Kierkegaard. *Konstruktion des Ästhetischen*. Tübingen 1933 である)。1933 年 9 月，教職資格の剝奪。1938 年にオックスフォードにおける研究のあとニューヨークへ移動し，その地の社会研究所でのホルクハイマーの親密な協力者。1941 年以降はロサンゼルスへ，そこでホルクハイマーとの親密な共同作業を継続し，1949 年からはフランクフルト・アム・マインで社会学と哲学の教授。

(50) 『啓蒙の弁証法』の作業が考えられている。Wiggershaus, 202–216 と 338–384 を参照されたい。

(51) ヘルベルト・マルクーゼ (1898–1979)。1933 年からジュネーヴに移された社会研究所での協力者，1934 年からニューヨークにおける研究所の構成員。

(52) フェリックス・ジョセ・ヴァイル (1898–1975)。フランクフルト，ニューヨーク，ロサンゼルスにおける社会研究所の創設者にして支援者。

(53) ギャング団の理論については次のものを参照されたい。Horkheimer, Die Rackets und der Geist, in: Max Horkheimer, *GS* 12, Frankfurt am Main 1985, 287–291; Theodor Adorno, Reflexionen zur Klassentheorie (1941), in: *Soziologische Schriften* I (*GS* 8), Frankfurt am Main 1972, 380f.; Iring Fetscher, Die Ambivalenz des liberalistischen »Erbes« in der Sicht von Max Horkheimer. Eine Skizze zu seinen politischen Reflexionen im Exil, in: Alfred Schmidt/Norbert Altwicker (Hg.), *Max Horkheimer heute: Werk und Wirkung*. Frankfurt am Main 1986, 298–327 (ホルクハイマーの「理性と自己保存」のタイプ原稿に対する重要な指示がある).

(54) これまで未公刊。

(55) タイプ原稿 S. 7f.; oben S. 285f.

(56) Reinhold Niebuhr, A Faith for History's Greatest Crisis, in: *Fortune* 1942, July, 98–100, 122, 125f., 128, 131.　ニーバーはこの論文で，現在の危機はローマ帝国の崩壊，中世封建主義の瓦解，ブルジョア社会の繁栄以後の西洋の第三のもっとも重大な危機であると説明している。商業によって規定された社会は世界大の産業社会に発展したが，その社会は必要な政治的道具を意のままにできない。「しかし，経済的相互依存の規制，さまざまな対立の調停，そしてさまざまな摩擦の緩和に対する政治的道具を欠いている潜在的な世界共同体は，事実上，国際的アナーキーの状態になるにちがいない」(100)。このようなアナーキーの問題に対する誤った答えは，ナチスの専制という兆候のもとでの世界の統一であろう。人間の理性に対する偉大な楽観主義という信仰において，西洋は全体主義の危険を認知できなかった。リベラル・デモクラシーの希望によれば，歴史の過程のなかで，あらゆる民族的・人種的差異はあらゆる人間の普遍的共同体を考えれば消えてしまうだろう。このような「情緒的な理念」の代わりに，ナチズムは原始的な人種差別主義とナショナリズムをおいた。「力を崇拝し，権力の自己正当化をすることは間違ってい

る。しかし，そのような過ちは，対立する過ちを犯さず，人間は純粋に合理的になるプロセスにあると想定した文明のなかでは生じえなかった。私たちの国家の利害を生の最終目標にすることは道理に反している。しかし，この過ちは，もし私たちの文化が愚かな夢をみなかったり，家族，人種，そして民族に対するあらゆる忠誠心をまったく欠いていた「普遍的」人間の発展を願ったならば，このような異様な均整に達することはなかった。……もしナチスの信条のなかで具体化した虚偽がわずかな真理も含まず，そのわずかな真理が私たちの弱さや幻想に向けられていなかったならば，私たちは大惨事にそれほど接近することはなかっただろう」(126)。ニーバーが「人がただみずから望みうるものだけを「悪」から」基礎づけているというホルクハイマーの非難は，私の考えでは，その典拠を明確に示すことができていない。むしろ，彼がリベラルな西洋の理性信仰と楽観主義にナチズムの野蛮の責任を負わせていることは批判されなければならない。ニーバーが強調したあらゆる人間の行為における悲劇的なもの要素（131）は，ホルクハイマーによってプラグマティズム批判の反駁としてではなく，その証明とされてしまっている。R. ニーバーに対するプラグマティズム批判については次の研究も参照されたい。Dietz Lange, *Christlicher Glaube und soziale Probleme. Eine Darstellung der Theologie Reinhold Niebuhrs*. Gütersloh 1964, 174–189, bes. 196–199.

(57)　これまで未公刊。

(58)　Paul Tillich, Was soll mit Deutschland geschehen ? In: *Aufbau－Reconstruction* (New York), 1942; ders., Es geht um die Methode, ebenda.　この二つのテクストは次のもののうちにある。Paul Tillich, *GW* 13, Stuttgart 1972, 278–281.『ニューヨーク・タイムズ』は，1942年7月6日に作家であるエミール・ルートヴィッヒの講演を「より鋭く短縮された形式で」(Radkau, 206)「ドイツ国民に対する戦いを求めるルートヴィッヒ」という大見出しのもと再現した。ルートヴィッヒに対するティリッヒの攻撃は『アウフバウ』における議論を引き起こした。これについてはA・クリストファーセン他『アーレントとティリッヒ』（法政大学出版局）を参照のこと。

(59)　ローゼ・リークヘア，ホルクハイマー夫人。

(60)　Philosophische Fragmente. New York City (Institute of Social Research) 1944（複写されたタイプ原稿）。啓蒙の弁証法というタイトルで印刷。Philosophische Fragmente, Amsterdam (Querido) 1947.

(61)　アドルフ・レーヴェあるいはローヴェ（1893年生まれ）。宗教社会主義者，1919–1926年，動員解除，労働，そして経済に関わる省の係官，またヴァイマール共和国における統計に関する帝国行政官庁の国際部門の主任，1926–30年，フェルディナント・テンニースの後任としてキールにおける経済理論と社会学の教授，世界経済研究所の研究部門の主任，1931–1933年，フランクフルト大学の経済学・社会科学部における経済・国家学の教授，

1933–1940年，イギリスのマンチェスター大学の経済学・政治哲学の名誉教授，1941年から1963年の定年退職までニューヨークの新社会研究所における世界問題研究所の経済学教授にして研究管理者。その著書『政治経済学』（フランクフルト・アム・マイン，1965年）の序論で，彼は「全人生を費やしても十分にそれに酬いることのできないほどの知的恩義を感じていること」(10）について，カール・マンハイム，フランツ・オッペンハイマー，クルト・リーツラー，アルフレート・シュッツ，そしてパウル・ティリッヒを想起している。

(62) 民主主義的ドイツ協議会におけるティリッヒの仕事が考えられている。

(63) タイプ原稿はPraeposition。

(64) タイプ原稿での欠落部分。

(65) この文章はティリッヒへの弔辞で，Max Horkheimer, Letzte Spur von Theologie－Paul Tillichs Vermächtnis, in: *Werk und Wirken Paul Tillichs. Ein Gedenkbuch.* Mit der letzten Rede von Paul Tillich und Beiträgen von Theodor W. Adorno u.a., Stuttgart 1967, 123–132に収録されている。

第2章
テオドール・ヴィーゼングルント・アドルノとパウル・ティリッヒ

(1) このあたりの詳しい事情についてはWilhelm and Marion Pauck, *Paul Tillich. His Life and Thought.* Vol. 1: *Life*, 1976（前掲『パウル・ティリッヒ　1 生涯』，339頁以下）を参照のこと。

(2) Theodor W. Adorno, Vorlesung über *Negativ Dialektik.* Fragmente zur Vorlesung 1965/66, hrsg. Von Rolf Tiedemann, Frankfurt a. M. 2003（アドルノ『否定弁証法講義』細見和之他訳，作品社，9頁以下。ただし引用に際して訳文を一部変更している）.

(3) 同前。

(4) 同前，11頁。

(5) 同前。

(6) 同前。

(7) 両者の関係についてはStefan Müller-Doom, *Adorno. Eine Biographie*, Frankfurt am Main 2003（『アドルノ伝』徳永恂監訳，作品社，2007年）に詳しい。また講義の記録なども同書に付録として掲載されている。

(8) Wilhelm and Marion Pauck, *Paul Tillich. His Life and Thought.* Vol. 1: *Life*（前掲『パウル・ティリッヒ　1 生涯』，145頁）.

(9) 草稿では「I. この研究の一般的特徴」となっている。

(10) 草稿では「（ハイデガー)」の代わりに，「まず第一にハイデガー」となっている。

(11)　草稿では「パラドックス，偶然性，同時性」と続き，線で消されている。
(12)　草稿では，「精神分析的」となっている。
(13)　草稿では，「それらに打撃を与えようとしている」となっている。
(14)　草稿では「具体的なものの構造に関して」が線で消されている。
(15)　草稿では「最も具体的な」となっている。
(16)　草稿では，次のように続く。「抽象化と具体化どちらかの読解において，そのもう一方を忘れてしまう者は，研究の精神から疎遠である。いずれにせよ，究極的に抽象的なものとしての弁証法に，時として長く留まりすぎることは，批判されるものとして受け取られるであろう」。
(17)　草稿では，「それと」となっている。
(18)　草稿では，「構築される」となっている。
(19)　草稿では，「その理解によって」となっている。
(20)　草稿では「そして即事的な」と続く。
(21)　タイプ原稿では gegründet，草稿では begründet となっている。
(22)　草稿では，「ので」の部分が「が，しかし」となっている。
(23)　草稿では「思考の網目の〔構造〕」の語が線で消されている。
(24)　草稿には，「とりわけ第五章の」部分が欠落している。
(25)　草稿では，「精神的な人格特性全体」となっている。
(26)　草稿では，同様にタイプ原稿においても「十分に」の語がティリッヒによって線で消されている。
(27)　手書きの草稿および，また差し当たってタイプ原稿においても「ない nicht」の代わりに，「どんなことがあってもない unter keinen Umständen」となっている。
(28)　草稿では，ここで文は終わっている。
(29)　草稿では次の部分が続き，線で消されている。「研究の成果を報告することができるとすれば，それはもっぱら思考過程を提示する関連においてである。

　Ⅱ．思考過程および研究の成果

　ヴィーゼングルント君は，導入の章において，キルケゴールは作家ではなく哲学者として見なされなければならないことを示唆する。さらに彼の文学作品は，哲学的寓意の特徴を示している。そして次にすぐさま，美的なものが一つの認識カテゴリーであることを確認するために，キルケゴールにおける美的なもののさまざまな意味が示される。その認識カテゴリーは，キルケゴールの美学のもとで，より狭い意味で理解されるべきではない。なぜなら，彼の意図からすると，それは理念的もしくは没特徴的であるからだ。この探究の後で，キルケゴールの問題についての問いが立てられ，それに答えられていく……」。
(30)　草稿では，「論文」の語の跡に「全体」の語が付記されている（タイプ原

稿ではティリッヒによって線で消されている)。

(31) 草稿では,「仕上げること」となっている。

(32) 草稿では次の文が続き,線で消されている。「決定的に重要な諸概念は,最初と最後に書かれている。第二章の成果は数多くある」。

(33) 草稿では,この一文は欠けている。

(34) 草稿では,この一文は欠けている。

(35) 草稿およびタイプ原稿ではそうなっている。

(36) 草稿では次の文が続き,線で消されている。「ここでウィーゼングルント君は,重大な刺激をルカーチから受けている」。

(37) 草稿では,ここに「全体」の語が挿入されている。

(38) 草稿では,「seine」の代わりにただの定冠詞「die」となっている。

(39) 草稿では,代わりに「状況」となっている。〔この注31は原文では注32に相当〕

(40) 草稿では,代わりに「この抵抗」となっている。〔この注32は原文では注31に相当〕

(41) 草稿では,「自然がその神話的束縛に対して作り出した抵抗力としての意識の解釈」の部分が「自然が意識において作り出した反神話的な抵抗力」となっている。

(42) 草稿では,以下の部分が続き,線で消されている。「4. 現代の実存哲学との隠された取り組みにおいて,ヴィーゼングルント君は,キルケゴールにおける実存的なるものの概念を検討している。彼は,次の命題,すなわち「客観的不確実性が,情熱的な内面性の獲得の際に残されているということ,それは真実である,実存しているものにとって存在している最高の真理である」に含まれている真理思想の論理的構造を探究している。この真理は逆説的な特徴を持っており,キルケゴールが情熱と呼んだ有限なるものと無限なるものとの接触の瞬間において,主体によって獲得される。逆説の肯定とともに,透明性の概念は矛盾の中に立っている。透明性の概念は,人格によってそれ自身で選択される精神が,自然とその組み合わせから生じてくる瞬間を指し示している」。

(43) この一文は,草稿においては後から削除されている。

(44) 草稿では「情熱を介して」の代わりに「情熱的な内面性の形式において」となっている。

(45) 草稿では「それによって」となっている。

(46) 「それが」の部分,草稿にはない。

(47) 草稿では,“förderlich”ではなく“dienlich”。

(48) 草稿では“bleibt”ではなく“ist”。

(49) 草稿では,「もっともキルケゴールが考えていたのとはまったく異なる形で」の代わりに「けれども」となっている。

(50) 草稿では“Existentialsphäre”“Existenzsphäre”

(51) 草稿では次の文が続いており，線で消されている。「ヴィーゼングルント君は，ヘーゲルとの比較を通じて領域の特徴をはっきりさせようとする。彼は，キルケゴールが自身をヘーゲルから引き離すことにどれほど成功していないかを示そうとする。この論証が成功しているかどうかは，疑わしいように私には思われる。飛躍のカテゴリーは，量から質へのヘーゲル的転換を本質的に超えていない，と彼は考えている――その論証は，当然のことながら，効果のないもののように私には思われる」。

(52) 「完全に」の語は，草稿にはない。

(53) 草稿では「その点で」ではなく「それに対して」となっている。

(54) 「ことは確かである」の部分が草稿にはない。

(55) 草稿では，次のように続いている，「そして，最近の神学によって利用されている歴史性のカテゴリーが，真の歴史性の止揚にほかならないという〔論証である〕」。

(56) この一文は，草稿にはない。

(57) 草稿では，「さらに私が強調したいのは…高い評価である」の代わりに「以下のことから私が導き出したいのは…高い評価である」となっている。

(58) 草稿では，「決定的な批判の表現」の部分が「決定的な批判」となっている。

(59) この一文は，草稿にはない。

(60) 草稿では「観念論の普遍概念も，主観的内面性の領域も」の部分が「抽象的概念も主観的内面性も」となっている。

(61) 草稿には「すなわち歴史的具体化なしには」の部分がない。

(62) 草稿では「副次的概念」となっている。

(63) 草稿では「主観性から引き出すことができない」の部分がない。

(64) この一文の中の引用符は，草稿にだけ確認される。

(65) 草稿では「現実的な信仰」となっている。

(66) タイプ原稿では「いわば」の語があり，ティリッヒによって線で消されている。

(67) 草稿では「自分自身で」の代わりに「直接性において」となっている。

(68) 草稿では「立てられる」の語が欠けている。

(69) 草稿では，「美的領域の救済」ではなく「美的領域」となっている。

(70) 草稿にはこの引用部分がない。

(71) Erdmann Sturm (Hg.), Theodor W. Adorno contra Paul Tillich. Eine bisher unveröffentlichte Tillich-Kritik Adornos aus dem Jahre 1944, in: *Zeitschrift für Neuere Theologiegeschichte/ Journal for the History of Modern Theology* 3, 1996, 251–299

(72) In: *Christianity and Society* (New York) 8, 1943, 10–21.

(73) アウグスト・ラートマン（1895–1995）は，1926年からフランツ・オスタ

ーロートとともに，*Schriften zur Zeit* の編集に携わる。1930 年から 33 年にかけて，*Neuen Blätter für den Sozialismus* の編集者。カイロス・クライスのメンバーで，20 年代初めからティリッヒの友人。シリーズ «Schriften zur Zeit, Neue Folge» において，彼が編集したティリッヒの著作は，以下の通り。*Die sozialistische Entscheidung*, Offenbach（Bollwerk）1948, *Der Protestantismus. Prinzip und Wirklichkeit*, Stuttgart（Steingrüben）1950, *Der Mut zum Sein*, Stuttgart（Steingrüben）1954. したがって，彼は 1945 年以降のドイツにおけるティリッヒの著作の最初の編集者でもあった。彼の自伝については，*Ein Arbeiterleben*, Wuppertal 1983.

(74) パウル・ティリッヒがアウグスト・ラートマンに宛てたこれら二つの書簡は，マールブルク大学図書館のパウル・ティリッヒ・アルヒーフに納められている。

(75) 1962 年 3 月 6 日にパウル・ティリッヒがレナーテ・アルブレヒトに宛てて書いた書簡はマールブルク大学図書館のパウル・ティリッヒ・アルヒーフに納められている。彼は，「社会主義的決断 Die Sozialistische Entscheidung」もその巻に収録しないほうがいいというラートマンの主張が正しいかどうかを問い合わせ，そして教示を乞うている（「もしそうなら，私はこの巻の序文を書き換えなければならないでしょう」）。

(76) August Rathmann, Zum hundertsten Geburtstag Eduard Heimann 1889–1967, Paul Tillich 1886–1965 が草稿として印刷されている（Mönkeberg 1985）. ゲルト・フーメルはそこで，タイプ原稿の写しに序文を付けている。

(77) 私はエルトムーテ・ファリス博士（旧姓ティリッヒ，ニューヨーク在住）に，パウル・ティリッヒのドイツ語に翻訳された論文を公表することを親切にもお許しくださったことに感謝の意を表したい。そして，テオドール・W. アドルノ・アルヒーフに，とりわけロルフ・ティーデマン博士に，そしてフランクフルト・アム・マインの市立＆大学図書館 Stadt- und Universitätsbibliothek Frankfurt am Main にあるマックス・ホルクハイマー・アルヒーフに，とりわけグンツェリン・シュミット・ネール博士に，アドルノの「草稿」の公表を親切にもお許しくださったことに私は恩義を感じている。また，ここに挙げたお二人のおかげで，私はマックス・ホルクハイマー・アルヒーフ（番号 XI 14）で私が発見したテクストの著者がアドルノであることを立証することができた。記して謝意を表したい。

(78) Erinnerungen an Paul Tillich（Theodor W. Adorno）, in: *Werk und Wirken Paul Tillichs. Ein Gedenkbuch, Stuttgart*（Ev. Verlagswerk）, 1967, 25.

(79) a.a.O.（Anm. 8）, 26.

(80) a.a.O., 32.

(81) Theodor Wiesengrund, *Kierkegaard. Konstruktion des Ästhetischen*. Tübingen（Mohr）, 1933.

(82)　Vgl. auch Tillichs Rezension der Schrift in: JPh 31, 1934, 640.

(83)　Vgl. Adornos Brief an Max Horkheimer vom 2.11.1934, in: Max Horkheimer, *Gesammelte Schriften* [=*GS*], Bd.15, hg.von Gunzelin Schmid Noerr, Frankfurt am Main 1995, 260f.; vgl. auch Horkheimers Brief an Adorno vom 16.11.1934, *GS* 15, 264.　1934年11月24日，アドルノは，ティリッヒの通知について「たとえ彼自身が福音主義的であったとしても」「喜ばしいものではない」とホルクハイマーに書き送っている。ティリッヒは，「苦境にある友人たちを助けるために」研究所の切羽詰った状態について語った。アドルノは，ティリッヒが「レーヴェや，それどころかグリメ氏（アドルフ・グリメのこと。宗教社会主義者。プロイセン州の文化大臣〔1930–1933〕）のような，彼の社会民主主義的な（1918年）「11月の黒幕」Novemberverbrecher を研究所に引き入れようとしているのでは」と疑念を述べている（*GS* 15, 270）。

(84)　クルト・ゴルトシュタイン（1878–1965）は，1933年までフランクフルト大学における神経学の教授。のち，ニューヨークで神経科医として独立開業。フランクフルト時代からティリッヒと親交があった。次のティリッヒの論文をも参照せよ。The Significance of Kurt Goldstein for Philosophy of Religion, in: *Journal of Individual Psychology*, 15, 1959, 20–23, deutsch in Paul Tillich, *Gesammelte Werke*, Band XII, Stuttgart und Frankfurt am Main（Ev. Verlagswerk）, 2. Aufl. 1980, 305–309.

(85)　Den Haag 1935. Tillichs Rezension in: ZSF 5, 1936, 111–113.

(86)　Max Horkheimer, Zum Rationalismusstreit in der gegenwärtigen Philosophie, in: *ZSF* 3, 1934, 1–53; in: M. Horkheimer, *GS* 3, 163–220; ders., Bemerkungen zur philosophischen Anthropologie, in: *ZSF* 3, 1935, 1–25; in: ders., *GS* 3, 249–276.

(87)　*GS* 15, 540.

(88)　アドルノとの接触に関するティリッヒ自身の報告に関しては以下のものを参照せよ。Paul Tillich, *My Travel Diary: 1936. Between two worlds*, New York（Harper & Row）1970, 60–62.

(89)　Horkheimer, *GS* 15, 570.

(90)　彼はルッツェルン州における逃亡の最中，認識の唯物論的理論に関する自分の熟考をまとめていた。

(91)　1936年10月12日におけるアドルノのホルクハイマー宛の書簡。*GS* 15, 668.

(92)　これに該当する発言については，1936年10月14日の彼のホルクハイマー宛の書簡を参照せよ。*GS* 15, 679.

(93)　*GS* 15, 745f.

(94)　*GS* 15, 746.

(95)　Werk und Wirken Pual Tillichs（s. Anm. 8）, 29.

(96)　In: *JR* 19, 1939, 201–215.　この論文もまた残念なことに，全集 *Gesammelten*

Werke にも主要著作集 Hauptwerke/Main Works に収録されていない。

(97) *JR* 1939, 210.

(98) *Man and Society*, 13; s.u.S. 264.

(99) アドルノもこの言葉を使用している。s.u.S. 294.

(100) *JR* 1939, 210, 筆者による訳。

(101) s.u.S. 268.

(102) s.u.S. 272.

(103) s.u.S. 298.（本書 223 頁）

(104) s.u.S. 299.（本書 223 頁）

(105) s.u.S. 281.（本書 198 頁）

(106) s.u.S. 285f.（本書 205 頁）

(107) s.u.S. 286.（本書 206 頁）

(108) s.u.S. 290.（本書 212 頁）

(109) Theodor W. Adorno, *Philosophische Terminologie*, Band 2, hg. von Rudolf zur Lippe, Frankfurt am Main（Suhrkamp）1974, 167.

(110) a.a.O.（Anm. 39）, 167.

(111) 編集について。括弧内の番号〔1〕から〔21〕は，ドイツ語に翻訳されたもののタイプ原稿のページ番号に対応している。イタリック体の番号〔*1*〕から〔*21*〕は英文テクストのそれに対応している。タイプ原稿の末尾には次のような書き込みがなされている。Dieser Aufsatz wurde von Dr. Tiliich in der Philosophischen Gruppe verlesen auf der Arbeitswoche des National Council on Religion in Higher Education in The Haverford School, Haverford, Pa., 3. –7. 9. 1943.

(112) *Man and Society*, 10: ...have made it immediately conscious が削除され，書き改められている。

(113) *Man and Society*, 11: now が削除され，書き改められている。

(114) *Man and Society*, 12: self-reproduction が削除され，書き改められている。

(115) *Man and Society*, 12: their own doctrine of man is that being which... が削除され，書き改められている。

(116) ティリッヒはここで，注 26 において挙げられている彼の論文のことを言っている。

(117) *Man and Society*, 13: the basic structure of the man's being: finite freedom が削除され，書き改められている。

(118) *Man and Society*, 14: has developed が削除され，書き改められている。

(119) *Man and Society*, 14: human freedom が削除され，書き改められている。

(120) *Man and Society*, 14: ... in so far as he knows it and is, in this respect, nor in it が削除され，書き改められている。

(121) 次の一文がドイツ語訳には欠けている（*Man and Society*, 14)。「人間は決

して所与の状況と同一視されない。人間は本質的に満たされることなき存在である。創造的な行為において何か新しいものを生み出すのである」。

(122) *Also sprach Zarathustra* (Von Kind und Ehe):「お前はより高次の肉体を創造しなければならない。最初の運動を，それ自身で回転する車輪を，創造者を，お前は創造しなければならない」(*Kritische Studienausgabe*, Berlin/New York [dtv/ de Gruyter] 1980, Band 4, S. 90).

(123) 「私が生きた日々の痕跡は，永遠に消えることはない」(第二部第五幕)。

(124) *Man and Society*, 15: the most collectivistic groups.

(125) *Man and Society*, 16: And do restriction of civil liberties guranteering this participation contradict man's nature as the embodiment of finite freedom ?

(126) Röm 8, 21.

(127) タイプ原稿では "vergrößerte" (本文では "vergrößerten")。

(128) *Man and Society*, 18: present catastrophical event.

(129) この「悲劇を越えて Beyond Tragedy」は，ラインホールド・ニーバーの著作のタイトルである。New York (Ch. Scribner's Sons) 1937. *Jenseits der Tragödie. Betrachtungen zur christlichen Deutung der Geschichte*, München (Chr. Kaiser) 1947.

(130) *Man and Society*, 18: the essential anxiety of finite freedom, the fear of the tragedy of finite freedom; and the accidental anxiety of our present social order...

(131) *Man and Society*, 20: will-finiteness.

(132) *Man and Society*, 20: German Social democracy.

(133) Erich Fromm, *Escape from Freedom*, New York (Farrar&Rinehart) 1941; *Die Fruch vor der Freiheit*, ins Deutsche übers. Von Rudolf Frank, Zürich (Steinberg) 1945.

(134) テクストの編集に関して。カッコ〔 〕の中の数字はタイプ原稿のページ番号に対応している。手書きによるアドルノの注は，テクスト中にカッコ〈 〉で当該箇所に挿入する。

(135) 注 111 を参照せよ。

(136) ラケット理論については次のものを参照せよ。Theodor Adorno, Reflexionen zur Klassentheorie (1941), in: *Soziologische Schriften* I (*Gesammelte Schriften*, Band 8), Frankfurt am Main 1972, 380f.; Max Horkheimer, Die Rackets und der Geist, in: Max Horkheimer, *GS* 12, Frankfurt am Main 1985, 287–291.

(137) Friedrich Gundolf, George, 3. Aufl., Berlin (Bondi) 1930.

(138) Hendrik de Man (1885–1953)，ベルギー出身の社会主義者。「倫理的社会主義」の提唱者。1922 年から 33 年までフランクフルト大学の社会心理学の教授。1933 年ブリュッセルの地において教授。1935 年，ベルギーの労働大臣。1936 年から 40 年まで財務大臣。ドイツ占領軍協力のために，スイスへ亡命。彼については以下のものを参照せよ。Michel Brélaz, *Henri de Man. Une autre*

idée du socialisme, Genève (Editions des Antipodes) 1985.　以下は彼の著作。*Zur Psychologie des Sozialismus*, Jena (Diederichs) 1926; *Die Intellektuellen und der Sozialismus*, Jena (Diederichs) 1926; *Sozialismus und Nationalfascismus*, Potsdam (Protte) 1931; *Die sozialistische Idee*, Jena (Diederichs) 1933; *Gegen den Strom. Memoiren eines europäischen Sozialisten*, Stuttgart (DVA) 1953.

(139)　Theodor W. Adorno, The Psychological Technique of Martin Luther Thomas' Radio Adresses, in: Ders., *Gesammelte Schriften*, Band 9.1 (Soziologische Schriften), Frankfurt am Main (Suhrkamp) 1975, 7–141 (»Last Hour Device«: 74–77; 1943 年に打ち切り).

(140)　ゲオルク・ヴュンシュ (1887–1964) のことを指す。マールブルクの聖職者，助教授 (1927)，正教授 (1931)。『宗教と社会主義』誌 (*Zeitschrift für Religion und Sozialismus*) の編集者 (1929–33)。1933 年からは国家社会主義に迎合。「自由キリスト教同盟 Bund für Freies Christentum」の会長 (1953–60)。アドルノが言及しているのは，ゲオルク・ヴュンシュの次の著作である。*Wirklichkeitschristentum. Über die Möglichkeit einer Theologie des Wirklichen, Beiträge zur systematischen Theologie*, 3, Tübingen (Mohr) 1932. ヴュンシュの宗教社会主義から保守的な国家社会主義への展開については以下のものを参照せよ。Renate Breipohl, *Religiöser Sozialismus und bürgerliches Geschichtsbewußtsein zur Zeit der Weimarer Republik*, Zürich (TVZ) 1971, 144–166,　ならびに，Lothar Wenzel, *Sozialismus aus chiristlichem Gewissen bei Georg Wünsch (1887–1964)*, Frankfurt am Main, Berlin, Bern (Lang), 1995.

(141)　*Man and Society*, 10: s.o.S. 260.

(142)　Vgl. Sergej Tschachotin, *Dreipfeil gegen Hakenkreuz*, Kopenhagen (Verlag Aktiver Sozialismus) 1933.

(143)　ここでアドルノがほのめかしているのは，ティリッヒの論文が掲載された，ラインホールド・ニーバーの編集による『キリスト教と社会』誌のサブタイトル「キリスト教と社会的再建に捧げられた季刊誌」である。

(144)　*Man and Society*, 11; s.o.S. 261.

(145)　*Man and Society*, 16; s.o.S. 269.

(146)　ママ sic!〔原文 Daß Ihre Mehtode daran bergißt, の "daran" に対して〕

(147)　Religion and Society, 11; s.o.S. 262.

(148)　「しかし第三に，自然ならびに精神といった具体的な客体の定義に関しては，話は違ってくる。そのような諸対象は，一般的に，表象に対して多くの特性をもつ事物である」(*Logik*, 2. Teil, 292)。

(149)　Von = an.

(150)　*Man and Society*, 12, s.o.S. 262.

(151)　「彼ら〔マルクス主義者たち〕はマルクスとともに，人間とは物質的活動を通じて再生産される存在であると信じている」(*Man and Society*, 12; s.o.S.

262.　本書 173 頁）。

（152）「彼らの主張によれば，人間学を展開してきた人々，すなわちキリスト教徒や自然主義者は，革命行為は人間の幸運や性質を本質的により好ましいものにすることは決してなく，したがって，支配者階級のためだけでなく，被支配者階級のためにも，政治的保守主義が政治の最高形態であると考えている」（*Man and Society*, 12, s.o.S. 262f.　本書 173 頁）。

（153）カール・マンハイム（1893–1947），フランクフルト大学社会学教授（1930–1933），その後，ロンドン・スクール・オブ・エコノミクス London School of Economics and Political Science 講師。主要著作：*Ideologie und Utopia*, Bonn 1929, 4. Aufl. Frankfurt am Main（Schulte-Bulmke）1965（詳細な伝記あり）.

（154）アドルノによって欄外に書かれたもの。

（155）Georg Lukács, *Zur Ontologie des gesellschaftlichen Seins. Die ontologischen Grundprinzipien von Marx*, Darmstadt u. Neuwied（Luchterhand），1972.

（156）*Man and Society*, 12; s.o.S. 263.

（157）s.o. Anm. 68.

（158）*Man and Society*, 14; s.o.S. 266.

（159）Arthur Schopenhauer, *Sämtliche Werke*, Band 1, *Die Welt als Wille und Vorstellung*, Wiesbaden, 2. Aufl., 1966, 44, 60, 350f., 531, 535, 539.

（160）出典不明。

（161）*Man and Society*, 13; s.o.S. 264.

（162）Diogenes Laertius, *Vitae philosophorum* VI, 40.

（163）この箇所に次のようなアドルノの手書きの注記あり。“Dies Absätzchen evt. an eine frühere Stelle !（z.B.S. 14, Zeile 11）.” 彼のタイプ原稿の 10 頁 11 行目のことと思われる。

（164）*Also sprach Zarathustra* I, Vorrede 3 およびその他。

（165）*Man and Society*, 14; s.o.S. 265.

（166）〈　〉内，手書きによるアドルノの補注。

（167）〈　〉内，手書きによるアドルノの補注。

（168）詳細不明。

（169）パウル・ナトルプ（1851–1924）。1885 年にマールブルク大学哲学教授。マールブルク・新カント派の代表者。ここではナトルプの「社会的理想主義」の概念が考えられている。

（170）*Man and Society*, 14:「しかしヘビが語らなかったことがある。それは，有限な創造性は悲劇を内に隠しているということである」。s.o.S. 266.（本書 178–179 頁）

（171）*Man and Society*, 15; s.o.S. 267.（本書 179 頁）

（172）同前。（本書 180 頁）

（173）同前。（本書 180 頁）

(174) Rosa Luxemburg, *Die Akkumulation des Kapitals. Ein Beitrag zur ökonomischen Erklärung des Imperialismus*, Berlin (Buchh. Vorwärts) 1913; Leipzig, Berlin (Vereinigung Intern. Verl.-Anst.), 1921 und 1923.

(175) *Man and Society*, 16; s.o.S. 268.(本書 182 頁)

(176) 同前。

(177) 同前。

(178) Vgl. Max Weber, *Politik als Beruf* (1919), in: Ders., *Gesammelte Politische Schriften*, München (Drei Masken) 1921, 396–450.

(179) *Man and Society*, 17; s.o.S. 270.(本書 184 頁)

(180) 同前。〔ただしアドルノが指示した頁にこの言葉は見当たらない〕

(181) 注 153 を参照せよ。

(182) 典拠不明。『反デューリング論——オイゲン・デューリング氏の科学の変革』の次の箇所を参照せよ。「プロレタリアートが国家権力を握る……人間に対する支配に代わって，物の管理が，そして生産過程の指導が登場する。国家は「廃止される」のではない。死滅するのである」(MEGA 1. Abt., Band 27, Berlin 1988, 620)。

(183) 1940 年代初頭，イギリス人経済学者・政治家ウィリアム・ベヴァリッジ(1879–1963) によって提唱された社会プラン。ベヴァリッジは 1919 年から 37 年までロンドン・スクール・オブ・エコノミクスの学部長であった。

(184) *Man and Society*, 18, s.o.S. 272; Aldous Huxley, *Brave new world, a novel*, Garden City, New York, 1932.

(185) Karl Jaspers, *Die geistige Situation der Zeit*, Sammlung Göschen Band 1000, Berlin und Leipzig (de Gruyter) 1931.

(186) Theodor W. Adorno, Aldous Huxley und die Utopie, in: *Die Neue Rundschau* 1951 (=Ders., *Gesammelte Schriften*, Band 10.1: *Kulturkritik und Gesellschaft I. Prismen. Ohne Leitbild*, Frankfurt am Main [Suhrkamp] 1977, 97–122).

(187) 典拠不明。

(188) aufmutzen = mit Nachdruck vorhalten oder zum Vorwurf machen (F.L.K. Weigand, Deutsches Wörterbuch, 5. Aufl., 1 Band, Gießen 1909).

(189) *Also sprach Zarathustra* I, Vorrede 6 (Kritische Studienausgabe, Berlin/New York [dtv/de Gruyter] 1980, Band 4, 20).

(190) *Man and Society*, 18:「二つの層が，今日の不安においては区別されなくてはならない」。s.o.S. 272.(本書 186 頁)

(191) *Man and Society*, 19; s.o.S. 273.(本書 187 頁)

(192) 第 1 章の注 61 を参照のこと。

第３章
エーリヒ・フロムとパウル・ティリッヒ

(1) ティリッヒとフロムとの間で交わされた書簡，及び関連する書簡の調査は竹渕が担当し，竹渕がライナー・フンクやハーヴァード大学アンドーヴァー神学図書館の「ティリッヒ関連文書」，ニューヨーク公共図書館に問い合わせて発見したものである。ただし二番目の書簡だけはライナー・フンクから深井に直接送られてきたもので，今回新たに公開されるものである。解説部分は，３を深井が，４は竹渕が担当した。１と２ではティリッヒに関する部分は深井が，フロムに関する部分は竹渕が担当している。書簡の翻訳はすべて竹渕が行った。この論文は同じタイトルで『聖学院大学総合研究所紀要』49 号（2011 年)，195–236 頁に掲載された。

(2) この点についての包括的・概説的な研究として，Karin Grau, Healing Power −Ansätze zu einer Theologie der Heilung im Werk Paul Tillichs (= Tillich- Studien 4), Münster 1999, 109, 130ff. を参照のこと。

(3) Gerhard P. Knápp, *The Art of Living. Erich Fromm's Life and Works*, New York and Frankfurt a.M. 1989（これは『評伝エーリッヒ・フロム』と題されて新評論から邦訳出版されている。邦訳 69 頁).

(4) フロムの妻ヘニーはナチスから逃れる際に脊髄を痛めてしまい，その後遺症に悩まされていた。リューマチ性の関節炎の治療にさまざまな医学的療法の効き目がないとわかった時に，彼らは勧められてメキシコの放射線温泉に湯治にでかけたのである。しかしヘニーの病気はついに治らず，メキシコで 1952 年に亡くなっている（Rainer Funk, *Erich Fromm*, 1983, 176)。

(5) もちろんメキシコへの移住はフロムがアメリカの仕事を放棄したことを意味してはいない。フロムは年に四ヵ月はアメリカに戻り，アメリカの各地の大学で教え 1957 年から 61 年まではミシガン州立大学，1962 年からはニューヨーク大学の教授であった。

(6) この時代のティリッヒについては Peter Haigis, Theologische Wegmarken in einem wilden Gelände. Biographisches und Werkbiographisches aus den Jahren 1919-1925, in: Ilnona Nord, Yorick Spiegel (hrsg.), *SPURENSUCHE Lebens- und Denkwege Paul Tillichs* (= *Tillich-Studien* Bd. 5), 2001, 105-120.

(7) E. Fromm. *Das jüdische Gesetz. Ein Beitrag zur Soziologie des Diasporajudentums*, Diss. Heidelberg, 1925.

(8) G. Scholem, *Von Berlin nach Jerusalem*, Frankfurt a. M. 1978, 197ff.（『ベルリンからエルサレムへ』岡部仁訳，法政大学出版局，1991 年）

(9) Vgl. G. Scholem, a.a.O.; Rundbrief von Paul Tillich, May 19, 1962.

(10) Paul Tillich Rundbriefe, May 19, 1962.

(11) Tillich-Archiv 所蔵の講義録及び登録者名簿による。

(12) G. Booth, Paul Tillich and Pastoral Psychology, in: *Pastoral Psychology*, 19 (1968), 183f.

(13) ハーヴァード大学アンドーヴァー神学図書館「ティリッヒ文庫」。

(14) Martin Jay, *Permanent Exiles. Essays on the Intellectual Migration from German to America*, New York 1986, 50.

(15) Rainer Funk, *Erich Fromm*, 1983.

(16) René Tillich, My Father, Paul Tillich. Autobiographische Notizen, in: Ilnona Nord, Yorick Spiegel (hrsg.), a.a.O. 9–24.

(17) Pauck, 1967.

(18) Vgl. Erich Fromm, Über Methode und Aufgabe einer analytischen Sozialpsychologie, in: *Zeitschrift für Sozialforschung*, Jg. 1 (1932), Heft 1/2.

(19) Paul Tillich, *Die sozialistische Entscheidung* (=*Schriftenreihe der Neuen Blätter für den Sozialismus*, Heft 2), Potsdam 1933, jetzt: Paul Tillich *Gesammelte Werke* Bd. II, Stuttgart 1962, 289, 339.

(20) Paul Tillich, Estrangement and Reconciliation in Modern Thought, in: *Review of Religion*, 9 (1944) Heft 1.

(21) Paul Tillich, The Relation of Religion and Health. Historical Considerations and Theoretical Questions, in: *Review of religion*, 10 (1946).

(22) Paul Tillich, Die politische Bedeutung der Utopie im Leben der Völker. In: *Schriftenreihe der Deutschen Hochschule für Politik*, Berlin 1953.

(23) Authority and Revelation, in: *Official Register of Harvard University* 49 (1952), 27–38.

(24) Paul Tillich, Psychoanalysis, Existentialism and Theology, in: *Faith and Freedom*, 9 (1955) 1–11.

(25) ゲルハルト・P. ナップ『評伝エーリッヒ・フロム』滝沢正樹他訳，新評社，1994 年，16 頁。

(26) ダニエル・バーストン『フロムの遺産』佐野哲郎他訳，紀伊國屋書店，1996 年，54 頁。

(27) Paul Tillich, *Response to Comments on War Within Man*, The Literary Estate of Erich Fromm, 2004.

(28) 前掲『フロムの遺産』，20–22 頁。

(29) Terry Cooper, Paul Tillich and the New York Psychology Group 1941–45, *Bulletin of the North American Paul Tillich Society*, Vol. 31–No 2, Spring, 2005.

(30) Terry Cooper, *Paul Tillich and Psychology*, Mercer university press, 2006.

(31) E. フロム『愛するということ』鈴木晶訳，新訳版，紀伊國屋書店，1991 年，200 頁。

(32) 判読が困難であり，翻訳は推測による。

(33) Paul Kaegi, *Die Bibel: Eine moderne Bearbeitung und Nachdichtung*. Der Bibel

erster Band: *Israel und Juda*. München, Delphin-Verlag, 1914, 277 Seiten のこと。

(34) この休暇は1956年から1957年にかけての冬に実現した。ヴィルヘルムとマリオン・パウクによれば「ティリッヒ夫妻はこの冬メキシコに出かけた。しかしこの折の経験については，エーリヒ・フロムと同行して楽しかったことや，太平洋の暖かい海水を楽しんだこと意外，大した報告はしておらず，四週間にわたり，『体系』の仕事に没頭した」(*Paul Tillich. His Life & Thought*, Vol. 1: *Life* by Wilhelm and Marion Pauck, 1976. 前掲『パウル・ティリッヒ　1 生涯』，311頁).

(35) 原文には and Hanna Annis' and my とあるが，後者の and はタイプミスである。

(36) これはドイツで刊行が開始されたティリッヒの著作全集の新しい巻の発行と他の巻の出版計画のことを指している。

第4章

ヘルベルト・マルクーゼとパウル・ティリッヒ

(1) これは Streit über John F. Kennedy－Ein kurzer Briefwechsel zwischen Paul Tillich und Herbert Marcuse, herausgegeben von Alf Christophersen und Friedrich Wilhelm Graf, in: *Zeitschrift für Neuere Theologiegeschichte*. Volume 14, Issue 2, pp. 312–325 の翻訳である。

(2) ジョン・F. ケネディーからティリッヒ宛て，1961年1月13日の電報（アンドーヴァー・ハーヴァード神学図書館 Andover-Harvard Theological Library, ティリッヒの遺品)。これまで未刊行。

(3) ジョン・F. ケネディーからティリッヒ宛て，1961年9月8日（ハーヴァード)。これまで未刊行。

(4) パウル・ティリッヒからジョン・F. ケネディー宛て。Wilhelm Pauk/Marion Pauk, *Paul Tillich. Sein Leben und Denken*, Bd.1: *Leben*, Stuttgart/Frankfurt am Main (Evangelisches Verlangswerk/Otto Lembeck) 1978, 265（前掲『パウル・ティリッヒ　1 生涯』，1979年，309頁).

(5) 放送の録画が DVD として残っている。Eleanor Roosevelt, Prospects of Mankind: Berlin what choices Remain, DVD, nationalfilmnetwork, Co-produced by public television stations WGBH, Boston and Thirteen/WNET, New York. ――すでに戦争の間に，ティリッヒは二度フランクリン・デラノ・ルーズヴェルトと，そして何度かエレノア・ルーズヴェルトと会っていた。Vgl. Tillich, Rundbrief, 12. 10. 1946, in: Paul Tillich. Ein Lebensbild in Dokumenten. Briefe, Tagebuch-Auszüge, Berichte, GWEV, hg. von Renate Albrecht und Margot Hahl, Stuttgart (Evangelisches Verlagswerk) 1980, 299–302; hier 300; vgl. v.a. die Schilderung einer Begegnung im Weißen Haus, 1944, in: Pauk/Pauk (wie Anm. 3),

212f. Vgl. zudem Joachim Radkau, Die deutsche Emigration in den USA. Ihr Einfluß auf die amerikanische Europapolitik 1933–1945, Düsseldorf (Bertelsmann Universitätverlag) 1971, bes. Die beiden Abschnitte: „Die Roosevelt-Verehrung der Emigranten" und „Roosevelt und die Emigranten" (ebd., 73–84).

(6) テレビ討論の要約が1961年11月29日の『シュピーゲル』に掲載された。Erst Rückzug – dann Befreiungskrieg. Die Verteidigung Europas. Eine Fernseh-Diskussion im US Außenministerium, in: *Der Spiegel* 15, 1961, Nr. 49, 29. 11. 1961, 71–73. 71頁にティリッヒの引用がある。

(7) Ebd., 72.

(8) James Reston, Kennedy in the Middle on German Debate, in: *The New York Times*, 25. 10. 1961, 35.

(9) パウル・ティリッヒのこの主題についての見解はMaria Rhine (Hg.), Protestantismus und Atomwaffen, in: *Deutsches Pfarrerblatt* 62, 962, 217–220; hier 220; dass. auch in: Paul Tillich, Impressionen und Reflexionen. Ein Lebensbild in Aufsätzen, Reden und Stellungnahmen, *GW* 13, hg. von Renate Albrecht, Stuttgart (Evangelisches Verlagswerk) 1972, 456f. Original in: *Christianity and Crisis* 21, 1961, Nr. 19, 200を参照のこと。ティリッヒは，ヴィルヘルム・パウクとマリオン・パウクの彼の伝記によると，自分のテーゼを1962年に，後のベルリン市長，クラウス・シュッツの私宅で主張し，またボン外務省の次官エゴン・バールに対しても主張している。この次官は，ティリッヒの「「平和主義的」態度」を拒絶した。

(10) Paul Tillich, Nuclear Morality, in: *Partisan Review* 29, 1962, Nr. 2, 311f.; vgl. auch ders., The Power of Self-Destruction, in: Donals Keys (ed.), *God and the H-Bomb*, New York (Bernard Geiss Associates) 1961, 35f.

(11) Zu Marcuse vgl. hier nur: Art. Marcuse, Herbert, in: *International Biographical Dictionary of Central European Émigrés 1933–1945*, Vol. II: *The Arts, Sciences, and Literature*, München (K. G. Saur) 1999, 778f.

(12) Vgl. dazu v.a. Rolf Wiggershaus, *Die Frankfurter Schule. Geschichte, theoretische Entwicklung, politische Bedeutung*, München (Carl Hanser), 2 1987.

(13) Walter Leibrecht, Paul Tillich während seiner Harvard-Jahre, in: *Paul Tillich, Impressionen und Reflexionen* (wie Anm. 8), 576–580; hier 578.

(14) Vgl. ebd., 581.

(15) Hannah Tillich, *From Time to Time*, New York (Stein and Day) 1972, 202f. Vgl. Zuvor die kurze Erwähnung Herbert Marcuses im Kontext der Frankfurter Zeit, ebd., 143.

(16) Paul Tillich, Rez. von: Reason and Revolution. Hegel and the Rise of Social Theory, New York (Oxford University Press) 1941, in: *Zeitschrift für Sozialforschung/ Studies in Philosophy and Social Science* 9, 1941, 476–478.

(17) Ebd., 476.

(18) Ebd., 478.

(19) Herbert Marcuse, Der Einfluß der deutschen Emigration auf das amerikanische Geistesleben: Philosophie und Soziologie, in: *Jahrbuch für Amerikastudien* 10, 1965, 27–33; hier 31.

(20) Ebd., 30.

(21) Ebd., 30f.

(22) Dem Herbert-Marcuse-Archiv der Stadt- und Universitätsbibliothek Frankfurt am Main, dem Manuscript & Archives Department der Andover-Harvard Theological Library ind Frau stud. Theol. et phil. Katharina Herrmann, München, danken die Herausgeber für vielfältige Unterstützung.

(23) ヴィルヘルム・パウク，マリオン・パウクによるあの周知のティリッヒの伝記においてさえ，マルクーゼ夫妻は一度も言及されていない。

(24) Stadt- und Universitätsbibliothek Frankfurt am Main; Herbert-Marcuse-Archiv 1472; 自筆。

(25) テレビ討論は 1961 年 10 月 16 日に国務省で行われた。導入を参照のこと。

(26) 1962 年 9 月 23 日，フランクフルト・パウル教会にて，ティリッヒにドイツ書籍出版業の平和賞が授与された。彼はそこで「境界」というテーマの非常に注目された講演をした（Paul Tillich. Vier Ansprachen anlässlich der Verleihung des Friedenspreises des Deutschen Buchhandels, Frankfurt am Main ［Börsenverein］ 1962, 37–51 に発表されている。また，次のものにも発表されている。Paul Tillich, Impressionen und Reflexionen, 419–428 を参照）。キューバ危機の直前に，ティリッヒは自身の講演において徹底的に平和のテーマに取り組んだ。原爆によって人間は，「［…］ 数百年間，人類を現存在へともたらしてきた創造行為を，ある歴史的瞬間に取り消すデモーニッシュな試み」の中に立つ。「［…］ 神的創造行為の撤回は，デモーニッシュな限度を超えており，神的根底と神が定めた私たちの存在の目標に対する反乱である」（ebd., 428）。1963 年，ローマ教皇ヨハネ 13 世の平和の連鎖に対するティリッヒの反応もこの関係で参照せよ（Pacem in Terris. Über den Frieden unter allen Völkern in Wahrheit, Gerechtigkeit, Liebe und Freiheit. Mit einer Einführung in die Lehre der Päpste über die Grundlagen der Politik und einem Kommentar von Arthur Fridolin Utz OP sowie einem Nachruf auf Papst Johannes XXIII. Von Josef Kardinal Frings, Freiburg u.a.: ［Herder］ 1963）。Paul Tillich, Pacem in Terris, in: *Criterion*. A Publication of the Divinity School of University of Chicago 4, 1965, 15–18.

(27) ハーヴァード。手書きの補足を伴うタイプ原稿。

(28) ヘンリー・スチュアート・ヒューズ（1916–1999），歴史家，政治家，平和運動家。彼の専門論文，The Sea Change. The Migration of Social Thought, 1930–

1965, New York u.a. (Harper & Row) 1975, 265–268 を参照せよ。そこにティリッヒとマルクーゼに関する記述がある (170–199 u. ö.)。

(29) David Anderson, Tillich Gets U. of Chicago Divinity School Chair; Professorship Is Established by Investment Bankers. 75-Year-Old Theologian Will Take Post for a Year, in: *The New York Times*, 13. 6. 1962, 45. Vgl. Den Abschnitt XX II. Über Tillich als „ John Nuveen Professor" in Chicago, in: Paul Tillich. Ein Lebensbild in Dokumenten (wie Anm. 4), 355–371.

(30) Vgl. Anderson (wie Anm. 28):「役職の公表とティリッヒ教授のその役職の受託は，一番街東60番通りのメトロポリタンクラブでの昼食会で行われた。この75歳の，ドイツ生まれの神学者は，集まった人たちに，彼はビジネスコーポレーションがこのような贈り物をするのは，驚きではなかったと言った。彼はこの七年間講義をしていたハーヴァード大学での経験を思い起こした。「私がハーヴァード・ビジネス・スクールの人々すなわち，リフレッシャー・コースを取った卒業生たちとの多くの関係を考えるとき，私は彼らのすばらしい敬虔さと自分たちの問題を克服するための努力に感銘を受けました」」。

(31) Stadt- und Universitätsbibliothek Frankfurt am Main; Herbert-Marcuse-Archiv 1472; 手書きの訂正を伴ったタイプ原稿。

(32) Reston, Kennedy in the Middle (wie Anm. 7).

(33) 注9を参照せよ。

(34) Zur Problematik einer Aufnahme der Volksrepublik China in die UNO vgl. nur: Thoralf Klein, Geschichte Chinas. Von 1800 bis zur Gegenwart, Paderborn u.a. (Ferdinand Schöningh) 2007, bes. 334–342.

(35) Harvard; 手書き。

監修者

深井智朗（ふかい・ともあき）

1964年生まれ．アウクスブルク大学哲学・社会学部博士課程修了．Dr. Phil.（アウクスブルク大学），博士（文学）（京都大学）．現在，金城学院大学人間科学部教授．著書『超越と認識』（創文社），『十九世紀のドイツ・プロテスタンティズム』（教文館），『ヴァイマールの聖なる政治的精神』（岩波書店），『思想としての編集者』『神学の起源――社会における機能』（新教出版社），*Paul Tillich – Journey to Japan in 1960*（Tillich Research 4, de Gruyter: Berlin 2013）ほか，訳書にシュライアマハー『宗教について』（春秋社），『アーレントとティリッヒ』（法政大学出版局）ほか多数．

編　者

F. W. グラーフ（Friedrich Wilhelm Graf）

1948年生．ヴッパータール，チュービンゲン，ミュンヒェンで神学・哲学・歴史学を学ぶ．アウクスブルク大学哲学・社会学部教授，ハンブルク防衛大学教授を経て，ミュンヒェン大学プロテスタント神学部倫理学教授．1999年にライプニッツ賞受賞．著書 *Die Wiederkehr der Götter. Religion in der modernen Kultur*（2004）ほか多数．デ・グロイター版の新しいエルンスト・トレルチ全集の編集責任者．

A. クリストファーセン（Alf Christophersen）

1968年生．ミュンヒェンで歴史学・聖書学・神学を学ぶ．2000年以降ミュンヒェン大学でグラーフの助手．2011年からヴィッテンベルクのプロテスタント・アカデミー学芸員．2008年にバイエルン・アカデミーのマックス・ヴェーバー賞受賞．著書 *Kairos. Protestantische Zeitdeutungskämpfe in der Weimarer Republik*（2007）ほか．

E. シュトルム（Erdmann Sturm）

1937年生．ミュンンスター，ボン，ハイデルベルクで哲学・教育学・神学を学ぶ．1984年から2002年までミュンスター大学の神学と宗教教育の教授．ドイツ・パウル・ティリッヒ協会理事．著書 *Jan Amos Comenius – Pädagogik und Theologie*（1979）ほか．デ・グロイター版のパウル・ティリッヒ遺稿集の編集責任者のひとり．

竹渕香織（たけぶち・かおり）

聖学院大学人間福祉学部こども心理学科助教，聖学院大学学生相談室室長補佐・カウンセラー．自由学園最高学部非常勤講師．臨床心理士，臨床発達心理士．著書『発達障害のある学生支援ケースハンドブック』（共著，ジアーズ出版）ほか．

訳　者

佐藤貴史（さとう・たかし）

1976 年生．聖学院大学大学院アメリカ・ヨーロッパ文化学研究科博士課程後期課程修了．博士（学術）．北海学園大学人文学部英米文化学科准教授．著書『フランツ・ローゼンツヴァイク』（知泉書館），訳書にパトナム『導きとしてのユダヤ哲学』（法政大学出版局）ほか．

兼松　誠（かねまつ・まこと）

1976 年生．2010 年聖学院大学大学院アメリカ・ヨーロッパ文化学研究科博士課程後期課程入学，2013 年退学．

小柳敦史（こやなぎ・あつし）

1981 年生．京都大学大学院文学研究科博士課程後期課程指導認定退学．沼津工業高等専門学校教養科助教．論文「エルンスト・トレルチと保守革命」（『哲学研究』京都哲学会，第 594 号，2012 年）ほか．

宮崎直美（みやざき・なおみ）

慶應義塾大学法学部卒業，一橋大学大学院社会学研究科博士課程前期課程修了．一橋大学大学院社会学研究科博士課程後期博士課程在学．ヴィーン大学プロテスタント神学部に留学中．

《叢書・ウニベルシタス　1005》
ティリッヒとフランクフルト学派
亡命・神学・政治

2014年 2月 5日　初版第 1 刷発行

深井智朗 監修
F. W. グラーフ，A. クリストファーセン，
E. シュトルム，竹渕香織 編
発行所　一般財団法人　法政大学出版局
〒102-0071 東京都千代田区富士見 2-17-1
電話 03(5214)5540 振替 00160-6-95814
組版：HUP　印刷：平文社　製本：積信堂

Printed in Japan

ISBN978-4-588-01005-7